guide

阿多诺：

关键概念

Theodor Adorno: Key Concepts

黛博拉·库克 (Deborah Cook)　编

唐文娟　译

重庆大学出版社

目 录

作者介绍　/ iii

致谢　/ vii

书（篇）名缩写　/ ix

第 *1* 部分
阿多诺的知识史和遗产

1　西奥多・W.阿多诺：导论　/ 3
　　黛博拉・库克

2　影响与冲击　/ 23
　　黛博拉・库克

第 *2* 部分
阿多诺的哲学

序言　/ 47
　　黛博拉・库克

3　阿多诺与逻辑学　/ 55
　　艾莉森・斯通

4　形而上学　/ 75
　　埃斯彭・哈默

5　在本体论与认识论之间　/ 91
　　斯塔莱・芬克

6　道德哲学　/ 115
　　费边・弗里耶哈恩

7　社会哲学　/ 135
波琳·约翰逊

8　政治哲学　/ 153
玛丽安·泰特巴姆

9　美学　/ 171
罗斯·威尔逊

10　文化哲学　/ 189
罗伯特·W.威特金

11　历史哲学　/ 211
布莱恩·奥康纳

生平年表　/ 231
参考文献　/ 233
索引　/ 247

作者介绍

黛博拉·库克(Deborah Cook)是加拿大温莎大学哲学教授，著有《重访文化工业：西奥多·W.阿多诺论大众文化》(*The Culture Industry Revisited: Theodor W. Adorno on Mass Culture*, 1996)和《阿多诺、哈贝马斯与理性社会研究》(*Adorno, Habermas, and the Search for a Rational Society*, 2004)。

斯塔莱·芬克(Ståle Finke)是挪威特隆赫姆大学 NTNY 哲学教授，近期出版了论挪威画家 Havard Vikhagen 的著作《通往绘画之途》(*Approaches to Painting*, 与艺术史学家 Holger Koefoed 合著)，目前主要从事伽达默尔的解释学、语言及模仿论研究。

费边·弗里耶哈恩(Fabian Freyenhagen)是埃塞克斯大学哲学教授，曾就职于谢菲尔德大学和剑桥大学。他的研究兴趣在道德和政治哲学以及现代欧洲哲学(特别是康德和阿多诺)上，目前正在写一本捍卫阿多诺的伦理学的书。

埃斯彭·哈默(Espen Hammer)是挪威奥斯陆大学哲学教授，

曾在新社会研究学院做过访问教授,目前任教于宾夕法尼亚大学,著有《斯坦利·卡维尔:怀疑论、主体性与普通人》(*Stanley Cavell*: *Skepticism*, *Subjectivity*, *and the Ordinary*, 2002)、《阿多诺与政治》(*Adorno and the Political*, 2006),且编有《德国唯心主义:当代视角》(*German Idealism*: *Contemporary Perspectives*, 2007)。

波琳·约翰逊(Pauline Johnson)是悉尼麦考瑞大学社会学副教授兼系主任,近期著有《哈贝马斯:拯救公共领域》(*Habermas*: *Rescuing the Public Sphere*, 2006),目前研究力图重新达成一些术语,运用这些术语,当代亲密社会学能够构想私人与公共领域的交叉区域。

布莱恩·奥康纳(Brian O, Connor)是都柏林大学哲学系高级讲师,著有《阿多诺的否定辩证法:哲学与批判理性的可能性》(*Adorno's Negative Dialectic*: *Philosophy and the Possibility of a Critical Rationality*, 2004),并编有《阿多诺读本》(*The Adorno Reader*, 2000)。此外,他对德国哲学其他领域也作出了贡献,同乔治·莫尔一起编辑出版《德国唯心主义:文选及要览》(*German Idealism*: *An Anthology and Guide*, 2006)。

艾莉森·斯通(Alison Stone)是兰开斯特大学哲学系高级讲师,她主要研究后康德欧洲哲学、女性主义哲学和政治哲学,著有《冥顽的理智:黑格尔哲学中的自然》(*Petrified Intelligence*: *Nature in Hegel's Philosophy*, 2004)、《露丝·伊利格瑞与性别哲学》(*Luce Irigaray and the Philosophy of Sexual Difference*, 2006)及《女性主义哲学导论》(*An Introduction to Feminist Philosophy*, 2007)。

玛丽安·泰特巴姆(Marianne Tettlebaum)是美国亨德利斯克学院的德国客座助理教授,目前正在撰写一本题为"阿多诺的快乐——'莫扎特的悲伤'"（*Adorno's Lightheartedness*—'*Mozart's Sadness*'）的书,这本书考察了快乐和童年的概念在阿多诺分析德国哲学传统时起到的作用。

罗斯·威尔逊（Ross Wilson）是一名享受利华休姆早期职业基金资助的剑桥大学英语系研究生,同时也是剑桥大学伊曼纽尔学院的研究员,著有《康德美学中主体的普遍性》（*Subjective Universality in Kant's Aesthetics*, 2007）和《西奥多·阿多诺》（*Theodor Adorno*, 2008）[1]。

罗伯特·W.威特金（Robert W. Witkin）是英国艾克赛特大学社会学教授,也是耶鲁大学文化社会学中心研究员,著有《阿多诺论音乐》（*Adorno on Music*, 1998）和《阿多诺论大众文化》（*Adorno on Popular Culture*, 2002）。

---

[1]　即"思想家和思想导读丛书"中的《导读阿多诺》（路程译,重庆大学出版社,2016）。——中译编者注

致　谢

　　首先得承认,撰文介绍一位像西奥多·W.阿多诺这样复杂而具有挑战性的思想家,无疑有些狂妄自大。倘若本书能成为穿越阿多诺思想迷宫的指南,那么它的成功应归于诸多专业性的撰稿人,是他们让阿多诺为新一代的读者所接受,但却没有像俗话所说的那样"降低他"。同这些研究阿多诺的学者合作是一件愉快的事,他们完成了一件几乎不可能的事:阐明阿多诺的思想,但却没有简化它。他们为读者提供了诸多关键概念,这些概念对译解阿多诺往往令人望而生畏的著作和文章来说是极为必要的。

　　还需要感谢另一些人。著名学者迈克尔·沃尔史霍茨(Michael Walschots),帮忙校订了此书,并从一个首次接触阿多诺之人的清新视角提供了很多重要的评论。杰弗里·雷诺(Jeffrey Renaud),我正在指导他撰写论赫伯特·马尔库塞的硕士论文,他也提供了很多极富洞见的意见和批评。图书管理员约翰娜·福斯特(Johanna Foster)在查找本书参考文献方面神通广大,付出了颇多心力。我的同事凯瑟琳·亨德勒比(Catherine Hundleby)和马尔切洛·加里尼(Marcello Guarini),他们替我完成了很多哲学系主任的工作,让我能有几周奢侈的时间在多伦多完成本书的编辑。此外,Acumen 出版社的特里斯坦·帕默(Tristan Palmer)常常也默默地帮助和鼓励我。

最后,我们这个动荡时代的精神,Zeitgeist [1],浓浓弥漫在本书的文章中,这一点必须承认。阿多诺仍和这个时代相关,因为他发现的问题在今天仍是紧迫的,这种紧迫性丝毫不亚于当初他用批判性的目光锁定它们时。

黛博拉·库克

---

[1]   意即"时代精神"。——译注

书（篇）名缩写

下面是本书频繁引用到的阿多诺著作的缩写词。阿多诺著作的完整目录见后文参考文献。

AE 《认识论的元批判：胡塞尔和现象学二律背反研究》（*Against Epistemology：A Metacritique. Studies in Husserl and the Phenomenological Antinomies*，1983）

AT 《美学理论》（*Aesthetic Theory*，1997）

CLA 《奥斯维辛后还能活吗？哲学读本》（*Can One Live after Auschwitz? A Philosophical Reader*，2003）

CM 《批判模式：介入与口号》（*Critical Models：Interventions and Catchwords*，1998）

DE 《启蒙辩证法》（*Dialectic of Enlightenment*，1972），C：约翰·康明（John Cumming）译；《启蒙辩证法：哲学断片》（*Dialectic of Enlightenment：Philosophical Fragments*，2002），J：埃德蒙·杰夫考特（Edmund Jephcott）译

DLM　《民主领导与操纵大众》(Democratic Leadership and Mass Manipulation, 1986)

EM　《西奥多·W.阿多诺音乐论集》(Essays on Music: Theodor W. Adorno, 2002)

HF　《历史与自由:1964—1965年讲演录》(History and Freedom: Lectures 1964—1965, 2006)

HPI　《胡塞尔与唯心主义问题》(Husserl and the Problem of Idealism, 1998)

INH　《自然史的观念》(The Idea of Nature History),选自《超越相似之物:西奥多·W.阿多诺论文选》(Things Beyond Resemblance: Collected Essays on Theodor W. Adorno, 2006)

IS　《社会学导论》(Introduction to Sociology, 2000)

KCPR　《康德的〈纯粹理性批判〉》(Kant's "Critique of Pure Reason", 2001)

ME　《形而上学:概念与问题》(Metaphysics: Concept and Problems, 2001)

MM　《最低限度的道德:来自被毁生活的反思》(Minima Moralia: Reflections from Damaged Life, 1974)

ND　《否定辩证法》(Negative Dialectics, 1973)

NL I　《文学笔记》(第一卷)(Notes to Literature, Vol.I, 1991)

NL II　《文学笔记》(第二卷)(Notes to Literature, Vol.II, 1992)

P　《多棱镜》(Prisms, 1967)

PMP　《道德哲学的问题》(Problems of Moral Philosophy, 2000)

S　《社会》(Society, 1969—1970)

TPC　《伪文化理论》(Theory of Pseudo-Culture, 1993)

第 1 部分

阿多诺的知识史和遗产

西奥多·W.阿多诺:导论

⊙ 黛博拉·库克

阿多诺的职业生涯,与1924年6月22日成立于德国法兰克福的社会研究所有着不解之缘。成立之初,研究所成员主要从各学科出发研究社会主义与工人运动的理论及历史。然而,在第一任所长卡尔·格林贝格卸任后,1930年就职的马克斯·霍克海默给研究所定下了一个新的方向。在就职演说中,霍克海默声明,研究所将要承担的使命是考察"社会经济生活、个体精神发展与狭义文化领域(这一领域不仅包括所谓的精神要素,如科学、艺术和宗教,而且也包括法律、习俗、时尚、公众舆论、运动、休闲活动、生活方式等)的变化之间的关系"。[1] 以沿着更理性的路线改造社会为最终目标,运用实证研究与哲学方法分析当代社会流行趋势,研究所形

---

[1] 参见霍克海默,《社会哲学的现状与社会研究所的任务》(The Present Situation of Social Philosophy and the Tasks of an Institute for Social Research),《在哲学与社会科学之间:早期著作选》(*Between Philosophy and Social Science: Selected Early Writings*),1933年,第11页。(译按:中译参见《马克思主义与现实》[双月刊],2011年第5期,第127页。译文有所改动。)

成了一套社会理论。[1]

　　然而,随着1930年希特勒纳粹党的胜利,研究所——号称马克思咖啡店[2]——就无法再在法兰克福长久驻留下去。1933年,盖世太保以有共产主义倾向的罪名查封并没收了研究所的财产。[3]不过,早在1931年,霍克海默就未雨绸缪地将研究所基金转移到了荷兰,[4]因此,1934年,他有足够的财力在纽约哥伦比亚大学建立研究分所,在那里,弗里德里希·波洛克、赫伯特·马尔库塞和利奥·洛文塔尔不久也加入了进来。当他们定居美国时,阿多诺正跟随哲学家吉尔伯特·莱尔在牛津做研究,莱尔答应指导他撰写有关胡塞尔的论文。[5]尽管阿多诺与研究所早在1935年就正式建立了联系,但直到1938年他才和新婚妻子格蕾特动身去纽约。

　　1920年代,阿多诺在维也纳跟随阿尔班·贝格学作曲,当时已发表了大量音乐评论。[6]在他抵达纽约后,霍克海默安排他和保罗·拉扎斯菲尔德一起在新泽西工作,负责普林斯顿广播电台研究计划的音乐部分,该计划由洛克菲勒基金会资助。1940年前,

---

1　我正在解述研究所在内部刊物上对自身历史的叙述。参见《研究》(Forschungsarbeiten),第十卷,1999年9月。有两本优秀的英文法兰克福历史传记:马丁·杰伊(Martin Jay),《辩证的想象:法兰克福学派史与社会研究所,1923—1950年》(Dialectical Imagination: A History of the Frankfurt School and the Institute for Social Research, 1923—1950, 1973),以及罗尔夫·威格斯豪斯(Rolf Wiggershaus),《法兰克福学派:它的历史、理论及政治意义》(The Frankfurt School: Its History, Theories, and Political Significance, 1994)。另有一本好的英文版阿多诺传记,即斯特凡·穆勒-杜姆(Stefan Müller-Doohm)所著的《阿多诺:传记》(Adorno: A Biography, 2005)。

2　穆勒-杜姆,《阿多诺》,第177页。

3　威格斯豪斯,《法兰克福学派》,第128页。

4　同上,第110页。

5　阿多诺修订了这部缺乏论据证实的论胡塞尔的著作,并于1956年将其发表。这本书后来被译成英文,即《认识论的元批判》(AE)。

6　例如,阿多诺颇具争议的文章《论爵士乐》(On Jazz),以及《论音乐中的拜物特性和听觉的退化》(On the Fetish Character in Music and the Regression of Listening),参见EM。

阿多诺一直在用实证方法研究电台音乐对听众的精神价值。[1] 但那时,对许多亲人和朋友正在遭受纳粹蹂躏的流亡者(émigrés)来说,反犹主义之风显然已席卷其他国家。于是,1940 年代初,阿多诺开始研究反犹主义,就像霍克海默在《犹太人与欧洲》中所做的那样。[2]

1939 年,在给研究所日内瓦办公室秘书的信中,霍克海默表明,他早期的所有工作是为写一本有关辩证逻辑的书作准备的。[3] 早在 1935 年他就曾向波洛克吐露,阿多诺是共同完成这项计划的理想人选,[4] 到 1938 年,这项计划则变得更为具体。阿多诺对瓦尔特·本雅明说,霍克海默想"写一本有关启蒙辩证法的书"。[5] 然而这个工作实际开始则要到 1941 年研究所将大部分资源从纽约搬到洛杉矶后。这本书是献给波洛克的,为了纪念他的 50 岁生日,此书赶在 1944 年春天完成;1947 年,它以"启蒙辩证法"为题在荷兰首次面世。

《启蒙辩证法》以一个尖锐的警告开篇。如果说,启蒙的目标本应该是解放全人类,那么今天"已被彻底启蒙的世界却笼罩在一片因胜利而招致的灾难之中"[6](*DE, C*: 3; J: 1)。第一章试图表明,由于启蒙的所有努力都是为了取代神话世界观,因此启蒙只是神话的产物并最终复归于神话。为了支配自然而将自然事物强塞

1　威格斯豪斯,《法兰克福学派》,第 239 页。

2　霍克海默,《犹太人与欧洲》(Die Juden und Europa),《社会研究杂志》(*Zeitschrift für Sozialforschung* (8[1-2])),1939 年,第 115-137 页。1941 年,研究所在后来的院刊《哲学和社会科学研究》(*Studies in Philosophy and Social Science*)上发表了一系列论国家社会主义的文章。

3　威格斯豪斯,《法兰克福学派》,第 117 页。

4　同上,第 160 页。

5　杰伊,《辩证的想象》,第 254 页。

6　参见霍克海默、阿道尔诺,《启蒙辩证法:哲学断片》,渠敬东、曹卫东译,上海:上海人民出版社,2003 年,第 1 页。——译注

进解释模式中，启蒙把"生命与非生命结合了起来，正如神话把非生命与生命结合了起来"[1]（*DE*, C: 16; J: 11）。不允许任何事物逃脱概念的控制，启蒙思想不仅显示出对自然压倒性的恐惧，而且5　继续受到自然的驱使。理性的现代运用使自然"在其异化形式中得到了清楚的呈现"，因为理性极力征服自然恰恰表明它仍受到自然的奴役[2]（*DE*, C: 39; J: 31）。

我们深嵌在自然中的这个主题，也是阿多诺后来工作的核心，它在《启蒙辩证法》全书中得到了详细阐述。在关于《奥德赛》的附论中，理性的出现被回溯到历史的开端。由于自我保存的本能，理性成为一种挫败自然力量的手段。弗洛伊德在《文明及其不满》中曾断言，人类历史的发展在于对本能的弃绝，阿多诺和霍克海默赞同这种说法，他们也注意到，理性对自然的控制只有通过延迟本能的愉悦或完全抑制本能的方式才能实现。对自然的支配

> 实际上总是会使其得以发挥作用的主体陷入毁灭之中，因为自我保存所支配、压迫和破坏的实体，不是别的，只是生命实体，完成自我保存只能被定义为它的功能，换言之，自我保存摧毁的正是它想要保存的东西。[3]
>
> （*DE*, C: 55; J: 43）

由于生存本能推动着大部分西方历史，因此欧洲正史下掩藏着一部秘史，这部秘史"包含着被文明压制和扭曲了的人类的本能与激情"[4]（*DE*, C: 231; J: 192）。虽然阿多诺的的确确受到了马克思的极大影响，但他不仅关注西方的经济状况，同时还关注人类

1　参见霍克海默、阿道尔诺，《启蒙辩证法：哲学断片》，同前，第 32 页。——译注
2　同上，第 11 页。——译注
3　同上，第 45 页。译文有所改动。需要特别指出的是，self-preservation 在此译为"自我保存"。——译注
4　同上，第 215 页。——译注

心理学。正如马丁·杰伊解释的那样,"法西斯主义这种非理性主义大众政治的意外崛起,是正统马克思主义始料未及的",它证明将心理学纳入对社会的批判论述是正确的做法。然而,即使在国家社会主义垮台后,"本应得到释放的心理障碍"仍留在了"随之而来的操纵性的大众消费社会"。[1] 对这些障碍的担忧,在《启蒙辩证法》"作为大众欺骗的启蒙"章节中,得到了强有力的表达,在此,阿多诺将潜藏在法西斯主义宣传下的心理和好莱坞文化工业的心理技术进行了对比。而在下一章论反犹太主义中,心理分析也得到了广泛运用。

不过,理解法西斯主义和文化工业的尝试并没有让弗洛伊德变得不可或缺,阿多诺之所以对弗洛伊德特别推崇,其原因是他赞同弗洛伊德的观点,自然和历史是辩证交织在一起的。早在1932年名为"自然史的观念"的演讲中,阿多诺就提出了这个观点,后来他又引用《德意志意识形态》来支持这个论点,在《德意志意识形态》中,马克思声明,自然和人类史总是相互制约(*ND*: 358)。但阿多诺指出,弗洛伊德太过于将历史描述为自然的。一方面,弗洛伊德认为,"甚至复杂的精神活动也源于自我保存和快乐的驱使"。另一方面,他从不否认本能具体的表现形式会遭到最彻底的改变与修正。[2] 因此,弗洛伊德的本能理论不仅帮助阿多诺解释诸如纳粹德国以及文化工业这些现象,还帮助他用心理学术语详细阐述马克思对于自然和历史之间关系的辩证观。

诚然,阿多诺既不是一个正统的马克思主义者,也不是一个正统的弗洛伊德主义者,而且他从没有毫无保留地提出调和马克思

1　穆勒-杜姆,《阿多诺》,第85页。

2　阿多诺,《被修正的心理分析》(Die Revidierte Psychoanalyse),雷纳·科涅(Rainer Koehne)译,《丛集》(Gesammelte Schriften),第8卷,1972年,第22页。这篇文章起初是阿多诺在1946年旧金山精神分析协会上所作的一次演讲;它首次发表在1952年《心理学》(Psyche VI[1])上。

和弗洛伊德的问题。他的大部分工作在审查资本主义对个体心理发展产生的影响。根据阿多诺的说法,资本主义的兴起促进了诸如独裁主义、纳粹主义及偏执狂这样的社会及精神病理的广泛传播。早在1927年,阿多诺就认为,这些病理能被治愈,但不是通过心理分析,而只能通过完全改变资本主义社会。[1] 由于精神病理有社会根源,常和人类生活中支配性的交换关系相连,因此它们只能通过废除这种支配性因素而得到治愈。

但在1942年的文章《对阶级理论的反思》中,阿多诺和马克思以及苏联正统的马克思主义者保持了一段距离。因为马克思关于资本积累和集中的预言得到兑现,资本主义已发生重大改变——特别是在阶级构成方面。在自由资本初期阶段,资产阶级由相对独立的企业家组成,他们还没拥有很多在发达垄断条件下才能有的经济权力。然而现在,经济上受剥夺的资产阶级和无产阶级形成了一个新的大众阶级,这个新阶级不同于日渐减少的占有生产方式的阶级(*CLA*:99)。借用黑格尔关于Aufhebung——保存和扬弃——的说法来理解垄断资本下的阶级,阿多诺论到,马克思的阶级概念必须被保留,因为"社会分化成剥削者和被剥削者,这种现象不仅继续存在,而且其力度和强度都在增加"。但这个概念必须被扬弃,"因为正如[马克思主义]理论预言的那样,受压迫者今天构成了人类压倒性的大多数,但他们却不能将自身体验为一个阶级"(*CLA*:97,译文有所改动)。

因此,当阶级分化持续存在时,阶级自身却发生了改变,阶级主体意识也已消失不见。马克思的理论不再直接适应于今天的状况,恰恰因为他有关垄断状况危机的论述是正确的。阿多诺也不同意马克思的贫困理论,他坚持认为,贫困只能在比喻的意义上来

---

1 穆勒-杜姆,《阿多诺》,第105页。

理解,因为今天工人有远比锁链更多的东西会失去。相较于 19 世纪英格兰工人的形势,西方工人的生活水平已得到提高,这部分应归因于福利国家的建立。现在工作日被缩短,工人享受着"更好的食物、住房和衣服;对家庭成员的保护及年老退休时的保障;以及平均生活期望的增加"。饥饿不再使工人"联合起来并发动革命"(*CLA*:103,译文有所改动)。

借用《共产党宣言》中的话,阿多诺认为,随着福利国家的到来,统治阶级有效地保护了"生存在奴隶制中的奴隶",从而达到确保自身的目的。贫困现在指的是个体的"政治与社会无能",因为个体已变成垄断组织及其政治同盟的纯粹管理对象(*CLA*:105)。存活取决于对不断改变和本就不可预测的经济体系的适应。而这种适应还得到了文化工业精湛的心理技术以及流行的美化现存事态的实证主义意识形态的强化。通过这些方式,新大众阶级的需求与商品提供的满足达到了和谐一致(*CLA*:97)。如今,顺从社会认可的行为模式,似乎与其说是一种团结的表现,还不如说是合理的表现。这也有助于解释革命性变化的前景为何已逐渐消退。

有些论者声称阿多诺采用了波洛克国家资本主义的论点,认为西方国家已发生转变,"从经济占主导的时代转向了政治至关重要的时代"。[1] 然而,尽管承认政治力量在西方已得到增强,阿多诺仍赞同马克思关于经济首要性的主张。波洛克的论点至多预示了西方其他国家出现的不祥趋势。伴随垄断资本主义真正改变的是,统治阶级变成匿名的:它消失"在资本积累背后"。资本主义现在似乎成为了"一种制度,整个社会的表现形式"。商品的拜物教

1　弗里德里希·波洛克,《国家资本主义:它的可能性及限度》(State Capitalism: Its Possibilities and Limitations),《法兰克福学派精要读本》(*The Essential Frankfurt School Reader*),1978 年,第 78 页。也可参见波琳·约翰逊在本书(第 7 章)中对波洛克文章的解读。

性几乎弥漫了人类生活的方方面面,它将人与人之间的关系转变成了物与物之间的关系,最后以资本的社会极权主义样貌告终。(*CLA*: 99)正如斯特凡·穆勒-杜姆所言,如今物化的无所不在为《启蒙辩证法·前言》中提出的问题提供了答案,这个问题即,为何人类没有进入真正的人性状态,反而陷入了一种新的野蛮状态。[1]

1949年阿多诺返回法兰克福后,这个问题的紧迫性仍然没有减轻。直到他去世,他的大部分工作——包括论音乐和文学的著作及文章——都在处理法西斯主义和垄断资本主义的问题。阿多诺最忧心的是,与纳粹德国兴起时相似的状况仍在西方持续。他坚信"二战"结束以来什么也没发生改变:"经济秩序,在极大程度上还是被经济组织塑造着,现在如同当年一样使大部分人依赖于自己无法控制的状况,从而将他们维持在政治不成熟的状态中"。为了存活,个体"恰恰必须否定自己的独立主体性,这个主体性正是民主理念诉诸的对象;他们只有在宣布放弃自己时才能保存自己"(*CM*: 98)。

阿多诺一回到德国,在美国时对人格特征的实证研究——《独裁主义人格》——就和另两册书一起以"偏见研究"丛书的形式出版了。1950年代,阿多诺也写过关于社会科学研究方法论的文章。[2] 尽管由于认为社会科学必须得到"真正的社会"的规范观念的引导,阿多诺对实证社会研究展开了批判,[3] 但他自己反而整个1950年代都在从事实证研究。例如,1952年,他在《洛杉矶时报》上拟定了一份对占星专栏文章的定性分析,同时还有两项有关电

---

[1]　穆勒-杜姆,《阿多诺》,第267页。参见霍克海默、阿多诺,《启蒙辩证法》(*DE*, C: xi; J: xiv)

[2]　例如,参见《德国社会学的实证主义论辩》(*The Positivist Dispute in German Sociology*),1976年,该书收入了1961年阿多诺和卡尔·波普尔在图宾根召开的一次研讨会上所作的演讲。

[3]　阿多诺等,《德国社会学的实证主义论辩》,第27页。

视的研究。[1] 回到德国后,他从事了一个项目,这个项目旨在考察德国社会不同阶层明显的政治观点与他们潜在的态度之间的关系。[2] 部分研究集中在德国市民怎样试图否定他们不远的过去。在此,心理分析又一次被用来探究德国人的内疚感以及帮助他们缓和这种内疚感的防御机制。[3]

然而,1950年代末,阿多诺全神贯注于社会批判理论。其中较重要的文章是《进步》,他将其看作是"复杂的"大作《否定辩证法》的"初步研究"(*CM*:125)。在此,阿多诺进一步发展了在《启蒙辩证法》中首次提出的论点,即今天被看作进步的东西是外在自然和内在自然支配的结果,它被自我保存的本能推动着,而自我保存的本能有摧毁它本打算保存的东西的危险。相比之下,真正的进步依靠人类意识到自身"与生俱来的自然",从而停止"人类对自然的支配",由此也"停止自然对人类的支配"(*CM*:150)。只有当"一个自觉的全球性主体"形成,并用"技术生产力"废除一切物质剥夺形式,建立"一个整全的人性社会"时,灾难才能得以避免(*CM*:144)。

但阿多诺继续推进他的思想。这其中更为重要的是同一性和非同一性概念。正如 J. M. 伯恩斯坦所言,同一性思维[4] 早在《启蒙辩证法》中就被论述过,虽然当时并不叫这个名字。《启蒙辩证

1　参见阿多诺,《星陨地球:洛杉矶时报占星专栏》(The Stars Down to Earth: The Los Angeles Times Astrology Column),《星陨地球及其他论文化非理性的文章》(*The Stars Down to Earth and Other Essays on the Irrational in Culture*),1994年,第34-127页。也可参见《电视序幕》(Prologue to Television)和《电视作为意识形态》(Television as Ideology),*CM*:49-57,59-70。

2　穆勒-杜姆,《阿多诺》,第380页。参见弗里德里希·波洛克编,*Gruppenexperiment: Ein Studienbericht*,1955年。

3　穆勒-杜姆,《阿多诺》,第381-382页。

4　本书将 identity thinking 译为"同一性思维",因为同一性是一种思维方式,而且 thinking 这个词不同于 thought,它更具有动态性,译为"同一性思维"似乎比"同一性思想"更好些。——译注

法》中被称作内在原则的东西正是后来所说的同一性思维。这个原则表明,一个对象[1]"只有当它被以某种方式分类"时,或者说,"当通过归类,显示出它和其他对象共有某些特征和特性时",它才能被认识。同样,一个事件得以解释,是在它能出现在已发生的事件类型范围内,落入已知规则范围内或能从已知规律推断出来(能纳入已知规律)。反过来,概念、规则和规律具有认知价值,也只有当它们能"被纳入或能从更高层次的概念、规则或规律推断出来"时。[2] 伯恩斯坦接着说:"认知是归类,归类必然会重复,重复之所以出现,正因为认知是从具体上升到抽象,从特殊上升到普遍,从相对普遍,因而在某些方面仍旧是特殊的、偶然的、有条件的,上升到更普遍的方式。"[3]

　　通过将对象纳入概念和规律,将概念和规律纳入解释体系,我们试图支配自然进而达到存活的目的。这样做时,我们就错误地用统一性代替多样性,用简单代替复杂,用常在代替变化,用同一代替差异。一旦特殊的事物被看成和普遍的事物等同,关于它们,就没必要再说更多的了。同一性思维要求将不同的事物归入概念"X";由此,它抹杀了事物的特殊性,抹杀了一种事物与另一种事物的不同,抹杀了它们的个体发展和历史,以及其他独一无二性。为了反对同一性思维,阿多诺提出了一种新的认识范式:非同一性思维。他最先提出这个论点是在关于康德的《纯粹理性批判》的演讲中。强调"在探求知识的过程中主体遭遇的干扰和障碍",这暗含了康德对非同一性的认可。非同一性体现在如下观点中,即我们的"感情"不仅"源于物自体",而且这些对象不能被化约为我们

1　尽管 object 有对象、客体、物体等意,但为了统一,本文绝大多数地方译为"对象"。译为"客体"或"物体"时则会用括号注明。——译注

2　伯恩斯坦,《阿多诺:祛魅与伦理》(*Adorno: Disenchantment and Ethics*),2001 年,第87 页。

3　同上,第 88 页。

有关它们的概念和范畴(*KCPR*:66-67)。

　　阿多诺的代表作《否定辩证法》就致力于探索这种替代性的认识模式。阿多诺声明,同一性思维只不过"在说某物属于什么,它例证或表现了什么,因而在说它自己并不是的东西",而与之相对的非同一性思维,则"力图说出某物是什么"。通过说"它是",非同一性思维实际是在认同;它甚至比同一性思维"在更大的程度上认同"。但非同一性思维的认同用的是"另外的方式",因为它不只满足于将对象纳入普遍概念下以便操纵和控制它们。毋宁说,非同一性思维试图使概念与非概念性的特殊事物相符。这样一来,它就揭示了非概念性的对象与我们关于这个对象的概念之间具有的"某些亲和性"(*ND*:149)。之所以存在这种类似性,是因为概念被完全缠绕在非概念性中:它们是"现实的组成环节,现实为了控制自然需要它们形成"[1](*ND*:11)。

　　在非同一性思维中,"概念性的方向"会返回转向非概念性,因为概念产生于我们和对象的具体接触中,而且概念会继续指向事物,因为它们与非概念性事物的关系仍保留在它们的含义中(*ND*:12)。此外,概念和对象之间还有双重关系。一方面,概念依靠非概念性的事物,因为非概念性的事物为它们提供内容,而且是它们具有命名权力的来源。为了"用概念反思的方式"传达出"完满的、未被化约的经验",非同一性思维必须让自己沉浸在事物之中(*ND*:13)。另一方面,概念超越对象,通过留意"对象内部尚待发掘的可能性",而且,通过沉浸在对象中,"即使对象的可能性被对象化剥夺了"(*ND*:19)。在这种情况下,由于有可能表明对象在遭到损害的状态被改变后会变成什么,非同一性思想捕获到了对象(*ND*:52)。

1　参见阿多尔诺,《否定的辩证法》,张峰译,重庆:重庆出版社,1993年,第10页。译文有所改动。——译注

11 　　如果概念应面向对象的物质轴的话,那么反过来,对象应接近概念。非同一性思维包含"特殊和普遍的相互批判"。它必须既要判断"概念是否恰好适合它要覆盖的东西",又要判断"特殊的东西是否满足了它的概念"。这两种批判活动共同"构成了思考特殊和概念之间非同一性的中介"(*ND*:146)。但仅仅满足于判断概念适合(或不适合)对象,将相当于"舍弃了抵达实质的手段,舍弃了实现希望的手段,这个希望是无法通过任何零星现实而实现的"(*MM*:127)。对象只有在实现自身固有的可能性时——这种可能性会被某些强有力的概念引起或暗示出——才能对概念满意。从对概念和事物完全等同的渴望上看来,非同一性可以说包含着同一性(*ND*:149)。

　　非同一性思维因此是以特有的方式"包含同一性"。由于特殊的对象目前还没实现自身的可能性,因而不特殊恰是"如它的特殊性所要求的"(*ND*:152,译文有所改动)。对阿多诺来说,"普遍和特殊之间矛盾的实质"在于,非概念的特殊"还不存在——它因而被随处糟糕地确立起来。由于紧紧抓住概念从特殊的事物那里掠夺来的东西,非同一性思维相较于这些特殊事物而言也保留了"比概念'更多'的东西"(*ND*:151)。为了兑现对象与其概念之间"将没有矛盾,没有对立的承诺"(*ND*:149),非同一性思维盼望特定对象能够和特定概念等同。在这样的思维中,有效的概念会暗示出改变了的状态——就像人类可以无拘无束发展的自由社会那样的状态。由于唤起了尚未存在的状态,这些概念"超出了"现存状态,从而能够更好地把握现存状态(*MM*:126)。

　　概念能够唤起比现存事物更多的东西,这是因为它们对现存状态予以规定的否定。当概念是在损害人类生活的消极状态被否定的情况下生成时,对那种认为"只有现存事物"的思想的反抗就更加有力。阿多诺在对自由这个概念的讨论中阐明了如下观点:

只有对某种非自由的具体形式进行规定性的否定时,才能捕获自由的形式(*MM*:231,译文有所改动),自由的理念源于对非自由得以持续的现实的否定。因此,自由是"一幅与社会强制带来的苦难截然相反的争议性图景;非自由是强制的图景"(*MM*:223)。在此,阿多诺邀请我们一起思考诸如废奴和妇女解放这样的运动,这些运动在制造苦难的非自由状态下,产生了有关压迫将会终结的状态的理念,从而为非自由状态指出了可能的反转。诸如自由这样的理念产生于压迫的情形,"就像反抗产生于压迫"(*MM*:265);自由历史地产生于与不自由战斗的经验中。

尽管阿多诺声明,规定的否定是"今天形而上学经验得以存活的唯一形式"(*ME*:144),但他不同意黑格尔的观点:规定的否定必然会产生肯定的事物。由于我们对自由的设想植根在一个它们试图去克服的否定状态中,因而它们也受到了否定状态的污染。如果说,批判指明了什么是对的和更好的,那么它也只是间接地这样做。对"否定状态"的否定"仍然是否定的",因为肯定状态仅仅是通过批判而间接得到描绘的(*ND*:158-159)。对现存事态果断采取批判性的否定,规定的否定揭露了某些同样否定的东西:已出现的还不是它应该成为的,而应该成为的还没有出现。换言之,双重否定只会产生更多的否定。

强有力的概念必须和其他概念一起运用于阿多诺描述的星丛中。与同一性思维相反,当同一性思维将从对象那里抽象出来的东西归入概念时,概念的星丛却会阐明"对象特有的一面,对分类程序来说,这一面不是无关紧要就是太过累赘"。由此,阿多诺称赞马克斯·韦伯对理想类型的运用,对"由许多个别的部分'逐渐构成'……来自历史现实"的概念的运用(*ND*:164)。为了阐明这个过程,阿多诺转向韦伯对资本主义的讨论,在《新教伦理与资本主义精神》中,为了表明资本主义的目的所在,韦伯汇集了多种多样的概念——如贪婪、谋利动机、算计、组织,而不是将它只限定在运作结果上(*ND*: 166)。阿多诺承认星丛是主体的构想,但他仍主张,这个"主体创造的情境"可以看作是"对象性的标志,或者说现象具有的精神实质的标志"(*ND*: 165)。

阿多诺将真理定义为"主体和对象相互渗透形成的星丛"(*ND*: 127)。然而,即使在这种形式下,真理也不是静止不变的东西。相反,思想必须"根据主体对事物的体验"持续不断地自我更新,不过,这个事物就其本身而言首先是由主体的概念决定的。真理"在不断演变的星丛中"(*CM*: 131)得以阐明,它只有在概念逐渐逼近对象或对象逐渐逼近概念时才会显现。因此,对象是"作为无穷无尽的重任被给予的"(*CM*: 253)。此外,当阿多诺写到,"概念的正确是和它出错的可能性或失效的可能性直接相关"时,他仍然强调显著概念的不可靠性。经由有限的否定产生的真理常常会被修正、推翻甚至丢弃,这更进一步证明否定的否定无法产生肯定的事物(*ME*: 144)。

由于后期大部分工作在致力于设想一个克服同一性思维的替代性认识模式,阿多诺由此也被引向了美学。哲学类似于艺术,因为,它们的最终目的都是开创"与自然达成和解的前景"(*AT*: 276)。然而,由于艺术将它的对象确定为"不可确定的",所以艺术"需要哲学,哲学会解释艺术想要说出而不能说出的东西"(*AT*: 72)。如果哲学不肯放弃"推动艺术的非概念方面"的渴望,阿多诺警告到,"试图去模仿艺术的哲学,会转向艺术的工作,这将会使自身消亡"(*ND*: 15)。他申明,"没有语言的努力,哲学就无法存活",因为"思想的工具"是语言。因此,哲学的任务之一是对语言进行批判性的反思,通过这样的方式,哲学对语言的运用最后会允许"事物和表达相互靠近,直到二者之间的差别逐渐消失为止"。这样,哲学就显示出与艺术共有的乌托邦倾向,因为对"通过认识把握实质的渴望就是对乌托邦的渴望"（*ND*: 56）。

在阐发这些有关非同一性思维的观点及撰写美学论著时,阿多诺仍旧对压制性的社会—经济状态保持着坚定的批判。在他看来,个人现在和社会之间的关系非常类似于具有特殊性的对象和普遍概念之间的关系。的确,他甚至把社会称作"普遍的东西"。当同一性思维错误地坚持概念对对象的优先性时,社会通过将个人纳入抽象的交换关系而使其物化。在这方面,同一性思维和交换是同构的。正如同一性思维通过将特殊事物等同于普遍概念而消除了前者一样,交换关系使"不同的个体和行为变成了等量和齐一的"。无论是用概念形式还是社会形式,同化原则现在给全世界强加了一项义务,那就是变成同一的,变成极权的（*ND*: 146各处）。

由于接受了马克思的观点,认为交换关系如今没收了人的生命而使自己具有了生命,阿多诺因而断言,资产阶级个人主义歌颂个人,将其看作社会的本体,这掩盖了一个完全不同的事实:交换关系具有支配性,它对需求、行为、思想和人际关系有着均质化和整一化的影响。尽管个人常常不得不服从经济条件,因为经济条件决定了他们是否工作,什么时候,在什么地方,以及怎样工作,然而今天,他们的需要和本能甚至也受到操纵以便能够对商品化供应的产品感到满意,同时,他们的行为也被加以塑造去适应社会认可的模式。实际上,交换关系现在侵占了以前不受其影响的生命领域。我们被迫去适应一个"以普遍的个人利益为规则"的世界,服从若干整合方式,这些整合方式如此彻底而广泛,以至于阿多诺甚至将其比作种族灭绝（*ND*: 362）。

个人按照自身和他人拥有的物品及在经济体系中占有的位置来衡量自身和他人的价值;财产和职位作为社会标志,将他们分成不同的群体,并使他们区别于其他个人和群体。换言之,个人"只是作为交换价值的代理人和承担者"与他人发生联系（S: 148-149）。同时,个人与个人之间被相互孤立和隔绝,这恰恰是因为更为实质地连接人与人之间关系的往往是交换。的确,阿多诺尤为担心今天社会团结的前景。虽然交换原则将人与人之间的关系贬低为物与物的关系,但用以克服这些关系的团结却已消失。换言之,交换关系逐渐损毁了本用以克服它们的团结。

经济条件也严重削弱了家庭和公共领域的自主性。由于个人为了生存完全依赖于国家和经济往往变幻无常的恩赐,因此,公共机构和私人机构很容易篡夺家庭作为社会化的首要代理人曾扮演的角色。当媒体和其他机构取代家庭内部的权力结构时,自我发展就会遭受挫折,因为个人不再权衡自己的力量去反叛和对抗父母。现在,随着自我被削弱,自我对本我的本能冲动及超我的防御也减弱了。自我的弱化导致自恋病理显著增长,阿多诺率先诊断出了这种病理。由于物化的心理经济与自恋型人格,社会"经由审查制度及超我的形式强制性地延伸到了所有人的心理中"。[1] 团结的退化形式已出现在很多运动（诸如纳粹主义）中,这些运动的领导人正是通过复活自恋型超我的形象来吸引信徒。

当然,在分析诸如纳粹主义这样的现象时,阿多诺借鉴了弗洛伊德。就像弗洛伊德在《群体心理学及自我的分析》中解释的那样,一旦个体与领导认同,并成为某个群体的成员,他们就会依靠本能而不是根据自我利益去行事。[2] 在 1951 年的文章《弗洛伊德理论与纳粹主义的宣传模式》中,阿多诺也采用过弗洛伊德的观点,群体常常担当着"否定性的整合力量"。对群外人（犹太人、黑

---

1 阿多诺,《社会学和心理学》(Sociology and Psychology),《新左派评论》(New Left Review),1968 年,第 47 期,第 79 页。

2 弗洛伊德,《群体心理学和自我的分析》(Group Psychology and the Analysis of the Ego),企鹅弗洛伊德文库第 12 卷:《文明、社会和宗教》(Civilization, Society and Religion),1985 年,第 100 页。

人、共产主义者等)的否定情感为信徒提供了获得自恋的源头,因为他们相信,"只要属于内部群体,他们就比那些被排除出去的人更好、更崇高且更纯洁"。[1] 集体纳粹主义补偿了社会上的无权势者,允许他们"要么在现实中要么在想象中""成为某个更崇高及更包容的群体的成员,更崇高和更包容,这是他们赋予这个群体的品质,尽管他们自己缺乏这些品质,但通过间接参与他们却可以从群体的这些品质中获益"(TPC: 32-33)。

当家庭不再担任社会化的首要代理人时,公共领域也未能完成自己"作为最重要的媒介在政治上展开有效批判"的任务,因为它已变得如此商业化以致当前"为了使自己市场化竟反批判原则而行之"(*CM*: 283)。民意是通过社会的整体结构因而通过支配关系从上面强加而来的(*CM*: 121)。文化工业散播的意见反映的只是主导性的经济及政治力量的意见。民意今天"与私人的利益和权益紧紧缠绕在一起,它们只是伪装成普遍的"(*CM*: 117)。真理被置换成在统计学意义上生成的意见,而公众已失去了"真理这个概念所需要的"持续反思能力(*CM*: 114)。

个性、自主性和自由的丧失,阿多诺全部工作绘制的这幅图景,可以追溯到个人为了完成自我保存任务而屈从于福利国家和资本主义经济。尽管承认这种屈从是必要的,因为它使个人能够"在更高度发达的社会条件下"存活,但阿多诺注意到,为了在资本主义下存活,个人被迫变成了交换法则无意识的执行者(*ND*: 312)。然而,对他们来说,西方社会在疯狂追逐利润时却忽视了他们作为人的生存基础。正如西蒙·贾维斯表达的那样:

> 当个人生存的经济基础越容易毁灭,而实际的经济主动

1　阿多诺,《弗洛伊德理论与纳粹主义宣传模式》(Frendian Theory and the Pattern of Fascist Propaganda),《法兰克福学派精要读本》(*The Essential Frankfurt School Reader*),1978 年,第 130 页。

权随着资本的集中而愈加集中时,个人就越发试图和资本认同并去适应资本……然而,对资本来说,个人的自我保存就根本不是什么重要的问题。[1]

阿多诺抱怨到,甚至有反思能力的人,对社会能够采取批判视角的人,也别无选择只好做着与自己不相宜的事情(ND: 311)。而大部分人仍旧是经济体系中无意识且在很大程度上软弱无力的小卒,经济体系利用并虐待他们只为提高自己特定的利益及权益。一旦人们的"自我保存功能""与其意识分离"并服从于经济和政治的代理人及机构,他们有效保存自己的努力"就会受到非理性的摆布"。[2] 由于个人为了生存完全依赖社会,因而资本主义就无须再用形成于自由资本主义早期阶段的自我和个性来充当中介。如今资本主义利用无意识的原始内核,囚禁了"所有的差异"。[3] 在(自我意识)大幅度减弱后,很少有人能够抵抗住本能的操纵和利用。

阿多诺坦率承认自己夸大了我们目前处境的"阴暗面"(CM: 99),他试图去描述西方的客观趋势,"经济和行政权力的无限集中不再给个人留下发挥灵活性的空间",也就是说,西方"社会正在走向极权主义统治形式"(CM: 298)。然而,个人并非注定会对保持自己无力状态的方式永远浑然无知。尽管求生本能使我们做了很多对自己及对我们赖以生存的自然有害的事,但这些事或许已成为过去,或许会以另外的方式进行下去。为有意识地自我保存指出一个目标仍是有可能的,这个目标内在地包含着:物种会作为一

1　西蒙·贾维斯,《阿多诺:一个批判性的介绍》(Adorno: A Critical Introduction),1998年,第83页。

2　阿多诺,《社会学和心理学》(Sociology and Psychology),第88页,译文有所改动。

3　同上,第95页。

个整体得到保存。事实上,阿多诺坚持认为,理性"不应该是任何比自我保存更小的东西,也就是说,每个人的生存实际依赖于整个物种的自我保存"(*CM*: 273)。理性绝不能"和自我保存分离",这不仅因为理性自身的发展得益于这种推动力,而且因为"人类的保存已被无可更改地镌刻进了理性的意涵中"。自我保存"会终结于一个理性组织的社会"(*CM*: 272),或者终结于一个会"根据主体无限的潜力"对之加以保存的社会(*CM*: 272-273)。

17

建立一个能毫无例外地保存并提高每个成员生活的理性社会,这个目标得到了第一代所有批判理论家的拥护。对阿多诺来说,当他宣称"技术生产力处在这样一个阶段,它使我们有可能预见到物质劳动得以免除并被减少到极限值的愿景"(*CM*: 267)时,他实际上在重申赫伯特·马尔库塞在《单向度的人》中曾提出的论点。如果说,"为了自我保存与快乐原则作斗争"曾经是必要的,那么,如今则可以将劳动缩减到最小值,且不再需要将其和自我牺牲挂钩(*CM*: 262)。相似的言论也出现在《启蒙辩证法》中:生产力目前的状态使我们大部分的劳动都成了多余的。然而,生存的需要继续要求人们牺牲本能和支配外部自然,即使在技术已使自我保存变得"容易"后,由于受到生存需要的推动,历史的逻辑却不再合乎逻辑(*ND*: 262)。

诚然,资本主义表现为第二自然;它似乎是自然而然形成的,因而也是不可改变的。然而,这种外观是虚假的,因为"僵化的制度、生产关系不该是这样,即使在它们无所不能时,它们也是人为的和可废除的"(*CM*: 156)。尽管阿多诺由于未能描画出激进社会变革的蓝图而受到批评,但他意识到,达成个人与社会的和解需要激进变革,从而破除那些不必要和不合理的限制,让我们得以自由发展。他也确信,持续批判反思我们目前的处境是通向解放的第一步。按照阿多诺的说法,我们"或许不知道人是什么,以及人类事务的正确安排应该是什么,但我们却知道人不应该是什么,以及对人类事务什么样的安排是错误的"。只有通过批判性地理解人类处境的否定方面,"另外的、肯定的情形才会向我们敞开"。[1]为意识到一个更合理的社会会是怎样的,那么,我们首先需要彻底理解仍在继续束缚着我们的非理性状态。

---

1   阿多诺,《个体与组织》(Individuum und Organisation),《丛集》(*Gesammelte Schriften*),第 8 卷,1972 年。

影响与冲击

⊙ 黛博拉·库克

导论

1920 年代,有两个人物曾占据着德国哲学界的中心,他们是埃德蒙德·胡塞尔和马丁·海德格尔。虽然阿多诺将目光锁定在胡塞尔写于 1924 年的博士论文上,但他也对胡塞尔晚期著作中的观念展开了研究。[1] 然而,阿多诺既不是胡塞尔主义者,也不是海德格尔主义者。在《自然史的观念》(*INH*:260-261)中,他首次批判了海德格尔的著作,摒弃了海德格尔的历史性概念,取而代之以马克思主义的历史视角。在随后的著作中,阿多诺对海德格尔的批判变得愈加尖锐,其中,他指责海德格尔的存在哲学退化到了"一个非理性主义世界观"的地步(*ND*:85,译文有所改动)。的确,马丁·杰伊论到,阿多诺将整个现象学看作"为了免除衰弱的命运,

---

1　参见,比如《认识论的元批判》(*AE*)。也可参见斯塔莱·芬克在本书(第 5 章)中的论文,在这篇文章中,他对阿多诺与胡塞尔的交锋进行了全面而深入的思考。

资产阶级思想最后一次徒劳的自救"。由于仅满足于复制现状,现象学不仅"与世界上的行动为敌";它还"与法西斯主义有着隐秘的联系",因为二者都"是资产阶级社会终极危机的表现"。[1]

对阿多诺产生影响的是这次危机的敏锐评论家。他们包括文化批评家齐格弗里德·克拉考尔[2],阿多诺与他结识于"一战"末期。克拉考尔使阿多诺熟悉了伊曼纽尔·康德的著作,他教会阿多诺将所有的哲学著作看成被编码的文本,从这些文本中读出精神的历史条件(NLII: 59)。克拉考尔还将阿多诺引荐给瓦尔特·

22　本雅明,直到 1940 年去世他一直是阿多诺亲密的朋友。阿多诺从本雅明《德国悲苦剧的起源》中借用了一个观点,即通过概念的星丛真理是可接近的。跟随本雅明,他采用了"尼采晚期的批判洞见,认为真理并不是一种无时间的普遍事物;而只是产生绝对形象的历史"(P: 231)。正如西蒙·贾维斯注意到的那样,阿多诺还从本雅明那里学到,哲学阐释应从"历史与哲学调查揭示出的具体事物的物质特性"出发,而不是从"最高的、最普遍的因而最空洞的概念"出发。[3]

1920 年代初期,阿多诺受到恩斯特·布洛赫《乌托邦精神》以及格奥尔格·卢卡契《小说理论》的极大影响,正如克拉考尔教他的那样,这些书在失去上帝的世界中仍保持着对"消失不见的意

1　杰伊,《辩证的想象》,第 70 页。

2　齐格弗里德·克拉考尔(Siegfried Kracauer, 1889—1966),德国著名的批评家、社会学家和电影理论家,早年做过报刊编辑,1933 年遭纳粹迫害流亡国外,开始艺术史的研究。1941 年定居美国,进行电影史和电影理论研究。他的写作涉及小说、文论、社会调查、电影理论和哲学研究等领域,著有《电影的本性》、《宣传和纳粹战争片》以及《从卡里加利到希特勒》。阿多诺与克拉考尔结识于1918 年,他们保持了终生的友谊。阿多诺认为克拉考尔是对他影响最大的人,他在克拉考尔的引导下开始阅读康德的著作。——译注

3　贾维斯,《阿多诺,马克思,唯物论》(Adorno, Marx, Materialism),选自《剑桥哲学指南:阿多诺》(The Cambridge Companion to Adorno),2004 年,第 83-84 页。

义"的渴望。[1]　实际上,对阿多诺的社会批判理论产生了更重要影响的是《历史与阶级意识》,在这本书中,卢卡契将马克思对商品拜物教的批判扩展到了人类生活的方方面面。但由于篇幅所限,在介绍对阿多诺产生重大影响的人物时,我将集中关注四位思想家,即康德、黑格尔、马克思和弗洛伊德,他们的观念在他的工作中扮演了显著的角色。紧接着这个讨论,我会考察阿多诺对其他思想家产生的冲击。作为第一代批判理论家,阿多诺不仅影响了社会研究所的同事,还影响了后来几代批判理论家,包括哲学家兼社会学家尤尔根·哈贝马斯。在描述完阿多诺关于晚期资本主义的激进批判对哈贝马斯及其后继者的影响后,我还会简要评述一下他对实证社会研究、社会学、传播学及文学理论方面的贡献。

影响

　　阿多诺赞同康德的如下观点,在理解对象时我们会遇到障碍或"阻碍";这个障碍指的是"不能化简的剩余物",不能和思想完全等同的东西。然而,不同于康德,阿多诺主张,这个将自然对象和我们对其的理解截然分开的障碍并非完全不可逾越。康德的主要问题在于将物自体与概念彻底分离。结果,"为一切不依赖主体的事物留下的东西,或者说出现在主体之外的东西,实际上是完全虚空和不存在的"。阿多诺引用贝尔托·布莱希特的话解释到,在康德那里,物自体无非是"高贵的外观":它们的"存在只是提醒我们,主体的知识并不是故事的全部,但它们自身并不会产生进一步的结论"(*KCPR*: 128)。诚然,设定一个物自体所在的本体界,主要基于逻辑。但康德在假定这个本体界时就随即阻断了有关它的一

1　威格斯豪斯,《法兰克福学派》,第 67 页。

切知识。他将认知主体限制在审查自己的内在知觉上,因为在他看来这是主体所能认识的全部。

有趣的是,阿多诺认为,《纯粹理性批判》的伟大之处在于两个相互矛盾的"主题"的碰撞。一方面,康德服从于同一性思维,将"先天综合判断以及一切最终经过组织的经验、一切客观有效的经验"都简化为"主体有意识的分析"。由于认识到我们关于对象的知识是经由中介而来的,康德错误地得出结论:我们能够掌握的只是我们用来理解对象的概念。另一方面,康德也是一位非同一性思想家。他不是将对象简化为我们所理解的样子,而是指出存在一个障碍,这个障碍妨碍我们对对象达到完全理解。对阿多诺来说,康德的第一《批判》同时包含了"同一性哲学——也就是说,一种试图将存在建立在主体基础上的哲学——与非同一性哲学——通过强调主体在求知过程中遭遇的障碍、阻碍,这种哲学试图对同一性的要求加以限定"(*KCPR*: 66,译文有所改动)。

阿多诺不断强调概念与对象、精神与物质、个人与社会之间的非同一性。非同一性俨然是他工作的重心。然而,非同一性并不意味着精神与自然、概念与对象、个人与社会判然有别。实际上,康德也由于未能意识到它们之间的亲和性而损害了他的哲学。在强调意识"部分是神经冲动本身,部分是意识介入的东西"后,阿多诺补充到,没有康德否认的意识和对象之间的紧密关系,就不会有"他试图通过否认这种关系而达成的自由理念"(*ND*: 265,译文有所改动)。自由需要行动,但我们能行动,只因为我们自己是物质的、非概念的对象,是自然界和人类社会的一部分。康德原以为仅仅理性就可以触发实践活动,阿多诺反驳到,"实践也需要某些其他东西,某些意识不能穷尽的物质的东西",某些既能"传达给理性但在性质上又不同于理性的东西"(*ND*: 229)。

尽管如此,阿多诺仍然极其钦佩康德关于自由和因果律二律背反的讨论。在阿多诺看来,决定论的教条表明人类一切行为都是被因果决定的,这实际上隐含了对商品化和物化的赞同。决定论者似乎认为"劳动力非人化的、完全发达的商品特性,是不折不扣的人性"。但拥护自由意志的人同样错了,因为他们完全忽视了商品化与物化对人类行为的影响。对阿多诺来说,这两个极端的论题都是错误的,因为二者都在"宣扬同一性"(ND: 264,译文有所改动)。他有关道德哲学的演讲以这样一个断言结束,即道德哲学今天能够上升到的最高点是"因果律与自由的二律背反,它曾以一种尚未解决的因而可仿效的形式出现在康德的哲学中"(PMP: 176)

自由与因果律的二律背反具有启发性,因为它揭示出了理性陷入的矛盾。尽管康德原以为自己可以解决这个二律背反,但阿多诺却认为这个二律背反实际反映出了现实本身的矛盾(PMP: 30)。事实上,当阿多诺将这个二律背反看作阐明自己辩证实践的模式时,他对其作出了社会性的解释。由于我们能在自身发现的既不是积极的自由,也不是积极的非自由,因而康德二律背反包含的真理正在于,它揭露了这种模棱两可的状态(ND: 223)。阿多诺进一步论证,因为"意志究竟是自由的还是非自由的? 这个问题不可能有答案"(ND: 263),所以这个二律背反表明,表现为现存的社会—经济制度与实践的普遍性,和努力获取人类生存基础的特殊个体之间还没有达成和解。

但阿多诺也认为,目前妨碍自由的社会条件辩证地指向自身的逆转。而且,他将这个论点追溯到康德,康德教导我们"进步的障碍……从不自由的领域,遵照自身规律走向自由的领域"(CM:

149-150)。[1] 进步是辩证的,因为"历史的逆流……也会为人类在未来规避它们提供条件"(*CM*: 154)。将这种时运的翻转称为进步的辩证法,阿多诺坚信,压迫的经验会鼓励某些个体构想压迫终结的条件。换言之,压迫实际上是"解决对立状态的先决条件"(*CM*: 150,译文有所改动)。

阿多诺认为黑格尔的进步概念——历史发展过程中理性的狡诈——源于康德的观点,"和解的可能性的条件是矛盾,而……自由的可能性的条件是非自由"(*CM*: 150)。将斯宾诺莎的著名格言——一切规定都是否定——运用到精神(Geist)的发展轨迹中,黑格尔表明,在精神发展的每个阶段,当精神认识到自身局限时就会更充分且具体地规定自身及其对象,从而超越这些局限。据阿多诺自己对斯宾诺莎的解释,批判性地理解今天人类困境的否定方面会为设想一个改善了的状态提供可能。尽管对"人类事务的正确安排应该是什么",我们永远不会有完全肯定的意识,[2] 但阿多诺多次强调,"错误,一旦被明确认识且准确地表达出来,就已经为什么是对的和更好的指引了方向"(*CM*: 288)。

然而,虽然黑格尔认为规定的否定允许精神逐渐获得有关绝对事物的知识,但阿多诺否认它必然会改善人类状况。由于出现在对否定性的社会状态的否定中,我们关于什么是对的和更好的的观念常常是有缺陷的,因为它们正来自于这些有缺陷的状态。尽管阿多诺在对资本主义社会展开尖锐而持续的批判时运用了这

1　参见康德,《世界公民观点之下的普遍历史观念》(Idea for a Universal History with a Cosmopolitan Purpose)中的命题四,选自《康德政治著作集》(*Kant's Political Writings*),1971 年,第 44 页;这篇文章强调:"大自然使得人类的全部禀赋得以发展所采用的手段就是人类在社会中的对抗性,但仅以这种对抗性终将成为人类合法秩序的原因为限。"(译按:康德,《历史理性批判文集》,何兆武译,北京:商务印书馆,1996 年,第 6 页。)

2　阿多诺,《个体与组织》(Individuum und Organisation),《丛集》(*Gesammelte Schriften*),第 8 卷,1972 年,第 456 页。

些观念,但在有关形而上学的演讲中,他却着重强调了它们的不可靠性,他声称,批评家别无选择只能奋力向前"穿过那片黑暗,那里没有灯,没有否定之否定这样更高的(例如黑格尔的)概念",他们唯有"尽可能地沉浸在黑暗里"(*ME*: 144)。

此外,黑格尔认为世界精神是历史潜在的动力,但阿多诺却将其视为"永恒灾难"的暗号,因为它暗示了个人和社会的真正对立(*ND*: 320)。正如康德的二律背反揭示出了真实的社会矛盾,黑格尔关于超个人的精神决定人类历史进程的观点也是如此,它最终表明个人是"受反常的普遍性原则支配的"(*ND*: 344)。黑格尔的世界精神预示了我们当下的困境:一个"经由'生产'、'交换关系'而整合的世界"——这个世界"在任何时刻都依赖生产的社会条件,从这种意义上来讲,实际上实现了整体对部分的优先性"。[1]对阿多诺而言,迫切需要对这些压迫性的条件展开持续而尖锐的批判。[2]

黑格尔忽视了"哲学真正的兴趣是在历史上",即"在非概念性、个性和特殊性上",阿多诺对此提出了反驳(*ND*: 8)。阿多诺承认,我们从未获得过那些有关非概念的特殊事物的知识,他批判黑格尔,否认这种知识是能够获得的。更重要的是,黑格尔未能理解,我们的概念与对象之间的中介关系必然包含着某些概念之外的东西。尽管我们有关对象的知识是通过中介的方式获得的,但对象不"需要认知——或中介——而需要中介的是认知",从这个意义上来说,对象本身是非中介的。在此,阿多诺并没有简单得出结论:他还论证到,经验自身假定了非中介性事物的存在,因为它揭示出"它所传达的并没被因此而穷尽"(*ND*: 172,译文有所改动)。

26

1 阿多诺,《黑格尔研究三则》(*Hegel: Three Studies*),1993 年,第 27 页。
2 同上,第 87-88 页。

　　尽管有上述批评,但阿多诺仍称赞黑格尔体系的动态性,在此,批判性的反思使康德的"形式与内容,自然与精神,理论与实践,自由与必然,物自体与现象"等二律背反运动了起来。[1] 与此同时,他责备黑格尔忽视了物质世界的优先性和重要性。对阿多诺来说,在存在论的意义上,精神与物质、概念与对象,或者个人与社会并不是判然有别的。虽然他们一个不能被简化为另一个,但概念、精神与个体是被牢牢缠绕在非概念、物质与社会中的。如果说,康德的二律背反既暗示了它们之间的亲和性,又暗示了它们之间的异质性,那么,黑格尔却没有意识到这些二律背反"标示出了一个非同一性环节,这个环节对他的同一性哲学观来说是不可或缺的"。

　　阿多诺的否定辩证法力图超越黑格尔的辩证法,将其转变为主体与对象、个人与社会非同一的共识,但他同时强调这二者(主体与对象、个人与社会)本质上都是物质的。[2] 阿多诺的否定辩证法既不是还原论的,也不是二元论的,[3] 而是唯物论的,因为它揭示了自然与历史两者都优先于人类。在开始滔滔不绝叙述唯物论的历史时,阿多诺声明,往往有两种唯物论,一种是社会型的,其关注点在社会;另一种是自然型的,其关注点在自然。两者的共同点在于,当精神"否认自己的自然发展"时,它们反对精神编造的谎

1　阿多诺,《黑格尔研究三则》(*Hegel: Three Studies*),1993 年,第 8 页。

2　参见艾莉森·斯通在本书(第 3 章)中对阿多诺的逻辑的讨论,在这篇文章中,她对阿多诺的辩证法与黑格尔的辩证法之间的关系作了更为详尽的讨论。

3　布莱恩·奥康纳第一个指出阿多诺对认识主体及其对象的关系提供了一个既非还原论又非二元论的解释;参见《阿多诺的否定辩证法:哲学与批判理性的可能性》(*Adorno's Negative Diale-ctic: Philosophy and the Possibility of Critical Rationality*,2004)。但这种关于主体与对象之间关系的描述同样可以延伸到阿多诺对精神与物质,以及个人和社会之间关系的设想。更广泛地说,它还能被运用到自然与历史的关系上。

言。[1] 实际上,这两种唯物论都将精神的起源——甚至其最浅显的升华物——追溯到物质匮乏上。[2] 阿多诺试图调和这两种唯物论,他主张,比个人更重要的物质客观性,它既是自然的也是社会的,尽管我们很大程度上忽视了物质世界的这两维是怎样优先于我们的思想和行为的。

实际上,阿多诺认为,社会对个人的影响已如此深远以至于它似乎可被描述为极权主义。阿多诺将社会看作"普遍的"事物,他始终强调社会对个人的控制。如今,人类必须依赖国家和经济表现,因为这些制度对他们的生存负有责任(ND:311)。如果说,这种越来越极权化的处境在康德的先验主体和黑格尔的世界精神中都得到了预示(CM:248),那么,阿多诺同意马克思的看法,他认为马克思更恰当地将其描述为"个人并未意识到但却实际发挥效应的价值规律"。这个规律,表现在交换关系中,它是个人遭遇到的"真正的客观性"(ND:300-301)。今天,"标准的社会结构是交换形式"。交换理性现在"构造着人们:而他们本身是什么,他们认为自己是什么,都成了次要的"(CM:248)。

我们也忘记了自然在我们的历史中扮演的角色。我们片面地认为由于破除了所谓的"根本的主体性谬误"(ND:XX),所以我们优于自然界,阿多诺试图纠正这种偏见。对这种唯心主义谬误的批判,很大程度上需要证明精神不是第一位的。以此为己任,阿多诺赞同马克思,认为马克思的历史唯物主义是"对整个唯心主义的批判,同时也是对唯心主义扭曲过的现实的批判"(ND:197)。在阿多诺看来,黑格尔将具有自我意识的精神溯源到其与多种多样正在生成的物质之间的关系。由于假设了这种精神的实在性,

---

1　阿多诺,《哲学术语:导论》(*Philosophische Terminologie:zur Einleitung*),第二卷,1974 年,第 172 页。

2　同上,第 173 页。

黑格尔只能将"我"的起源隐藏在"非我"中。甚至对黑格尔来说，精神暗自产生"在现实过程中，在物种生存需要营养供给的规律中"(*ND*: 198,译文有所改动)。

然而，这种现实过程却被资本主义生产方式本能地推动和塑造着，而这种生产方式与自然之间是掠夺和榨取的关系。阿多诺引用了《德意志意识形态》中一段著名的话，宣称在这段话里，马克思"以一种必然激怒教条唯物论者的极端的活力"强调，自然和历史"无休无止地缠绕在一起"。对马克思而言：

> 我们仅仅知道一门唯一的科学，即历史科学。历史可以从两方面来考察，可以把它划分为自然史和人类史。但这两方面是不可分割的；只要有人存在，自然史和人类史就会彼此相互制约。[1]

28 紧接着这段引文，阿多诺断言，传统上自然和历史的对立从一方面看是对的，但从另一方面看又是错的。说它是对的，在于它传达出自然物质遭遇了什么——也就是说，自然已被掩盖到了如此程度以至于如今看上去像自然的东西实际上却是社会的。然而，这种对立又是错的，因为"它辩解性地重演了历史对自身的自然发展进行掩盖的戏码"(*ND*: 358,译文有所改动)。

借用马克思自然史的概念，阿多诺试图捕获这句话隐含的重要意义，即自然往往也是历史的，而历史也往往是自然的。然而，为了避免误解，他没有采用"'自然化'人"和"'人化'自然"的目标。相反，正如兰伯特·祖德瓦尔特富于洞见地评论的那样，阿多诺实际上认为，"人类已经是自然化的，太过自然化，而自然也无可避免地人化，太过人化"。人类"太过自然化"是因为他们"就像野兽一

---

1 参见《马克思恩格斯选集》(第一卷)，北京：人民出版社，1995 年，第 66 页。——译注

样执行统治",而忘记了生存本能驱动他们行为的这个事实。就其本身来说,自然已被彻底历史化到了这样一个程度,"它仅仅变成了人类控制的对象"。[1]

诚然,阿多诺想让我们既承认自己是自然不可分割的部分,也承认自然总是被(并将永远被)卷入人类史中。但他同时提出了一个颇具争议的构想,他想让自然"去人类化",而人类"去自然化"。虽然他既强调我们的自然特征,又强调自然的"人化",但他的目的却在使人类能部分地超越自然,而自然能部分地超越人类。如果说,承认我们与自然的亲和性对我们的自我理解至为关键,而且实际上,自然史和人类史的非同一性必须得到足够重视的话,那么,阿多诺的目标就在于阐述一种更为全面的人类与自然的辩证观。

说自然也常常是历史的,并不是允许将自然简化为历史的做法。反之,人类史的"自然性"也不意味着历史可以被简化为自然。实际上,阿多诺曾经的学生阿尔弗雷德·施密特[2]断言,自然与历史之间是一种非简化的关系,这种观点是马克思第一个提出来的。对马克思而言:"自然史和人类史一起构成……一个具有差异性的历史"。正因为它们形成了一个内部有差异性的整体,"因而人类史没有隐没在纯粹的自然史里;自然史也没有隐没在人类史中"。[3] 作为人类生活的物质基础,自然仍保留了某些不同于其历

29

1　兰伯特·祖德瓦尔特(Lambert Zuidervaart),《阿多诺的美学理论:幻觉的救赎》(*Adorno's Aesthetic Theory: The Redemption of Illusion*),1991年,第165页。

2　阿尔弗雷德·施密特(Alfred Schmidt,1931—),法兰克福学派第二代思想家中的左翼代表,他比哈贝马斯更忠实于法兰克福学派从1930年代开创的"批判理论"传统,有法兰克福学派的"传家宝"之美称,他也是唯物主义哲学领域年轻一代的专家。1960年在阿多诺的指导下,他完成了题为"马克思的自然概念"(*The Concept of Nature in Marx*)的博士论文,并获得哲学博士学位。随后执教于法兰克福大学和法兰克福劳动学院。1972年起,任法兰克福学派社会研究所所长。——译注

3　施密特,《马克思的自然概念》,1971年,第45页。

史表现的东西。尽管自然往往也被历史性地、社会地中介,但它并不能完全等同于它的中介形式。就其本身而言,人类史无论内部和外部都是由自然力所推动的,但它是不同于自然的东西,因为认知的发展使我们能够在有限的程度上将自己和自然区分开来。

阿多诺指出马克思常常倾向于讨论社会对个人的优先性,而未能充分探查自然的优先性,然而,尽管如此,他仍从马克思对资本主义的批判中借鉴了很多。回到早期的一点,他主张"自由具有的欺骗性并不比个体性更少",因为"价值规律开始凌驾于个人之上,尽管这些个人在形式上是自由的",但他们已成为了"价值规律无意识的执行者"。甚至在早期的资本主义自由阶段,资产阶级企业家所享受的自由和自主,本质上看来也只是经济条件的一种功能,也就是说,经济条件为了提高自身的性能,形成了一定程度的自主(ND: 262)。然而,在垄断资本主义下,统治阶级自身"受到了经济过程的统治和支配"。正如马克思预言的那样,统治力量已变成了自己生产的机器的附属品。

然而,与马克思和黑格尔相反,阿多诺丢弃了历史必然性的观念。在就我们不断增长的毁灭与自我毁灭的能力对历史延续性加以描述后,阿多诺坚持认为,那些"想要改变世界的"人会情不自禁地对这种轨迹的必然性产生怀疑(ND: 323)。的确,他就怀疑,由于缺乏阶级意识,无产阶级能够在多大程度上充当激进社会变革的主体。但他也让那些将他看作不懈的悲观主义者的人失望了,因为他注意到,生产关系"与它们得以产生并附于其上的主体"保持着"一种彻底对立的关系"。由于个人和社会之间的这种对立,对社会来说,不可能强求和人类完全等同,尽管这种等同是否定性的乌托邦所盼望的"(CM: 156)。

马克思倾向于强调社会对个人的优先性,而弗洛伊德显然更关注本能对人类行为的影响。但阿多诺认为,马克思暗含了对如

下观点的赞同，即，历史受到本能的驱使：在马克思关于自然史的
观点中，真正的内容，或者说批判性的内容，在于他认识到，人类
史，尽管表现为逐渐掌握并统治自然的形式，但它只是"在延续无
意识的自然史，无意识的毁灭与被毁灭的历史"（*ND*: 355）。此
外，如果说，马克思认为，人类存在的首要前提是生产出能够满足
自身需求的手段，那么，弗洛伊德则在《文明及其不满》中注意到，
人类生活的基础之一在于"为了满足外在需求而进行的强制性劳
作"。[1] 对马克思和弗洛伊德来说，迄今为止的历史主要在于那些
为人类提供物质生活必需品的活动。

   阿多诺也同意弗洛伊德的观点，"文明一定程度上是建立在放
弃本能的基础上，它恰恰更多地以强大本能得不到满足（通过抑
制、压抑或其他方式？）为先决条件，这是不能忽视的"。[2] 用阿多
诺自己的话来说，"放弃本能的观点……是近些年来精神分析构想
出来的，大概我已经讨论过，它已同文明的方向保持一致，而且我
们也可以说，它已同城市文明的基本趋势保持一致，而这个趋势在
最广泛的意义上是资产阶级的，也就是说，是朝向劳作的"（*PMP*:
136-137）。为了统治外在自然及其他人而压抑自己的本能，个人很
少能从这种舍弃行为中获益。因此，"现在放弃本能和将来得到的
报偿之间并没有真正的相等"。社会是被"非理性地"组织着，因为
"它每次许下的报酬，从未等值兑现过"（*PMP*: 139）。

   跟随弗洛伊德的脚步，阿多诺也试图在自我和本我之间建立
一种更融洽的关系从而促进启蒙。通常来说，他认为，理性地洞察
我们与自然之间的亲和性"是启蒙辩证法的核心"（*ND*: 270）。在
此，他提到了《启蒙辩证法》的中心论题，这个论题表明，对在本能
驱使下征服自然的行为展开批判，能够"为一个肯定性的启蒙概念

30

1　弗洛伊德，《文明及其不满》（*Civilization and its Discontents*），1975年，第38页。
2　同上，第34页。

开路,这个概念将会使启蒙从盲目统治的泥潭中解放出来"[1]（*DE*,
C: xvi; J: xviii）。用弗洛伊德的话来说,只有当自我认识到,它不
是自己房子的完全的主人,它不是无所不能的而是要受制于自然
冲动时,它才能扬弃本能,将其能量疏导到更有助于解放的目标
上。[2] 对阿多诺来说,只有"从我们意识到我们是自然的一部分的
那刻起","我们才不再只是自然的一部分"（*PMP*: 103）。悖论的
31　是,也许,无论在何种意义上,为了超越自然,我们必须首先充分意
识到我们自己是受本能驱使的动物。

　　阿多诺对弗洛伊德有关纳粹主义的解释也同样感兴趣,弗洛伊
德将纳粹主义描述为一种带有时代特征的"新型精神痛苦",这
个时代目睹了"个人的衰落及随之而来的软弱"。[3] 如今社会为我
们的物质生存负责,它不再需要更具竞争性的自由阶段形成的"自
我和个性作为中介"。通过囚禁"一切差异"并利用"无意识的原始
内核",社会鼓励软弱和顺从的自我形成。[4] 这样一来,它孕育出
了纳粹主义的病理,自我的"自我保存功能""至少在表面上得以保
留,但同时却与其意识分离进而丧失了合理性"。[5] 既然纳粹主义
的自我太弱而不能调节它的本能,那么这些人就很容易受到政治
家和大众传媒的利用。由于自我的软弱性,对社会有效的抵抗几
乎完全消失了。

1　参见霍克海默、阿道尔诺,《前言》,《启蒙辩证法:哲学断片》,渠敬东、曹卫东
　译,上海:上海人民出版社,2003 年,第 4 页。译文有所改动。——译注
2　参见乔尔·怀特布克(Joel Whitebook)的《颠倒与乌托邦:精神分析与批判理论
　研究》(*Perversion and Utopia: A Study in Psychoanalysis and Critical Theory*),1996 年,
　尤其是第二章,作者试图调和弗洛伊德最著名的两条格言:"本我在哪里,自我
　就在哪里"与"自我不是自己房子完全的主人"。
3　阿多诺,《弗洛伊德理论与纳粹主义宣传模式》(Frendian Theory and the Pattern
　of Fascist Propaganda),《法兰克福学派精要读本》(*The Essential Frankfurt School
　Reader*),1978 年,第 120 页。
4　阿多诺,《社会学和心理学》(Sociology and Psychology),第 87 页。
5　同上,第 88 页,译文有所改动。

然而,不同于弗洛伊德,阿多诺认为,诸如纳粹主义这样的精神病理会被克服,不过不是通过精神分析,而只能通过彻底变革社会。他也不赞成弗洛伊德时而批评对本能的放弃是与现实相悖的压抑行为,时而又赞美其是有益于文化的升华,在这两者之间摇摆不定(*MM*: 60)。尽管如此,在与弗洛伊德主义的社会心理学家不断讨论的基础上,阿多诺逐渐形成了一套有关反犹主义和纳粹的极其精致的精神分析话语。[1] 在对文化工业的批评中以及在实证性的工作中,他都将精神分析放在第一位。[2] 尽管曾宣称"在精神分析中除了夸张外没有什么是真的"(*MM*: 49),但他坚持认为,对思想来说重要的正是这种"夸张成分"(*MM*: 126)。阿多诺乐于承认他夸大了人类处境的黑暗面,但通过表明他只是遵从了这句格言"今天唯有夸张本身才能充当真理的中介"(*CM*: 99),从而进行了自我辩护。由于强调当代社会毁灭与自我毁灭的趋势,夸张在批判性的社会理论中扮演了重要的角色。

冲击

与第一代批判理论深刻的道德攻势一致,哈贝马斯也将建立一个更理性化的社会作为自己的目标,这个社会允许个人享有更大的自由和自主。正如阿多诺坚信,为了实现这样一个社会,需要对目前形势有深刻的理解,哈贝马斯也赞成这样的观点,只有持续不减地、批判性地洞察我们目前的困境才能为积极的改变打下基础。像阿多诺一样,哈贝马斯也对西方生活作出了透彻的分析,考

32

1　穆勒-杜姆,《阿多诺》,第292页。
2　参见,如阿多诺、弗兰克尔·布伦斯维克、大卫·列文森和内维特·桑福德,《独裁主义人格》(*The Authoritaria Personality*),1950年。

察了诸如折磨资本主义的周期性危机、物化、公民利己主义[1]、西方民主赤字[2]及全球化等。虽然哈贝马斯对西方制度、程序及实践的批评远远少于阿多诺，但他在《在事实与规范之间》这本书中无疑继续与阿多诺保持合拍，他注意到，20世纪比其他任何时候都让我们"对非理性的存在感到恐惧"。为了消除这种恐惧，理性必须经受重大的考验。[3]

　　跟随阿多诺，哈贝马斯也同意马克思的主张，"理性一直都存在，但却往往没有以理性的方式存在"。[4]　而且，在他们各自对西方理性的批判中，阿多诺和哈贝马斯都宣称，自己是康德在《什么是启蒙？》中所描述的启蒙传统的虔诚信徒。[5]　通过强调理性的、自主的和批判性的思想，他们都认为自己推进了这个传统。阿多诺申明，他的任务是提高"理性的自我批判精神"（*ND*：29），继续启蒙。像康德一样，他想让个人获得更大的政治成熟，从而能够作出独立的、批判性的判断（*CM*：281-282）。哈贝马斯将自己的工作定位在启蒙传统中，他也想让个人逐渐从迷信和专制的信仰系统中解放出来，自发地服从于更好的论点具有的辐射力。

1　civil privatism，指公民中存在的那种"事不关己，高高挂起"的自私自利的政治态度，它是文化传统维护合法性的主要手段。——译注

2　democratic deficit，又称民主逆差，指民主组织或机构（尤其是政府），其运作或实践已无法满足基层的需要，民主所产生的代表与人民之间的鸿沟不断扩大，人民远离民主运作机制，对决策无力，参与感降低，投票热情急速衰退，民主体制出现入（民意流入）不敷出（决策产出）的逆差。——译注

3　哈贝马斯，《在事实与规范之间：关于法律和民主法治国的商谈理论》（*Between Facts and Norms: Contributions to a Discourse Theory of Law and Democracy*），1996年，第XII页。

4　塞拉·本哈比（Seyla Benhabib）在《批判、规范和乌托邦：批判理论基础研究》（*Critique, Norm and Utopia: A Study of the Foundations of Critical Theory*），1986年，第34页）中引用了这句评论，这句话出自马克思1943年写给阿尔诺德·卢格的一封信。阿多诺自己在《批判》中也引用了这封信，见*CM*，第282页。

5　参见康德，《什么是启蒙？》（What is Enlightenment?），《道德形而上学的基础》（*Foundations of the Metaphysics of Morals*），1959年。

　　尽管哈贝马斯否认无产阶级能够扮演历史普遍主体的角色，但他仍受惠于马克思对资本主义和商品形式的批判。他将自己批判生活世界殖民化的观点和社会现实物化的问题联系了起来，而这个问题首先由马克思在批判商品拜物教时指出，随后又被卢卡奇承继了下来。正如他对一个访谈者所说的那样："当我在写《交往行为理论》时，我的核心关切在于发展一套能够用来阐明'物化'（卢卡奇）现象的理论装置。"[1] 此外，尽管哈贝马斯批判马克思的如下断言：经济决定政治、社会和文化上层建筑，但他仍接受马克思的观点，资本主义是整个西方社会发展的特征。[2]

　　阿多诺不断强调西方社会灾难性的趋势。对他来说，"彻底物化的世界……无法和人类造成的这个额外的灾难性事件分开，在这个世界中自然已被消灭，而在这个世界之后再也没有什么能长出来"（*NLI*：245）。相比之下，哈贝马斯相信西方社会的发展轨迹是双重的。一方面，由于经济和政治体系中行为的合理性现在渗入了生活世界，它扰乱了本符合客体世界、社会世界与主体世界之间协议的交往实践。另一方面，这些实践变得更为理性，它们越来越将健全的理性——而不是将免于批判的信仰和教条——作为正当要求的基础。的确，由于哈贝马斯对生活世界合理化持有积极的看法，所以他拒绝了阿多诺对晚期资本主义生活的评价——他认为这个观点是有偏见的，因为它只关注现代性具有的病理趋势，

33

1　哈贝马斯，《道德、社会与伦理：与托本·赫维尔德·尼尔森对谈》（Morality, Society and Ethics：An Interview with Torben Hvild Nielsen），《辩护与请求：论商谈伦理学》（*Justification and Application: Remarks on Discourse Ethics*），1993年，第170页。
2　哈贝马斯，《交往行为理论（第二卷）：生活世界和系统：功能主义理性批判》，1987年，第343页："马克思将经济视为西方社会演进的首要因素"是正确的，因为"基层系统的问题决定整个社会的发展道路。"但哈贝马斯也主张，只有当生活世界充分理性化时，资本主义经济才会获得首要地位。

而实际上排除了对抗趋势。[1]

但对哈贝马斯来说,社会和个人之间的和解也尤为关键。他赞同"对普遍的生活形式作出理想化的假设,在这种生活形式中,每个人都能采纳其他人的观点,并有望达成每个人都认可的互惠性的认识",因为这个假设"有可能使个性化的人在共同体中存在——使个人主义作为普遍主义的反面而存在"。[2] 此外,哈贝马斯致力于这样一项工程,这个工程意在推动所有机构竭力构想一种社会理论,这种理论能够考察经济和政治制度对社会生活和个人发展带来的影响,其最终目标在于实现"一个将会满足整个共同体需求的理性组织的社会"。[3] 然而,不像他的前辈,哈贝马斯认为,激进社会变革是没必要的,因为生活条件将能够使每个人享受同等的自我实现和自我决断的可能性,一切已潜藏在现存制度中。换言之,一个更理性的社会已触手可及。

这种更加调和的西方社会观在哈贝马斯后继者的工作中得到了回应,这些后继者包括哲学家阿尔希布莱特·维尔默[4]和阿克塞尔·霍耐特[5]。霍耐特目前(2007 年)是社会研究所的所长,他追

1　哈贝马斯,《交往行为理论(第二卷):生活世界和系统:功能主义理性批判》,1987 年,第 391 页。

2　哈贝马斯,《个体化与社会化:论乔治·赫伯特·米德的主体性理论》(Individuation through Socialization：On George Herbert Mead's Theory of Subjectivity),《后形而上学思想:哲学论文集》(Postmetaphysical Thinking：Philosophical Essays),1992 年,第 186 页。

3　霍克海默,《传统理论和批判理论》(Traditional and Critical Theory),《批判理论选集》(Critical Theory：Selected Essays),1972 年,第 231 页。

4　阿尔布希特·维尔默(Albrecht Wellmer,1933—),德国哲学家。1966 年到 1970 年,他曾在法兰克福大学担任哈贝马斯的助手。2006 年因在哲学、戏剧、音乐和电影方面的研究成就而荣获阿多诺奖。——译注

5　阿克塞尔·霍耐特(Axel Honneth,1949—),德国著名社会理论家,法兰克福学派第三代核心人物,他的"为承认而斗争"理论代表着法兰克福学派社会批判理论新的发展方向和趋势。1996 年 5 月他开始接替哈贝马斯担任法兰克福大学哲学系社会哲学教授。2000 年初,被任命为法兰克福大学社会研究所所长。著有《承认的斗争》、《权力的批判》及《支离破碎的社会》等。——译注

随哈贝马斯,抛弃了阿多诺对西方主流趋势的黯淡看法。不过,霍
耐特最近却为阿多诺辩护,坚持认为阿多诺不是在试图解释资本
主义,而是提供"一种关于自然—历史的灾难的解释学"[1],这种解
释学运用了马克斯·韦伯有关理想类型的方法论。[2] 而且,霍耐特
继续拥护包括阿多诺在内的第一代理论家的目标。在近期的宣传
册中,研究所正在致力于考察西方社会中相互矛盾的趋势,这些趋
势既导致了自由的增加(在新的家庭安排方面,或者例如,在法律
承认妇女以及少数民族、种族的平等方面),同时又由于撤销了对
劳动市场和军备竞赛的管制而导致自由的减少。

　　虽然研究所从来没有将实证社会研究视为专门的理论事业,
但它也对其发展作出了巨大贡献。实际上,阿多诺自己的实证性
工作,以及他的很多有关实证研究方法的论文,都是这方面的典范
之作。诚然,像《独裁主义人格》这样的课题受到了激烈的批评,但
这种批评丝毫没有减损阿多诺开创性的地位。正如杰伊正确指出
的,如果我们对《独裁主义人格》在方法论和结论上存在的问题耿
耿于怀,就会"错失这整个工作取得的惊人成就"。杰伊也注意到
一位敏锐的评论者曾将八卷本的《偏见研究》描述为"社会科学中
划时代的事件"。这些研究,包括《独裁主义人格》,激发了一股巨
大的研究潮流。[3] 而且,这项工作对社会科学的影响无论在北美还
是欧洲都已被深切地感受到,因为阿多诺将他在美国时帮助形成
的研究方法带回了德国。

　　阿多诺不仅对社会科学的发展作出了贡献;他有关文化工业

1　霍耐特,《资本主义生活形式的相面术:阿多诺社会理论概要》(A Physiognomy
　　of the Capitalist Form of Life: A Sketch of Adorno's Social Theory),《星丛:批判
　　与民主理论国际月刊》(*Constellations: An International Journal of Critical and
　　Democratic Theory*,12[1]),2005 年 3 月,第 50 页。
2　同上,第 53-54 页。
3　杰伊,《辩证的想象》,第 250 页。

的工作对这个领域的研究也形成了重大的冲击,他首先影响了诸
如保罗·拉扎斯菲尔德[1]和伊莱休·卡茨[2]这样的分析家。1930
年代后期,阿多诺考察了广播电台和唱片工业,此后对大众传媒的
研究贯穿其一生,他提供了一种对文化商品化高度批判性的论述。
在写于20世纪60年代的《闲暇》中,[3]他对西方个人的休闲活动进
行了评论,就其对电视的接受,他提供了一份细致入微的评估。他
的评估部分基于1966年在研究所展开的一项实证研究,这项研究
表明,电视观众对他们观看的东西会比我们预期的具有更大的批
判性。然而,这些大众文化研究的重要性,很大程度上却被阿多诺
的理论工作对诸如居伊·德波[4]和斯图亚特·伊文[5]这些形形色色
的作家所产生的影响遮蔽了。在此,阿多诺开创性地探究了许多问
35　题,这些问题至今仍在西方国家的传媒研究和传播系中被加以讨论。

　　如果说社会学和传媒研究这样的学科已感受到阿多诺实证与
理论工作的影响,那么还应指出阿多诺也影响了文学和音乐研究。

1　保罗·拉扎斯菲尔德(Paul Lazarsfeld),美籍奥地利人,著名社会学家,传播学四
　　大奠基人之一,著有《社会科学中的数学思维》、《选民抉择》、《定性分析》和
　　《应用社会学导论》等。拉扎斯菲尔德认为,大多数广播电视节目、电影、杂志、
　　书籍和报纸以消遣为目的,对大众的鉴赏能力造成了影响,受众的平均审美水
　　平和鉴赏力下降,这对精英文化而言是一种堕落,此观点显然受到了阿多诺的
　　影响。——译注
2　伊莱休·卡茨(Elihu Katz,1926—),美籍以色列社会学家,一生致力于传播学
　　的研究,为传播学的发展作出了巨大的贡献,著有《大众传播的使用》、《休闲的
　　世俗化》、《大众传媒与社会变迁》、《媒介事件》、《意义的输出》、《媒介研究的
　　奠基文献》等。——译注
3　参见阿多诺,《闲暇》(Free Time),CM：167-175。有关阿多诺的西方文化观更
　　详细的论述,读者应参考罗伯特·W.威特金在本书(第10章)中对阿多诺文
　　化哲学的讨论。
4　居伊·德波(Guy Debord,1931—1994),法国哲学家、马克思主义理论家、国际情
　　境主义创始人、电影导演。1967年出版的《景观社会》是他最有影响力的著作,其
　　对后来的马克思主义、无政府主义有着深远影响。——译注
5　斯图亚特·伊文(Stuart Ewen),美国历史学家,电影、传媒、消费文化研究者,著有
　　《意识的船长们:消费文化的广告和社会根源》。——译注

当代文学理论家,如特里·伊格尔顿和弗雷德里克·杰姆逊,无疑已受到他的吸引。的确,阿多诺的许多讨论文学主题的文章在文学系经常被讲授。[1] 而且,阿多诺也是一位十分多产的现代音乐评论家。他的许多文章和著作讨论了勋伯格、贝多芬、斯特拉文斯基和瓦格纳等作曲家,这些文章和著作继续吸引着评论家和音乐理论家的目光。也许令人诧异的是,尽管阿多诺谴责大众文化的许多方面,但马克斯·帕蒂森[2]指出,他的很多美学观点已被研究摇滚音乐的作家采纳,这些作家包括迈克尔·科伊尔、乔恩·杜兰、艾伦·摩尔以及西蒙·福瑞斯。[3]

考虑到阿多诺影响的广泛度,即便想简要谈谈其影响所及的领域都是困难的。然而,仍旧要说一点。尽管目前已有很多关于阿多诺著作的解释,但有关阿多诺的学术研究仍处于起始阶段。没有人能声称已完全译解了阿多诺在《启蒙辩证法》中描述为瓶中信的东西。的确,阿多诺说过,为了确保世界不会毁灭,他有关这个地狱般人间的信息,既不是留给大众,也不是留给软弱无力的个人,而是留给一位假想的证人,这个证人能够将他的理论洞见转化为解放性的社会实践(*DE*, C:256; J:213)。由于这个证人还没有显现,因此对阿多诺影响的盖棺定论就还不到时候。但他的工作确实足够丰富以至于能证实如下预言:它将会继续影响未来的哲学和社会科学。

---

1 参见,如罗伯特·考夫曼,《阿多诺的社会抒情诗和今天的文学批评:诗学、美学、现代性(Adorno's Social Lyric, and Literary Criticism Today: Poetics, Aesthetics, Modernity)》,《剑桥哲学指南:阿多诺》(*The Cambridge Companion to Adorno*),第354-375页。

2 马克斯·帕蒂森(Max Paddison),美国杜伦大学音乐美学教授,他有极高的音乐和哲学造诣,著有《阿多诺的音乐美学》和《阿多诺、现代主义与大众文化》。——译注

3 帕蒂森,《阿多诺音乐美学中的真实性和失败(*Authenticity and Failure in Adorno's Aesthetics of Music*)》,《剑桥哲学指南:阿多诺》(*The Cambridge Companion to Adorno*),第212-215页。

第 2 部分

阿多诺的哲学

序 言

⊙ 黛博拉·库克

在第一部分对西奥多·W. 阿多诺的工作进行通常的历史概观后,第二部分将集中讨论其不同哲学面向。本书撰稿人在传统类目下考察了阿多诺的哲学,这些类目是:逻辑学,形而上学,本体论,认识论和美学;道德哲学,社会哲学和政治哲学,以及文化哲学和历史哲学。他们的考察显示,在不懈批判资本主义下遭到毁坏的生活时,阿多诺彻底反思了这些传统哲学探究的领域。

艾莉森·斯通的文章是一篇有关阿多诺完全非传统思想方式的绝佳导言。在描述了黑格尔将康德的先验逻辑转变为辩证逻辑后,斯通解释了阿多诺怎样将黑格尔的辩证法转变为否定的辩证法。阿多诺运用辩证法,不是为了追踪概念的发展,而是为了探查神话和启蒙这样的社会现象,更广泛地说,是为了把握自然和文化之间的历史关系。尽管自然和文化在整个人类史上彼此缠绕,但否定辩证法表明,我们的自然观念,由于受到历史限制,因而并没有穷尽自然本身:自然仍顽强地不同于我们关于它的所有观念。斯通对阿多诺辩证曲折的非同一性思维的解释,主要体现在分析阿多诺如何运用星丛概念去认识对象,这些对象一方面和概念紧

42 密相连,一方面又根本不同于概念。斯通总结到,虽然阿多诺的否定辩证法不合乎传统的逻辑观念,但它有着自身的逻辑,它试图公平对待自然——包括人类在内,就人类是自然界的一部分而言——同时指出未来概念与对象、文化与自然达成和解的前景。

　　埃斯彭·哈默思虑周密的论文以对比传统形而上学与阿多诺对形而上学的构想开篇。阿多诺批判了传统形而上学的肯定性特征——它对现存世界的意识形态合法化——他坚持认为,诸如大屠杀这样的恐怖事件揭穿了形而上学的谎言:这个世界本质上是道德完善的。也正因此,阿多诺想要保留超出这个世界的事物的观念。不过,更令人诧异的也许是,阿多诺主张,超验的形而上学观念要想得以保存,只能采取一种唯物主义的视角,也就是说,必须集中关注我们这个碎片化的、短暂易逝的世界中那些奇特的经验。借鉴瓦尔特·本雅明,阿多诺形成了自己的形而上学经验观,他认为,这样的经验能够让我们一窥仅存在于内在性中的超验。基于对这个世界中罪恶的经验,以及我们自身道德的暗示,阿多诺所理解的形而上学会产生人类最终与自然达成和解的观念。尽管哈默承认阿多诺的形而上学经验观很容易受到批评,但他进一步论证,倘若选择一种替代性的观念将相当于接受这样的看法,今天的生活是全无意义和希望的。

　　斯塔莱·芬克处理了阿多诺思想中一个棘手的问题,即本体论与认识论之间的张力问题。这个问题尤为困难,因为对阿多诺来说,"实在"很大程度上是那些我们用来思考它的方式所具有的一项功能。尽管阿多诺采用了唯物主义的立场,但他无疑认识到,自然(以及通常的物质世界)也往往被社会性地中介。芬克首先聚焦在阿多诺对埃德蒙德·胡塞尔激烈的批判上,他表明,除了其他方面,阿多诺锁定胡塞尔的主体性观念,认为它是纯意向性的,而且是关于对象的唯心主义观念。就像主体不可否认是客观世界的一部分一样,主体也是被历史地限定的:它既是自然的又是社会的,而且同样总是被它试图去理解的事物所纠缠。但阿多诺也批判了康德和黑格尔未重视对象在思想和经验中的重要性和优先性。尽管康德和黑格尔都试图抓住"非同一性",但最终都采取了一个唯心主义的立场,错误地将特殊的对象归在普遍的概念之下。文章末尾,芬克对模仿在阿多诺工作中的作用作了一个有趣的解释。根据芬克的看法,通过赞成模仿,阿多诺试图兑现胡塞尔的著名格言:回到事物本身。

费边·弗里耶哈恩阐明了阿多诺非传统的、否定的道德哲学。由于阿多诺将现存世界看成是完全罪恶的,因此他认为今天正确的生活是不可能的。弗里耶哈恩分析了阿多诺认为当前正确的生活之所以不可能的原因;然后考察了阿多诺对道德哲学的批判,通过提供道德的药方,或将道德建立在产生道德义务的规则如康德绝对命令的基础上,道德哲学声称自己能够保证正确的生活。在细致入微地分析了阿多诺对康德的批判后,弗里耶哈恩继续论述到,阿多诺的确提供了一些对错误的生活会是怎样的看法。有时,阿多诺在对彻底罪恶的世界展开批判的基础上勾勒了自己的道德理想,但他也为今天的生活提供了否定性的药方。此外,阿多诺提出了一个他所谓的新的绝对命令:要以奥斯维辛再也不会发生的方式去生活。弗里耶哈恩将这种新的绝对命令和康德的绝对命令进行了比较,最后又进一步讨论了阿多诺这种否定的和最低限度的道德哲学,同时,特别关注了近期的二手研究资料对阿多诺工作中的规范性问题所做的互相矛盾的解释。

正如波琳·约翰逊所言,阿多诺对我们目前的社会困境似乎持着无可救药的悲观态度。在阿多诺所说的被完全操纵的垄断(或"晚期")资本主义世界中,社会从根本上来说是非理性的,因为(除了其他方面外)它将个人转变成了可度量的价值单元,它们被作为商品在"自由"市场中交换,从而加剧了阶级对立。约翰逊在对阿多诺社会哲学的讨论中突出了异化概念,她探察了阿多诺对社会介入人类生活的方方面面,对社会操纵并控制个人,以及对其所造成的非人的齐一化效果的担忧。如果家庭曾是这个无情世界的避难所的话,那么如今家庭不再提供这样一个庇护所,对社会的经济和政治功能起到加固作用的文化工业,现在篡夺了家庭曾作为社会首要代理人的角色。在被操纵的世界废墟中寻找希望的踪迹,希望错误的生活某天能被正确地过,约翰逊认为这些踪迹或许会在私人生活领域表达的模糊需求中被找见。约翰逊作了一个同样发人深省的转折,她表明,试图在现存的社会体制下发现解放潜能的女性主义政治,既能从阿多诺的分析中学到某些东西,也能用这种分析所具有的批判及乌托邦活力补足自己。

　　玛丽安·泰特巴姆的文章讨论了阿多诺的政治哲学,她开篇描述了阿多诺的个人经历,某天清晨他的住所遭到了盖世太保的突然袭击。对阿多诺来说,个人和国家之间的关系仍旧是极端成问题的。个人,认为自己是独立自主的,现在却如此卑怯地依靠国家和经济而生存,以至于想要抹掉作为个人而存在的自己。而且,使他们对国家权力的从属关系得以倒转的前景已随着对革命力量的遏制而消失。我们名义上的,或仅仅"形式上的"民主,以其极权主义的趋势、宣传及对批判的压制,只能使一个已经很坏的情形变得更糟。结果是,很可能导致奥斯维辛的状况重现。阿多诺呼吁我们要批判性地反思这个已被完全操纵的世界——就理论而不是实践而言——尽管这种吁求受到了谴责,但泰特巴姆为阿多诺进行辩护,解释了为什么阿多诺认为反思是一个真正自由民主社会到来的先声。阿多诺批判了传统的自由观念——尤其是康德的——因为它们一起使非自由得以保持下去,他坚称(正如泰特巴姆也注意到的那样),今天,只有抵抗现存状态的完全否定性的自由才是可能的。实际上,在文章最后,泰特巴姆讨论了教育在培养个人批判性地思考周围世界从而促进政治成熟上可能发挥的作用。

阿多诺也以捍卫艺术能促进社会批判意识的形成而出名。然而与此同时,正如罗斯·威尔逊富有洞察力地注意到,阿多诺使传统的艺术和美学范畴问题化了,当质疑美学是否能够成为一个独立的哲学探究领域时,他也挑战了艺术自身的范畴。威尔逊以阿多诺美学理论焕发的历史荣光开篇,描述了阿多诺试图通过表明主体与对象或艺术品密不可分,从而同时超越康德的主观美学和黑格尔的客观美学。由于这种密不可分,在对艺术的阐释上,哲学家同样应该扮演重要的角色。威尔逊也讨论到艺术品包含社会批判倾向这个颇具争议的问题。阿多诺抛弃了贝尔托·布莱希特及让-保罗·萨特的观点:艺术应该为明确的政治目标服务,他坚信,艺术早已在间接地批判我们当代的困境,因为它是作为艺术而存在的,它不愿屈服于资本主义市场的压力。诚然,就使现存状态合法化而言,艺术有着意识形态的一面。但艺术也有真理性的内容,当它指出一个超越被毁生活的状态,指出一个新的世界愿景时,这个新的世界不会再像今天的社会一样被仇恨[1]所撕裂。

罗伯特·W.威特金对阿多诺文化哲学引人注目的解释补充了威尔逊的文章。将伪文化与一种更具解放性的、能促进人类精神层面的文化相比,威特金指出,阿多诺的这种区分基于格奥尔格·西美尔有关客观文化和主观文化的观点。虽然一切文化都受到物质条件的缠绕,但伪文化不同于能满足精神需求的文化,因为它以个人退化的社会及心理趋向为目标,强化了对这种状态的适应和顺从。而且,由于伪文化不是从其固有部分辩证发展而来的,

45

1　antagonisms,或译"对抗"。——译注

所以它缺乏能够促进人类精神发展的历史面向。在此,阿多诺采用了马克斯·韦伯的论点,认为文化已屈从于现代世界的祛魅过程,在对此展开评论后,威特金将伪文化描述为一种拜物的、商品化的文化,它无法参与活生生的关系。通过考察阿多诺对《洛杉矶时报》占星专栏的批判,以及比较以市场效应为目的的流行音乐和严肃音乐,他具体阐述了这些观点。最后,威特金将阿多诺的工作放进其他当代文化批判的语境中,观察到阿多诺关于文化的论点自身已卷入被不断重写和更新的历史动力中。

布莱恩·奥康纳考察了阿多诺对黑格尔进步的、普遍的历史观的挑战。阿多诺不是简单地抛弃这种观念并坚持历史是非连续的,当他声明历史是以经常的中断为特征时,他试图将这两种历史观念结合起来,在辩证的张力中来把握它们。在对阿多诺历史观中存在的若干问题进行精彩讨论后,奥康纳接着表明,阿多诺也形成了自己的进步观念。正如他的自由观念是否定性的一样,由于统治自然构成了大部分人类史的特征,进步将在于打破对自然的统治从而阻止或避免灾难。与这种进步观念相连的是阿多诺的自然史观念,这种观念将人类史看作自然的,因为它受到生存本能的驱使,同时在自然史总是受到人类中介的意义上自然史也被看作历史的。尽管社会在不断试图统治自然时,以越来越强的效力介入生活的方方面面,从而继续转向极权主义,但阿多诺并不认为历史发展轨迹是不可更改的。正如奥康纳论证的那样,历史的方向能够被我们全体共同的行动所改变,这种共同的行动是达成自然与历史的和解,不过不是以将自然和历史一个草率地简化为另一个的方式,而是以最终克服自然与历史的二元论的方式。

读者将会发现将本书所有文章串联起来的思路:阿多诺同传统哲学交战——挑战了传统哲学很多核心主张——目的在于找到方法去阻止或改变晚期资本主义下遭受毁坏的生活。在这方面,本书的撰稿人表明,阿多诺更新了哲学传统,甚至对它的许多前提进行了彻底的质疑。的确,几乎没有哲学家能像阿多诺一样具有毫不妥协的批判性。由于思想自身(包括哲学思想在内)被越来越非理性的社会塑造和决定,因此,为了对抗这种不单在隐喻的意义上而实际上似乎就要濒于灭亡的社会趋势,阿多诺形成了一种新的思维方式。非同一性思维;一种超越性的形而上学经验,这种经验预示了亲密、成熟及社会团结的新形式;坚定地反抗整合力量及统治力量;不屈不挠地批判被毁的生活——不仅在哲学和社会理论层面,而且也在艺术和文化层面;打断主导性的社会趋势——所有这些都为我们呈现出了灾难得以避免的愿景。

阿多诺与逻辑学

⊙ 艾莉森·斯通

引言

阿多诺与逻辑学也许看上去是一个前途无望的组合,就像尼采与民主,或萨特与印度教一样。就理论应具有有效论证及推理来说,阿多诺是没有逻辑的。他也对任何试图使思想形式化的做法怀有深深的敌意,因为,他相信,形式化了的思想会掩盖一切主题固有的复杂性与模糊性,从而无法对其有深入的反思。(*CM*: 245-246)[1] 为了鼓励真正具有反思性的思考,阿多诺的写作采用了一种碎片化和隐喻的风格,这种风格远离了 20 世纪分析哲学的逻辑形式化特征。

然而,阿多诺确实致力于一种能够替代康德与黑格尔开创的逻辑学传统的东西。康德的先验逻辑学研究一些基本的概念——如实在性和因果性——借由这些概念(康德认为)我们构成了自己

1　在此,我对所征引的阿多诺著作译文部分有所改动。

的经验。黑格尔将这种先验逻辑学转变为了辩证逻辑学。黑格尔的逻辑学深深影响了阿多诺研究社会—历史现象的方法,这尤其体现在他对启蒙如何转向它的反面——神话的解释上。但阿多诺也批判了黑格尔,将他的辩证逻辑学转变为了否定辩证法。从其最一般的形式来说,否定辩证法适用于概念与对象,或阿多诺所谓的"同一性思维"与"非同一性思维"之间的关系。

48　　为了从康德—黑格尔的意义上理解阿多诺关于逻辑学的思考,我们需要考察一组概念——否定辩证法,概念与对象,同一性与非同一性——以及阿多诺的星丛概念,这个概念构成了阿多诺有关否定辩证法的部分论述。为了运用这些概念,我们必须首先重构康德和黑格尔的逻辑学思想。

从康德到黑格尔:从先验逻辑到辩证逻辑

在《纯粹理性批判》中,康德区分了一般逻辑与先验逻辑。一般逻辑阐明"思想的规则",它不"关乎认识指向的对象"。[1] 就是说,一般逻辑是纯形式的,它指的是,如果一个人的思考想要有效的话,他在思考时必然要遵循的规则——不管他正在思考的是什么。因此一般逻辑正是我们通常所说的逻辑。

相比之下,先验逻辑只在康德先验唯心主义的框架中有意义,或如他的观点所示,我们不能认识物自体,只有当它们服从特定的、必然会被我们带入经验的再现形式出现在我们面前时。这些形式是(1)"纯粹直觉"(空间和时间),通过它我们构成了自己的感官印象,(2)认识的概念,通过概念我们将各种不同的感觉材料

---

[1]　康德,《纯粹理性批判》,1929 年,第 93 页。

组织为相互之间按顺序关联起来的结构性的对象。[1]

对康德来说，探究形式是先验的，倘若它们研究的是那些必然会被我们带入经验的概念与直觉的条件的话。先验逻辑试图识别出，当我们在对对象进行思考时（或者我们将感觉材料组织进思考中时），哪些概念构成了一切思考的基础。[2] 这些概念是"构成认识的纯粹概念"，或"范畴"。它们是"纯粹的"，因为它们不是从经验得来的。的确，我们需要用这些概念来生成一切有关对象的经验。

那么，为了构成经验，哪些概念是必需的？对康德来说，所有概念的作用都是统合多种多样的感官印象；概念发挥的是"统合的功能"。[3] 但判断（如"玫瑰是红的"）也是综合的：它们将主词（"玫瑰"）和谓词（"红的"）联合起来。不同类型的判断联合主词和谓词的方式不同："玫瑰是红的"通过肯定谓词属于主词而联合起来，而"玫瑰不是红的"则通过肯定谓词和主词"相反"联合起来。[4] 在亚里士多德的逻辑学中——在康德的时代仍旧是权威的——有十二种判断：十二种联合主词和谓词的不同方式。康德认为这暗示了范畴是什么。

由于判断能将主词和谓词以十二种方式联合起来，而概念的作用也是统合感官材料，因此必定有十二个纯粹概念，其中每个概念对应一种判断。比如，"实在性"这个范畴，对应于"玫瑰是红的"这样的肯定判断，而"否定性"这个范畴对应于"玫瑰不是红的"这样的否定判断。其他范畴包括单一性和多样性、因果性、必然性和不可能性。

1　申明我们能够认识的事物只是我们再现出来的或形成了"概念"的事物，而不是物自体本身，从此种意义上来说，这种立场是唯心主义的。

2　康德，《纯粹理性批判》，第 95-96 页。

3　同上，第 105 页。

4　同上，第 108 页。

　　康德把依据合理规则系统地得出这些范畴看作自己的责任。[1]
但黑格尔批判康德毫不质疑地依赖亚里士多德的逻辑。他认为我
们的基本范畴必须"以必然的形式被呈现并……被推断出来"。[2]
因此,黑格尔接受了康德的观点,我们必须依据某些基本范畴积极
地建构我们的经验。但哲学家必须通过推断弄清这些范畴是
什么。

　　这种推断涉及什么? 首先,我们必须表明,一个特定的范畴对
任何思考来说都是必需的。然后我们表明,这个范畴有一些局限,
因此需要一个附加的概念提供唯一的可能性——或至少提供对这
些局限最有效的矫正。但这个新的范畴也被证明是有局限的,因
此还需要另一个范畴——等等直到我们推断出一个完整的范畴
链。黑格尔在他的逻辑学中阐述了这个范畴链,或"知性-规定"。

　　不像康德,虽然黑格尔也认为,逻辑范畴构成了我们有关对象
经验的思想的形式,但他同时认为,这些逻辑范畴还构成了那些独
立于思想而存在的事物的基本结构和原则。例如,因果性不只是
一个我们思考时必须依据的范畴,而且也是思想之外的事物构成
因果关系的原则。[3] 的确,正是由于这些基本范畴构成了所有事
物,所以它们限制了人类思维和经验的模式。因此,范畴不仅是主
体的思想形式而且是"真理,客观性以及真实存在的……物自体"。
[它们]就像柏拉图的理念一样……作为实体属性存在于单个事
物中。[4]

1　康德,《纯粹理性批判》,第 114 页。
2　黑格尔,《小逻辑》,1991 年,第 84 页,斯塔莱·芬克在本书(第 5 章)中也对黑
　格尔的逻辑提供了一种解释。
3　同上,第 227-230 页。
4　黑格尔,《自然哲学》,第一卷,1970 年,第 200 页。有人或许会反对,就范畴对
　一切思考来说都是必要的且它们像我们所经验的那样构造对象而言,康德的确
　将范畴看作客观的。但黑格尔坚持认为,这使客观性依赖于某些仅仅主观性的
　东西。参见《小逻辑》,第 81-86 页。

范畴总是依照更高级的逻辑结构,或三段式的辩证过程,一个接着另一个。[1] 这三个阶段是:抽象或理解——在此我们从某一范畴开始;辩证阶段——这个范畴生成并转变为它的反面;以及思辨阶段——综合前两个范畴。

比如,黑格尔的逻辑从一个最简单的范畴——有(being)——开始,接着表明有怎样转变成无(nothingness),因为有这个范畴是如此简单以至于有完全是不确定的和无特征的。[2] 然后这两个范畴被以这样的方式综合起来:由于两者是同样无特征的,因此无并没有真的和有有什么实质上的不同。在这个意义上,无又变回有。[3] 但有和无仍是不同的,毕竟它们是从相反的起点变成同一种东西:有从有到无,同时,无从无到有。由此得出结论,有和无是(1)不同的,但是(2)相互依存的,由于一个的存在只是因为另一个不断向它转化,因此黑格尔总结到,这使二者形成了第三个范畴,定在(becoming)。[4]

这个辩证过程既规定了我们用来思考的一系列概念,又规定了支配现实的形而上学原则。因此黑格尔将康德的逻辑转变为了辩证逻辑,通过(1)试着依据这三个阶段的辩证结构得出范畴,(2)将这些范畴不仅解释为主体的原则,而且解释为形而上学的原则。现在,我们可以来看一下,阿多诺是如何吸收并批判黑格尔的逻辑的。

从黑格尔到阿多诺:从辩证逻辑到否定辩证法

阿多诺常常将黑格尔的辩证法运用到社会现象上。《启蒙辩证法》中就有一个著名的例子,"启蒙复归为神话"(*DE*,C:xvi;J:

50

1　黑格尔,《自然哲学》,第一卷,第 125-133 页。

2　同上,第 136-139 页。

3　同上,第 139 页。

4　同上,第 141 页。

xviii)。在此,启蒙服从辩证法转变为它的反面,神话。

西蒙·贾维斯注意到,阿多诺和霍克海默用"启蒙"所要表达的并不是 18 世纪的思想运动,而是整个人类史逐渐展开的过程,"使神话的、宗教的或巫术的世界去除神话色彩,世俗化,祛魅化……"的过程。[1] 对阿多诺来说,通过批判先前的思想体系仅仅是神话的,人类不断使自己远离这些体系。而推动这个过程的则是人类对不断增强控制自然的能力的渴望。人类早就希望,摆脱神话的自然观,增强对自然实际运转方式的洞察,提高干预这些自然进程的能力,从而使自己获益。这个进程的顶点就是现代科学的出现,通过将自然呈现为可用数学来理解的、由纯粹的广延的量构成的东西,它使人类对自然的控制达到了史无前例的地步(*DE*,C:24-25;J:18-19)。

然而,人类越想让自己的思想远离神话而得到启蒙,就越会堕入神话思维方式中。这表现在很多方面。例如,通过坚持事实,启蒙思想家试图避免受到——上帝、超自然力等——神话信仰的吸引。这些事实包括,当前社会是怎样构成的,而哪些历史事件因果相承导致了这样一个社会。但启蒙思想家没能追问,历史本来是不是可以完全不同,显然这不只是一个事实问题。由于未能追问事情是否本会以不同的方式被完成,这导致了人们毫不反思地接受,目前的社会安排是不可避免的,是无人能逃脱的"宿命"。而这种宿命论正是一种典型的神话信仰形式。[2]

在启蒙转变为神话的辩证法之下的是启蒙转变为自然的辩证法。启蒙将我们设定为自然的主人——而不是自然的组成部分,提高我们使用抽象概念的能力,从而使我们远离自然(*DE*,C:13;

---

1 贾维斯,《阿多诺:一个批判性的介绍》,1998 年,第 24 页。
2 在此,我对贾维斯在《阿多诺》(第 25-26 页)中所作的论证进行了扩展。同样参见(*DE*,C:27;J:20-21)。

J:9)。但我们人类某种程度上仍是自然的,因为我们每个人都有一个由身体冲动组成的"内在的自然"(*DE*, C:39；J:31)。因此启蒙的部分目标就是让我们做自己内在自然的主人:实行自我控制,抑制自己的冲动,从而解放自己,形成客观冷静的概念思想。

人类力图控制自然,希望通过这种控制提高自我保存的能力。启蒙的全部努力都在使人类远离自然,但推动这种努力的却是自我保存的自然性渴望。因此,阿多诺写道:"自然表现在作为强制机制或统治机制的思想中,并被保存了下来。"(*DE*, C:39；J:31)[1]人类越热切地追逐启蒙规划,使自己远离自然,就越服从自己的自然冲动。因此"人类史,不断征服自然的历史,实际上正在延续无意识的自然史"(*ND*:355)[2]。

于是,我们看到了两幅辩证法的图景,即,启蒙转化为神话正是当它试图使自己和神话分离时,而启蒙了的人类服从自然正是当它试图凌驾于自然之上时。同样,对黑格尔来说,有转化为无正是当它以不同范畴的形式呈现时。阿多诺认为,很多其他社会现象也遵从于相似的辩证法。《最低限度的道德》给出了很多例子:知识分子退出社会,因为他们对社会的算计和商业本性不满,但他们最后却变得道貌岸然,并和精于算计的人一样铁石心肠。(*MM*:26)今天被看作健康的和具有良好适应力的人停留在病理学的压抑水平上,与之相比,病态和反常的人实际上反而是"治愈细胞"。"对所有人无差别地友好[实际上表达了]对每个人的淡漠和疏远"(*MM*:73；也可参见 62-63)。

在暗示启蒙辩证法的解决方案是启蒙和神话的和解,尤其是

1　参见霍克海默、阿道尔诺,《启蒙辩证法:哲学断片》,渠敬东、曹卫东译,上海:上海人民出版社,2006 年,第 31 页。译文有所改动。——译注
2　参见阿多尔诺,《否定的辩证法》,张峰译,重庆:重庆出版社,1993 年,第 356 页。译文有所改动。——译注

文化和自然的和解上,阿多诺似乎也追随黑格尔。后一种和解可以采取"对主体中的自然保持记忆"的方式(*DE*, C:40；J:32)。如果我们能够承认或"记住",我们对启蒙的追求是被诸多本能所推动,那么我们就能够开始摆脱对它们的服从。认识到这些冲动控制着我们,那么就可以追问,追求它们是不是正确的,其他目标是否更值得拥有。换句话说,我们可以慎重考虑应该采取什么样的价值,从而摆脱冲动获得些许独立性。

然而,悖论在于,只有当我们承认我们的思想原本依赖于本能,启蒙规划是本能的表达且出自本能时,我们才能真正摆脱本能。但也许阿多诺只是遵从了黑格尔的这个观点,两个相反的范畴通过证明它们不同但相互依存而得以和解。当承认我们的思想离不开自然,依赖于——产生于——自然,我们才真正第一次将我们和自然区分开来,相反,如果我们坚持认为我们的思想和自然是分开的,那么尽管我们正在否认本能的影响,我们的思想却仍在受它驱使。

然而,阿多诺对黑格尔的忠诚不应被夸大。一个明显的不同在于,阿多诺对辩证过程的研究是在历史和社会的领域内,而不是在基本的范畴内。因此,当他暗示这些辩证过程的解决方案,如自然和文化的和解时,他只是将这些方案看作人类也许会——也可能永不会——付诸实践的一些可能性。

这两种和解模式有两个更深层的不同之处,在黑格尔看来,和
53　解每每发生在第二个范畴证明和第一个范畴在本质上是相同的;它与第一个范畴之间的不同是相对表面的(例如有和无)。文化和自然达成和解,是在现代科学和哲学的探究方式将自然确立为本质上合理的东西时。[1]　因此,黑格尔暗示出,当人类使用理性去控

1　参见拙著《冥顽的理智:黑格尔哲学中的自然》(*Petrified Intelligence*：*Nature in Hegel's Philosophy*),2004 年,第三章。

制并改变自然事物时,他们并没有做错什么,而实际上是帮助自然实现它内在的合理本质。[1]

黑格尔隐瞒了这样的事实,统治自然的确是对自然做了错误的事,阿多诺无疑会反对黑格尔这种做法。所以他的自然和文化的和解采取了不同的形式。我们必须承认,我们的思想依赖于并产生于冲动,这些冲动并非完全理性的,也不能完全在理性的意义上来理解。即使自然和本能通过理性能够得到部分的理解,但它们总还有一些额外的、非理性的方面是无法认识的。因此,认识到我们的思想依赖本能,我们才会明白,思想依赖于一种自然,这种自然绝不同于理性思想(因而当它被塑造得符合人类理性时,它就受到了损害)。

黑格尔和阿多诺最后一点不同在于,黑格尔认为两项达成和解是在证明它们相互依存时。正如有和无彼此依赖,理性依赖它得以产生的自然同时自然依赖它得以构成的理性原则。然而,阿多诺强调,文化、合理性和启蒙依赖自然的程度大于自然依赖理性的程度。通过说"对象优先(Vorrang)于"思想,他概括出了这一点(ND:192):任何思想的、理性的主体都往往是一个独特的对象(一个独特的身体,大脑和诸多冲动),但并非所有的对象都是理性的主体。尽管对象有一个可理解的结构,在这方面依赖理性,但它们也有非理性的要素,因而并不会完全依赖理性。与之相比,理性活动完全依赖对象。

这三点表明了阿多诺如何将黑格尔的辩证法转变为"否定的"辩证法。黑格尔的辩证法是肯定的,因为通过表明第二项与第一项本质上是相同的(如自然是理性的,就像文化一样),而且是相互依存的,它使两个相反的项得以和解。阿多诺的辩证法是否定的,

---

1 参见约翰·帕斯默(John Passmore),《对自然的态度》(Attitudes to Nature),《环境伦理学》(Environmental Ethics),1995年,第135页。

因为:(1)它暗示的只是可能的-非实际的-和解形式;而且因为和解发生在如下情况,即试图与其他事物(如自然)分开并支配其他事物的东西(如文化),承认(2)其他事物和它是完全不同的,[1]而且承认(3)它依赖其他事物的程度大于其他事物依赖它的程度。

54

阿多诺为什么说这种辩证法是否定的而黑格尔的辩证法是肯定的呢? 他之所以这样说是因为(从上面的[2]),两项达成和解是在它们彼此保持不同——一个不同于另一个且否定另一个,且这种不同得到承认时。"辩证法",正如阿多诺所做的那样,它"是始终如一的非同一意识"(ND:5)。就最普遍的形式而言,阿多诺的否定辩证法存在于概念和对象之间。所以,为了更好地理解否定辩证法,我们需要看一下他有关概念和对象间关系的观念。

概念与对象;同一性与非同一性

概念是这样一种东西,它们每一个对应于许多不同的事物:例如,"狗"这个概念对应于所有那些是狗的事物。因此,每个概念都将它对应的那些事物理解为一个普遍类型的诸多实例。如果我认为某物是狗,那么我是将它理解为"狗"这一普遍种类的一个实例。阿多诺因此说,概念思维既是(1)分类思维(它要表达的是"某物被

1　阿多诺和霍克海默的确说过,"神话已然是启蒙"(*DE*, C: xvi; J: xviii)。神话思维就已试图理解自然以便控制自然,尽管它采用的是一种错误的方式(如,将自然看作诸神居住的地方,神的情绪能够通过仪式或献祭加以影响)。但如果当阿多诺申明启蒙不需要——也不能——使自己和神话分离时,他似乎在追随黑格尔的话,那么他也会相信,神话思维在某种程度上是巫术思维,而且这种巫术思维动用了"模仿"(*DE*, C:9-11; J:6-7)。巫术是一种非理性的、本能的、一个人模仿另一个有机体或对象的行为(如,试图通过伤害与某人相像的玩偶来伤害这个人)。这种巫术要素完全是非理性的,而且由于神话往往具有这种非理性的方面,所以它和启蒙理性仍旧保持着不同。

归入哪一种类,它例证了什么"[1]［*ND*:149］),又是(2)同一性思维。为什么是"同一性"思维?

当我将某物概念化为某个种类的一个实例,我是将它看作与这个种类所有其他实例相同的东西。这意味着概念思维没有给我关于某物独一无二性的知识,例如,这条狗不同于所有其他狗的独特之处是什么。无法接近它的独特处,概念思维只将它看作某个种类的一个实例。在这种意义上,一个人只能将事物"等同于"它们被归入的普遍种类。

然而,原则上有可能认识到,事物从来不仅等同于这些种类(或一个特定种类的其他实例),而且常常也有独一无二的一面。阿多诺没有宣称事物是完全独一无二的。他相信事物能被纳入概念。但被归入概念的并不是事物的全部。每个事物也是独一无二的;事物的这方面是它们"非同一性"的要素——由于这个要素,事物既不等同于它们所体现的种类,也不等同于那些种类的其他实例。[2]

阿多诺批判同一性思维遮蔽了事物具有独一无二性这个事实,而且——这是一种道德的抗议——因为它和支配有某种联系。这种联系起码有两个方面。第一,当我们将事物概念化时,我们在思想中支配它们。因为概念思维表明,事物只是普遍种类的实例,而且我们能够用概念去理解普遍种类,概念思维表明,事物被简化为了它们能够被我们理解的东西。概念思维描绘的事物完全在我们智力所能及的范围内。

第二,概念思维的全部目的就是,让我们在实际中支配那些我们已在概念中掌控的事物。我们开始将事物概念化——并力图做

55

1　参见阿多尔诺,《否定的辩证法》,张峰译,重庆:重庆出版社,1993 年,第 146 页。译文有所改动。——译注

2　的确,阿多诺反对大规模生产,因为它抹除了事物本具有或将具有的独特性。

得更精确且更少神话性——以至于我们能够掌握事物是怎样运作的并且能够干预它们的运作,用这种方式促进人类的自我保存。因此"任何概念思想……都是一种工具且某种程度上是一种掌控形式"。[1] 甚至看起来毫无利害关系的探究形式,如数学,也属于原本就以统治自然为目的的科学规划。

　　阿多诺认为,事物往往在它们普遍性的方面外还有非同一性的要素。但这种非同一性的要素是什么呢? 中世纪的哲学家认为,使事物独一无二的是它们的 haeccitas（此性）或 thisness（"此性"）——一种使每个事物是它所是的这个独特事物。尽管"此性"这个概念似乎没有解决,而只是标明了这个问题:是什么使每个事物成为它所是的这个事物。另一种接近独一无二性的方式——黑格尔在《小逻辑》中所采取的——表明,事物的独一无二性在于它用来例证一个普遍种类的不同方式。一个事物能够例证一个普遍种类,除非它是以某种独特的方式这样做,这种例证普遍种类的方式是使每个事物成为一个"独特个体"的东西。在此,一个事物怎样例证普遍种类是不能只通过提及那种普遍种类而捕获到的。[2]

　　然而,阿多诺没有采用黑格尔的观点:因为他坚持认为他没有给我们一个关于非同一性或独特个性的普遍概念或定义（ND:136）。给出独特性的概念会将独特性自身当作一个普遍种类,这个种类将会被所有具有独特面的事物所例证。对此,阿多诺反驳道:"一旦我们将这个独特的……个体思考为一个作为普遍概念形式的个体——一旦我们不再仅仅指这个独特的人［或物］的当下存在——我们就已经将它转化为一个普遍的东西。"（CM:251）但如

1　詹姆斯·戈登·芬里森（J. Gordon Finlayson）,《阿多诺论伦理与不可言传之物》（Adorno on the Ethical and the Ineffable）,《欧洲哲学杂志》（Journal of European Philosophy）,2002 年 10 月 1 日,第 4 期,着重后加。
2　黑格尔,《小逻辑》,第 240-241 页。

果具有独特性的个体被看作"独特个性"这个普遍种类的实例,那么我们就会忘了,事物的独特面,恰恰是多于仅作为普遍种类(甚至"独特个性"这个普遍种类)的实例的东西。

　　既然阿多诺对事物非同一性的介绍没有提供或依靠任何有关非同一性或独特个性的普遍概念,那么这些介绍究竟有什么作用呢?也许他相信,仅通过我们的感觉我们就能够直接到达事物的独一无二之处。但阿多诺清楚意识到这个观点——"只有当(我们)不用概念来认识这个个体时",我们才能够"抓住是什么构成了个体事物的独一无二性"[1]——这个观点曾受到黑格尔激烈的批判,黑格尔在《精神现象学》中将其称作"感性确定性"。

　　与感性确定性相反,黑格尔坚持认为,为了认识某物,我们必须能够将某物辨认出来。[2] 至少,我们得提到"这个"或"此时此地"或"我所指"的事物。既然甚至"这个"、"此地"、"此时"和"我"都是适用于很多事物或人的普遍概念,那么一个人就仍旧是在用概念认识事物。但这些概念并不能辨认出我要求认识的那个独特事物。黑格尔总结到,不用概念就无法获得特殊的个体事物的知识,但我们需要比"这个"、"此地"等更精确的概念。

　　阿多诺赞同黑格尔,对象无法被"直接"(如只通过感觉)认识;如果不用概念对对象"加以中介"的话,我们就无法理解对象(ND:186)。这似乎让阿多诺进退两难。他想让我们认识到事物有非同一性的要素,这个要素不能用普遍的术语加以概念化,但他同时否认,我们能够不经由对事物概念化而认识任何事物。为了解决这个两难困境,阿多诺将非同一性这个概念看作一个局限-概念。这

1　罗伯特·斯坦恩(Robert Stern),《黑格尔与〈精神现象学〉》(Hegel and the Phenomenology of Spirit),2002年,第45页。

2　罗伯特·皮平(Robert Pippin),《黑格尔的唯心主义:自我意识的满足》(Hegel's Dialectic and its Criticism),1989年,第119页。

个概念没有给出任何关于事物的肯定性的知识。它只是表明概念
化理解遭到限制的地方,或概念没有覆盖到的事物的那个方面。
但非同一性这个概念也表明我们根本无法认识事物这一方面,因
为我们的概念无法将它覆盖进去。因此,我们有可能通过概念认
识到,概念理解是有局限的,特别是对事物的非同一性要素来说,
概念是不恰当的。

认识到概念思想的局限性,我们就可以达成概念与对象之间
的和解。这将包含:(1)这样的认识(使用概念),即概念依赖对象
的程度大于对象依赖概念的程度(*CM*:249-250)。对象依赖概念
因为它们常常有一个用概念可以理解的形式。但就非同一性的一
面来说,对象仍独立于概念。相反,概念却完全依赖对象:概念得
以产生,仅就已经有一个我们试图去理解的对象存在而言,而且它
们也依赖一种特殊的对象——人类的大脑和身体。(2)和解也包
括如下认识(特别是用非同一性这个局限-概念):对象从来不会简
化为我们关于它们的概念,因为对象常常保留了非同一性的要素。
(的确,正是因为非同一性要素,对象只是部分依赖概念,其并不等
同于概念依赖对象的程度。)

如果概念和对象以这种方式达成和解,那么它们的关系就已
采用了否定辩证法的形式。这种关系是辩证法的,因为概念和对
象先前的那种对立关系将会被克服(对立体现在我们试图用概
念掌控事物并完全理解事物上)。它是否定的而不是肯定的辩
证法,因为在和解状态下对象会不同于——不等同于——概念,
且这种不同会得到承认。因此,"和解将会释放非同一性……
[而且会]使人想起很多彼此不再敌对的事物[如彼此不同的
项]"(*ND*:6)。

然而,在我们认识概念思想的局限性并达成和解的途中仍有
一些障碍。每当我们认识到一个概念是有局限的,我们就必然会

试图产生一个新的、更完善的概念去克服这个局限。正是在此阿多诺引入了星丛概念。

星丛

对阿多诺而言,一旦我们认识到我们的概念是有局限的,我们就会试图产生更完善的概念去克服这些局限。这是不可避免的,因为通过为我们提供有关事物及其运转方式的精确知识,概念让我们能够在实际中控制事物。因此,每当一个特定的概念被证明给我们提供的是关于事物不完备的知识——仅仅说"某物属于什么……因而它不是什么"(*ND*:53)——那么我们就会试图产生一个更好的概念,这个概念将会给我们关于事物更完备的知识,并能够使我们更好地统治它们。由于这个概念接着也会被证明是有局限的(因为所有的概念天生就是有局限的),因此我们还会生产出另一个概念,而这个概念本身也是有局限的——最终我们会以一系列概念告终。

58

当概念被证明有局限时,我们必然会对其加以扩展,阿多诺的这个观点再次受到了黑格尔的启发。在《精神现象学》中,黑格尔论到,当概念"这个""此地"等被证明没给我们有关特定事物的知识时,我们必须转向那些能够给我们这些知识的更丰富的概念(如"狗"、"桌子")。而且,黑格尔还坚持认为,为了抓住一个特定的事物,我们必须用一系列这样相对丰富的概念将其概念化。为了区别一只特定的狗,我必须不仅仅将它归入狗这一种属,而且要把它界定为浅棕色的、友好的、亢奋的、中年的,等等。由于一个事物不可能恰好和其他事物有着完全相同的特征,所以用一系列概念将一组独一无二的特征赋予这个事物,我们就能抓住这个事物的独一无二性。

黑格尔认为,我们能够用一系列概念抓住事物的独一无二性,阿多诺的星丛观念可能听上去与其相似。阿多诺表明,聚集在某个事物周围的一系列概念"阐明"或"洞察"了这个事物。"将[概念]嵌进星丛……阐明了事物的独特之处,这个独特之处是分类程序漠不关心的东西"(ND:162)。由于他进一步用隐喻论述了这一点,即用一组数字比用单个数字更能揭示事物(ND:163),由此可见,他显然是赞同黑格尔的。

但阿多诺的星丛不像黑格尔的概念系列,这里有两点原因。第一,黑格尔认为,概念系列能够让我们认识对象的独特存在,因为对象的独特性在于它体现了一系列独一无二的普遍概念。但又因为阿多诺拒绝对独特性做出界定,所以他不能接受黑格尔的定义,事物的独一无二性在于它们体现了一系列独特的普遍概念。第二,黑格尔的定义暗示出对象能够被全面而彻底地理解,只要我们使用一套足够丰富多彩的概念。但阿多诺坚持认为,概念理解具有天生的、不可避免的局限。他说"思想"是"难免不足"的(ND:5):对他而言,一切思想由于是概念化的所以都难免具有局限。

然而概念星丛能够阐明事物的独特存在这个观点表明,只有单个概念是天生有局限的,而概念群是没有或不必然具有局限的。为了保持一致,阿多诺必须承认,星丛也只能让我们部分地、不彻底地洞察事物的独特存在。那么问题就变成了星丛怎样才能阐明事物中的非同一性要素,尽管只是部分阐明。在介绍"星丛"的第二层含义时,阿多诺表明,每个对象自身都是一个星丛,这个星丛是由对象与形成它的所有其他对象之间不同的历史关系构成。[1]

59

1　至于这两种星丛观念之间的差异,可参见迈克尔·罗森(Michael Rosen),《黑格尔的辩证法及其批判》(*Hegel's Dialectic and its Criticism*),1982 年,第 167-168 页。阿多诺关于星丛的第二种解释来源于瓦尔特·本雅明《德国悲苦剧的起源》(*The Origin of German Tragic Drama*),1977 年。

基于这种解释,一个对象就是一个有着历史进程的星丛,而一个由诸多概念组成的星丛是一系列概念,其中每一个概念都抓住了留在对象身上的多种多样的历史关系之一。这些概念一起"聚集"在这个对象独特的历史周围,而这个历史使对象成为其所是的那个独特的事物。

　　与黑格尔的概念系列相比,阿多诺的星丛捕捉到的是使对象得以形成的特定的历史关系,而不是这个对象可能体现的什么普遍种类。而且一个由诸多概念组成的星丛永远只能捕捉到这些关系中的某些。这是因为只要对象存在,这个对对象产生影响的关系和势力构成的历史就会一直持续下去。这些持续不断的关系和势力不仅增加了一个对象的历史;而且还使我们有可能进一步看到这个对象过去的历史面貌,而这种面貌是先前无法觉察到的。因此没有任何概念组成的星丛能够预见到将来会在对象身上留下痕迹的所有势力和关系;也没有任何星丛能够抓住以前对对象产生影响的所有关系,因为这些关系中的某些在这个对象的历史进一步展开前是不能被认识到的。因此,星丛永远不能完全理解它们的对象。

　　当我们构造星丛时,我们假定对象是历史地产生的,然后我们用概念去聚集有关这些历史面貌的叙述。这种方法既用来理解人造的文化和社会产物;又用来理解自然事物,就这些事物是一切宇宙的、地质的、化学的、进化的以及其他过程的产物而言。一个将这种方法运用到对象(在此是指一个文化的对象)的例子是,汉娜·阿伦特对"形成极权主义的'要素'进行的历史解释"。[1]

　　阿伦特将极权主义看作一个由诸多要素组成的星丛,这些要素包括西方帝国主义和"西方道德规范的崩溃"、现代反犹主义以及使

1　引自本哈比,《汉娜·阿伦特的不情愿的现代主义》(*The Reluctant Modernism of Hannah Arendt*),1994年,第64页。像阿多诺一样,阿伦特也从本雅明那里获得了这种关于星丛的理解。

人处于无根、异化状态的经济、工业和社会的变化。[1] 阿伦特对极权主义的解释汇集了众多概念;其中每一个概念都抓住了这些多种多样的要素(只是形成极权主义的部分而不是全部要素)中的一种。

就阿多诺对星丛的第二种解释而言,这里至少存在两种可能的质疑。第一,它预先假定了独特性的定义——即一个对象的独特性在于留在其身上的全部历史相互作用。即便如此,这个定义也暗示出,没有对象能被完全理解,因为每个对象的历史都在不断进行下去。但这将我们带到了第二种异议:星丛似乎永远都不能完全抓住对象,因为对象的本质,尤其这个事实:它们的历史——使它们成为其所是的独特对象——没有完成,永远在进行中。概念是未完成的,因为它们对应的对象是未完成的、处在过程中的,所以我们并不能轻易抓住对象过去的历史面貌。

因此,阿多诺的第二种星丛观念既与他不愿界定独特性,也与他倾向于强调概念相对于对象具有局限性(而不是强调概念是有局限的,因为对象是未完成的)处于某种紧张中。尽管存在这种紧张,但第二种星丛观念是充满希望的。它打开了这样一种前景,星丛或许在不依赖概念能穷尽对象的错误假设下,揭示出对象的某些独特性。

结论

这章介绍了阿多诺对辩证逻辑的两个重要思考。一方面,阿多诺描述了启蒙与文化转向它们的反面——神话与自然的辩证过程,正是发生在当它们试图使自己摆脱神话与自然时。另一方面,他提供了一种模式,通过这种模式,概念和对象能够达成和解从而进入一种否定辩证的关系,这种关系承认概念依赖对象,而对象绝

---

1   本哈比,《汉娜·阿伦特的不情愿的现代主义》,第65页。

不同于概念。

而且,启蒙和文化服从这种辩证法,正因为转向自己的反面表明它们与神话和自然实际就处在这种关系之中。它们也许会否认对神话和自然的依赖,但由于这种依赖是实际存在的,因而它必然会将自身表现出来,而一旦遭到否认,它会表现得更加突出。正如弗洛伊德认为被压抑的性欲必定会以诸如癔病这样的病理形式表现出来一样,阿多诺认为概念与对象、启蒙与神话、文化与自然之间这种不对等的关系必定会表现出来。当它得到承认时,它会表现得很温和,而当它遭到否认时,它则会表现出极大的破坏性。

这同时也揭示了别的东西。启蒙和文化——更普遍地说,概念——与神话和自然——更普遍地说,对象——处于一种否定辩证的关系中,在这种关系中,前者更依赖后者。此前我表明,只有当概念和对象和解时,它们才会进入一种否定辩证的关系中。但实际上,如果概念和对象和解,我们就会承认概念和对象已经处于否定辩证的关系中。借由这种关系,概念依赖对象,但却永远不能穷尽对象——然而,伴随着灾难性的后果,"被彻底启蒙的世界笼罩在一片因胜利而招致的灾难之中"(*DE*, C:3; J:1),这种关系却遭到了否认。

由此我们看到,阿多诺对辩证形式的思考是一个连贯的整体,这个整体围绕着他对概念和对象之间否定辩证法的构想而展开。因此,虽然从形式的意义上来看,他并没有逻辑,但他却思考了一系列核心问题:概念/对象的关系,概念思考的局限性以及辩证法的本质。这些问题显然是从康德和黑格尔那里继承来的,因此如果从这条延长线的意义上讲,这些主题的确应归在逻辑这个标题之下。阿多诺与逻辑也许是一个不大可能发生的组合,然而一旦发生就会带来意想不到的收获。[1]

61

1　感谢费边·弗里耶哈恩为初稿提出了极具建设性的意见。

4

形而上学

⊙ 埃斯彭 · 哈默

导言

乍一看令人吃惊的是,对阿多诺这位沉浸在马克思主义理论和唯物主义的思想家来说,形而上学竟是他的一个核心范畴,他的整个哲学生涯居然都围绕着这个概念。将这个概念从与唯心主义、总体、肯定性的传统关联中抢夺出来,阿多诺希望扭转它的含义,从而在社会批判理论的框架内使其复兴。不将形而上学理解为一种纯理论的因而沉思的活动,阿多诺强烈要求他的读者从社会意义上来思考形而上学,并最终将其理解为一种无限的(unconstrained)经验。他将形而上学看作真理的避难所:在此,经验跨越错误的现代生活总体,与实际存在的救赎可能性联系了起来。

在自柏拉图以来的西方形而上学史上,一直占据着主导地位的是这样一种企图,即区分时间性事物和非时间性事物,区分我们所在的有限对象的世界和永恒、绝对对象所在的超感观

(suprasensible)世界。在这个现象与影子构成的世界背后,有一个真正的、实在的且不变的本体世界,哲学试图谈论的正是这样一个世界。正如希腊词"metaphysics"(元物理学[meta-physics],或者说,它先于可见世界的科学——物理学[physics]而存在)所暗示的那样,这门基础科学的最终目标是建立一门与内在领域相对的超验科学。

64 　　当然,我们会在柏拉图的著作中找到这项规划的经典表达。在诸如《斐德罗篇》、《斐多篇》和《理想国》等对话录中,柏拉图声明,实在,或他所谓的形式或理念(eidos),是不变的、超验的和超感观的——一个纯粹本质的世界,与之相关的感观世界从存在论上来说是低级的,而且仅仅是一种反映或模仿。

　　柏拉图从很多不同方向得出了这个观点。其中,一个尤为突出的方向是认识论。为了辨别事物的特定本质(这是一辆汽车,或一条围巾,或一匹马),必须认识到,思考某个特定事物本身是无法得出某物的。为了知道这是一匹马,必须具备马是什么的知识,否则就不能将这个事物认作马。必须对世界上所有马的共同之处或某物在何种条件下可以称作马有所了解。一旦知道这些条件不是任意的、变化的和可破坏的(因为如果所有的马消失,马就不是某个有形的事物),那么结论就会随之而来,事物是什么必然是由本质决定的,本质存在于经验世界之上那个永远不变的完美世界。

　　亚里士多德将对象固有的形式看作对象活的理性原则。在产生了巨大影响的《形而上学》中,宇宙被理解为一个有序的目的论体系,在这个体系中,每个对象都在努力实现自己的本质。宇宙的起源站着"不动的动者"(unmoved mover)——一切别的东西都依赖这个本源(arché)。

　　中世纪,形而上学(柏拉图和亚里士多德的变体)变成了神学的仆人,一种用理性语言表达启示的工具。它与包括笛卡尔、莱布尼茨,特别是克里斯蒂安・沃尔夫[1]在内的早期现代理性主义者一起,共同完成了进一步的概念提纯过程,从而形成了特殊形而上学(Metaphysica specialis),即讨论上帝、灵魂、世界起源这些超感观事物的学说。Metaphysica specialis(字面意为:特殊的形而上学)被从一般形而上学(Metaphysica generalis)或有关存在的一般原则中分离了出来。然而,这项规划受到了康德和英国经验主义者广泛而尖锐的批评,且自德国唯心主义衰落以来,形而上学遇到了它的劲敌——怀疑论。实用主义、历史主义、逻辑实证主义、现象学、解释学、日常语言哲学、存在主义、马克思主义、自然主义——几乎所有的现代哲学运动——都不仅反对形而上学,而且将彻底击败它当作主要任务之一。

65

阿多诺对形而上学的批判

阿多诺从未忽视后康德时代形而上学批判的价值和重要性。他认为形而上学不能作为一种有关超验事物的理性科学得到拯救。像康德一样,他也认为认识的限度与可能的经验的限度一致;因此,由于特殊形而上学的对象(上帝、灵魂、世界起源)无法呈现在经验里,所以他们不能被认识。阿多诺批判康德对经验的概念定义太过狭窄,但他从未质疑过康德的主张——知识无法超出事物的经验状态。

然而,阿多诺对形而上学的批判并未着力在对认识论的挑战上。在阿多诺看来,形而上学历史也可以从意识形态角度加以批

1　克里斯蒂安・沃尔夫(Christian Wolff,1679—1754),德国法学家、数学家、启蒙哲学家。沃尔夫将莱布尼茨哲学系统化,因而也被称为莱布尼茨—沃尔夫哲学。他的形而上学体系比斯宾诺莎更有系统,比莱布尼茨更理性主义,是唯理论的巅峰。这种哲学在康德之前一直在德国占统治地位。——译注

判。尤其是,阿多诺对形而上学历史提出了三项意识形态指控。第一,它赞颂不变的和非时间性的事物而牺牲了短暂的和时间性的事物。据阿多诺的解释,这让形而上学和越来越抽象的历史一般趋势构成了同谋关系。这种趋势是成问题的,因为抽象是人类无节制地且毁灭性地统治自然的主要手段。

　　第二,形而上学本质上是肯定的,因为它认为,经验世界中罪恶和混乱的存在与超感观领域内理性和道德秩序的存在是相容的。形而上学因此担当了建立神正论的基础,它试图证明在罪恶面前上帝存在的正确性。第三,形而上学让特殊的人类经验及遭遇和具体的物质世界服从它的总体性观念。阿多诺认为,这样的观念理应被批判和揭露,因为它漠视一切拒绝被纳入范畴和普遍性的事物。

　　所有这些都集中在阿多诺对奥斯维辛表现出来的极端罪恶与死亡的反思上。[1]工业化大屠杀这样的历史事件意味着传统形而上学不再是可能的。不仅形而上学的诉求无法被证明是合理的;而且,阿多诺坚持认为,柏拉图以来的形而上学已和人类历史进程相矛盾。如果断言现象背后有某种深层含义,有神圣的原则或运转方式,这种原则或方式尽管恐怖,但却表明世界是善的或在某种意义上是道德上可接受的,这无疑等同于嘲弄奥斯维辛受害者的命运。换言之,往往被当作纯粹先天规则的东西——不顾经验世界而对终极事物或原因的探究——实际上应为经验负责。

　　将这种思想延伸到神学,阿多诺支持于尔根·莫特曼[2]这样颇

1　对于奥斯维辛在阿多诺思想中重要性的进一步思考,可参见本书(第6章和第8章)中费边·弗里耶哈恩和玛丽安·泰特巴姆的文章。

2　于尔根·莫特曼(Jürgen Moltmann,1926—)是当代极负盛名的神学家。他因《盼望神学》(Theology of Hope)而知名,在基督教终末论方面作出了新的贡献。他试图用基督教神学为当代人类困境提供出路,并用对当下处境的反思去丰富神学的内涵。一般认为他或多或少受新马克思主义影响。——译注

具影响的后大屠杀神学家,赞同他的观点:超验的观念无法在出现了如此骇人听闻的人类罪恶后仍毫发无损继续存在。奥斯维辛意味着西方文化,包括其最高成就,已然衰败。奥斯维辛之后的文化是"垃圾"(*ND*:367)。它赋予所有人的罪感产生了对文化彻底反思的需要。接受一种肯定的文化观念变得不再可能。相反,从现在开始,唯一恰当的文化形式是那些能够证实当代生活绝望与黑暗的形式。

颇为乖张的是,奥斯维辛可以看作是形而上学传统内在的渴望被历史实现的象征。因为世界自身超越了历史的危机状态,旨在成为一个封闭的总体。它破坏了个体的一切个性特征,使特殊性和短暂性服从于普遍性和不变性。更醒目的是,奥斯维辛是一个极端内在的世界。没有任何逃脱集中营的途径,除了死以外别无选择。阿多诺认为,如此语境下的内在概念甚至可以更一般地被看作现代世俗社会整体的组织原则。尽管在晚期资本主义下人没有被系统地杀害,但他们受制于系统的力量,这些力量塑造了他们的自我解释和行动方向以便适应非理性的要求。现代个体的一切特征——思想、感觉、欲望、身体、行为——都已商品化。内在性与同一性理性不断统治着世界。

反思形而上学

现在我们应该能够看到,反思形而上学概念,需要考虑到哪些相关因素。一方面,集中营和现代理性生活的内在性,要求建立某种关于超验的解释。更重要的是,阿多诺从形而上学传统中保留了对超验的渴望——简单说来,即"这绝不会是全部"。替代无可救药的绝望的唯一方式,必然在于证明某种他异性或差异性的形式存在的可能性,这种他异性或差异性有能力抵抗形式-工具理性造成的封闭。另一方面,为了使超验成为可能,必须剥除形而上学对理念、永恒和普遍总体这些观念的传统依附。对阿多诺而言,这意味着形而上学必须完成唯物主义的转变。他坚决主张,形而上学要想存活,只能接受唯物主义,将其看作自己的本体论条件:"历史进程将唯物主义强加给形而上学,强加给传统上唯物主义的直接反题。"(*ND*:365)

当说形而上学在传统上是唯物主义的直接反题时,阿多诺并没有丝毫夸张。在唯物主义传统上——从德谟克里特和伊壁鸠鲁到托马斯·霍布斯和朱立安·德·拉·美特利、德尼·狄德罗和巴龙·德·霍尔巴赫,同样在马克思主义以及后来自然主义的论述中——坚信物质在本体论上的优先性,几乎往往暗含了对超验形而上学的拒绝。这种情况少有例外,不过,瓦尔特·本雅明却是这样一个例外,他深深地影响了阿多诺对形而上学的思考。对本雅明和阿多诺而言,我们必须追求超验,但不是在永恒不变的秩序中,而是在暂存和碎片化的事物中——这些事物打断了使历史停滞不前的重复模式,并以其庄严的独特性让现象得到了救赎。阿多诺继承并转化了从本雅明那里(特别是在《德意志悲苦剧的起源》的著名前言中)发现的概念,在早期生涯,他就已开始围绕本雅明诸如模仿、意象、光晕、命名和经验这样的概念建立自己的思想。[1] 他使用这些概念,不是为了滑入非理性主义,或者发现一种完全超越理性的观点,而是为了扩大现存的理性和经验概念直到将他异性和差异性这样的对立面也包含进去。

阿多诺并没有提供一种关于形而上学经验的理论。如果他就这一点不得不说些什么,那么这些话应该被解读为诸多标志,不过

1　本雅明,《德国悲苦剧的起源》,1977 年。

不是寻求认识论的终结和完成的标志,而是围绕并期待这种经验
事件的标志。这些标志很多是否定性的,它们会告诉我们,形而上
学经验的反题可能是什么。一个尤为重要的概念是"名称"或"命
名"。在神学意味最为显著的文章中,本雅明从无限存在角度将
"名称"定义为对象的身份。[1] 名称是亚当在堕落前赐予每个对象
的身份。在堕落后的世界,本雅明猜想,曾穷尽事物本质并有能力
拯救事物本质的神学名称,却被人类发明的语言阻断了,后者用概
念替换了名称。人类语言是围绕论断的能力建立起来的;它将事
物的独特性纳入普遍的概念中,从而将其判定为既定种属中的物
种。因此,人类失去了对现实本质洞察的能力。

像本雅明一样,阿多诺也相信概念能够使经验具体化,并使我
们远离作为独特存在的事物。相反,命名涉及一种有关意义和表
达的经验,这种经验发生在与概念知识相对的地方。受普鲁斯特
的非意愿记忆概念的启发,阿多诺认为这种经验发生在与某些特
定地名相关时——法国作家笔下的伊利耶尔(Illiers)和特鲁维尔
(Trouville);德国作家笔下的蒙布兰(Monbrunn)、洛伊尔塔尔
(Reuenthal)和汉堡(Hambrunn)。正如童年和父母一起度假时就
存在的名字,唤起了一种特别的但却不确定的幸福许诺:"有人觉
得,到那里就会如愿以偿,好像那里真有这种东西一样。"(ND:
373)[2] 不过,阿多诺并没有对对象本身如此感兴趣,他感兴趣的是
我们看作对象的想象的东西,特别是看作结合了一个孩子强烈而
炽热的希望的东西。的确,相较于对这个镇子梦幻般的期待而言,
这个镇子本身可能是无聊且灰暗的。渗入这种期待的是这样一种

1 本雅明,《论本质语言与人的语言》(On the Language as Such and the Language of
 Man),《著作选》,第一卷,1996年,第62-74页。
2 参见阿多尔诺,《否定的辩证法》,张峰译,重庆:重庆出版社,1993年10月,第
 374页。译文有所改动。——译注

感觉,即只有这个特定的镇子能满足这个孩子,而其他的镇子都无法取代它。

　　阿多诺强调,形而上学经验中的事物不是真的,而是一种幻觉。如果它是真的,就会得出,与现代社会错误的总体性达成和解是可能的。然而,阿多诺否定这种可能性。主体和对象、人类和自然之间的和解只有在超越现存统治史(或阿多诺仿效本雅明,称其为"自然史")的条件下才是可能的。它不是一个乌托邦概念。另一方面,形而上学经验中的幻觉超越了自身。德语中,Schein 这个词,也可以译作"幻觉",既指不真实的事物,也指真实的表象。和黑格尔一样,阿多诺将真理理解为对 Schein 的否定。真理不能被直接把握;它必须被中介。这个观点使他和本雅明分道扬镳,对本雅明而言,真理不允许中介因而也不允许理性化或概念化。形而上学经验作出了这样一个承诺:事物不仅仅是投射来的影子;它是一种内在的超验。

　　意识到阿多诺想将自己置于两个极端之间是重要的。他既没有申明形而上学经验包含一种非中介的、非概念的理解形式,也没有说它需要某种独立的辩护或决断。同时,他也没有申明,那些被我们看作形而上学经验的东西,必须在某种程度上与真实的东西相符。形而上学经验是对超验的暗示,而不是实现。

　　在《否定辩证法》中,阿多诺比较了他对形而上学经验的解释与康德对人类经验的条件及局限的思考。一方面,阿多诺批判康德为人类知识强加了过窄的限制。对康德来说,只有当对象能够按照人类心灵的先天规则进行综合时,我们才能获得客观经验。与此前的许多批评家一样,阿多诺认为,这种康德用先验心灵为之立法的经验与科学经验有着相同的外延。康德为诸如地理和物理等自然科学中的客观判断揭示了先天条件,但却未能为其他客观经验形式作出正确的解释。在此,阿多诺的确走得更远,他坚持认为,在意识形态上,康德将人类特定历史阶段的经验形式设想为了普遍的形式。因此,康德并没有对经验作出一种真正具有普遍性的解释,康德所谓的经验,实际上模仿了这个世界与这个世界中的其他事物之间既抽象又具体的关系,这些关系本身来源于资本主义社会关系。最终,心灵的功能变成了一种自我保存的手段,我们由此被囚禁在了现象的内在性中。康德对经验的洞察是对统治和控制的洞察。

然而,另一方面,康德应得到褒奖,因为他"拯救了知性领域"(*ND*:385)。在现象世界(人类经验被客观必然地编入这个世界)之外有一个知性领域,这是一个只能被思考,或如阿多诺所说,被想象,却不能被认识的世界。尽管康德的经验理论本质上是意识形态的,但康德对形而上学的理解包含一种高度思辨的真理。他意识到必然会存在某些超越了(错误的)现象秩序的事物。而且,康德也拒绝了这种诱惑,即设想出某种哲学的和解路径,而这在后来的唯心主义者如费希特和黑格尔那里颇为普遍。

康德意识到现象世界(或对他来说,社会总体)之外存在某物,并在有限程度上揭示了它,在此,阿多诺发现自己与康德意气相投,不过,他反对康德对此作出的非历史的解释。对康德而言,现象秩序与物自体秩序之间的区分不受社会历史变化的影响:这种对立来自认识条件的先天规则——或来自现象世界得以产生的条件,这个现象世界与我们必然赞同的物自体世界是对立的。然而,对阿多诺来说,晚期现代性令人迷惑的情境(Verblendungszusammenhang)[1],在康德哲学看来似乎是永恒的,但它必须被理解为人为的产物。因此,它是偶然的而不是必然的。在抵抗一种简单通往

70

---

[1] Verblendungszusammenhang 是阿多诺的一个重要概念,英译为 delusive context,中译为"迷惑之关联"、"迷惑的情境"。阿多诺认为每个社会都会构筑自己的幻想(Wahn)和迷惑(Verblendung),在这个意义上,它相当于社会意识形态,尤其是资本主义启蒙意识形态,但阿多诺的讨论背后潜藏着一种深刻的形而上学—神学指涉,在此,这个词又指向人类具有的一种自我迷惑的历史—心灵结构,他的工作主要就是反对欧洲思想史上的这一历史—心灵结构。——译注

形而上学对象的路径上,康德无疑是对的,但将现象和物自体之间的对立实体化,康德显然错了。

我们看到,阿多诺试图为超验的唯物主义解释提供一些标识物,他的做法之一是引进形而上学经验这个概念,不过,这个概念需在命名的意义上加以理解。然而,另一个重要的概念是模仿。模仿的概念也和命名一样可以追溯到本雅明,本雅明用这个概念称呼一种模仿行为方式。[1] 他认为,在掌握语言之前,婴儿以模仿的方式回应周围环境。不像康德那样简化经验以满足理性的限制,婴儿将自己等同于对象,在某种程度上参与那个对象的自我理解。比如,婴儿不会说小鸟在唱歌,从而将小鸟转化为一个对象,他会模仿小鸟的歌声,并和作为独立主体的小鸟进行交流。这是一种与生俱来的感受性——一种先于我们将他物对象化的日常实践的感受性——这勾起了阿多诺的兴趣。他没有将模仿理解为复制现实的能力。倒不如说,模仿是一种理解他物的方式,这种方式挑战了自我认同的主体,使主体暴露在一种抹去了接触与被接触之间差异的庄严接触中。

阿多诺尤为强调,形而上学经验许诺的不仅是智力的满足,而且是身体的满足。用弗洛伊德的话来说,它至少包含了自我原则与本我或无意识达成和解的幻觉(Schein)。的确,阿多诺十分看重这个事实,人类本就以肉体的形态存在着,因而是有限的存在物。主体和自然的一般关系被自我保存的欲望所主导,这种欲望控制着自我在世界中的方向,最终转化为了对统治的不懈追求。然而,当压抑被解除,"记忆"受到主体内在的自然引导时,就仍有一些——危险或兴奋——时刻。

1　本雅明,《论模仿能力》(On the Mimetic Faculty),《反思:随笔、格言、自传体著作》(Reflections: Essays, Aphorisms, Autobiographical Writings),1978 年,第 333-336 页。

在《否定辩证法》中，阿多诺也提到了这个事实，我们是必有一死的自然存在物。像恩斯特·布洛赫一样，他将死亡看作幸福和满足的绝对反题——最突出的是反乌托邦要素。据阿多诺所言，一个非常独特的事实是，现代社会的死亡具有完全的荒谬性，完全无法和生活通约。死亡无论如何都不能被看成"史诗般的"，如看成一种别有深意且完满的生活有意义地结束。如果社会允许史诗般生活的存在——这种生活以追求公认的德性形式为目标而组织起来——那么死亡就似乎是有意义的。尤其是，如果对德性的追求和一种强大的形而上学框架结合，这种形而上学框架为个体对道德验证的追求提供权威的来源，而且为人们相信来世能够在世界中得到更好的安排提供充足的理由，那么，死亡，尽管往往令人恐惧，但却会成为社会成员心甘情愿接受的事实。

当代社会没有为此提供什么。相反，它几乎没为个体留下任何资源，以便个体能够将死亡这个事实嵌入任何一种有关善且完整的生活理念中。阿多诺据此认为，任何试图重构或再造史诗般死亡这个概念的行为都是意识形态的。他谴责海德格尔的死亡形而上学（Tode-smetaphysik），因为它恰恰是这样做的。在阿多诺的解读中，海德格尔提供了一种"死亡的英雄主义"：向死而生是完全真实的英雄状态，借此，此在与自身的无根性和有限性达成妥协，从而进入一种使生活完全有意义的"绝对"之中。但阿多诺反对这种做法，他认为，现代死亡不能通过这种方式变得有意义，而且如果考虑到死亡集中营的话，那么认为能从死亡中获得意义的看法简直是亵渎神明的。

在此，阿多诺与康德更为投合，康德在实践哲学中主张，考虑到死亡以及往往存在恶战胜善的可能性，理性必然会导致我们对灵魂不朽和仁慈上帝的假设。康德并未表明死亡会是意义的来源，他认为，至善、幸福和德性的统一，是有可能的，只要我们假设灵魂永远居住在一个形而上学的正义的世界中。但这个世界超过了可能的经验的界限,以至于我们无法拥有这个领域的知识。因此康德论证到,我们只能说为了理性设想我们是不死的且上帝是存在的,因为至善虽然确实无法在尘世实现,但却能激发死亡意志。

　　同样,阿多诺坚持认为,否定性的经验——死亡、极恶,实际上也包括完全丧失意义,这些正是理性社会中日常生活的特征——产生了一种"形而上学的需要"。如果我们是诚实且有反思能力的,那么我们就不能简单地逃避对超验的渴望。的确,甚至为了认识坏的事物是怎样的,我们也需要将这个坏的事物同它的对立面——具有乌托邦含义的概念或经验——加以对比。至此,阿多诺的思想是反乌托邦与乌托邦、内在与超验互为依存的:无法设想一个能没有另一个。正如超验的概念产生于苦难,"如果我们的心灵没有不同色彩这个概念,没有残存在否定性总体中的零星斑斓,灰色就不可能让我们绝望"(ND:377-378)[1]。

结语

　　阿多诺对形而上学在一个彻底内在的罪恶世界中的洞察,看上去也许和诺斯底主义[2]有些相似。[3] 的确,他好像至少间接地承

1　参见阿多尔诺,《否定的辩证法》,张峰译,重庆:重庆出版社,1993 年,第 379页。译文有所改动。——译注

2　诺斯底主义,又称灵知派和灵智派,"诺斯底"一词在希腊语中意为"知识",诺斯底是指不同宗教运动及团体信奉的同一信念,这个信念的核心在于"灵知"(Gnosis,或译"真知"),即透过个人经验所获得的一种知识或意识。诺斯底主义者相信这种超凡的经验可使他们脱离无知及现世。——译注

3　关于诺斯底主义更多的讨论,可参见,如迈克尔・鲍恩(Michael Pauen),*Dithyrambiker des Untergangs：Gnostisches Denken in Philophie und Ästhetic der Moderne*(1994)。也可参见米夏・布朗利克(Micha Brumlik),*Die Gnostiker：Der Traum von der Selbterlösung des Menschen*(1992),第 303 页。

认这回事,当提到他的文学偶像萨缪尔·贝克特时,他写道:"对贝克特来说,就像对诺斯底主义者一样,这个被创造的世界是彻底罪恶的,它的否定性为另一个还未出现的世界提供了机会。"(*ND*: 381) [1]。对诺斯底主义者来说,物质世界是被一个黑暗的精神或魔鬼创造的,自始至终都是罪恶的;救赎的唯一可能性在于否定肉体的意义,发现内在神性或灵魂的火花。显然,如果阿多诺是这样一个诺斯底主义者,那么,在他的形而上学与作为一位马克思主义传统的批判理论家的道德和政治抱负之间,就会产生一种明显的张力。

很多对阿多诺的批评都集中在以下两方面的自相矛盾上,一方面,阿多诺申明,世界在本质上是罪恶的——只有当一个完全不同的世界被创造出来时改变才有可能,另一方面他又用一个改良的视角来批判现存社会。一些批评家已指出,阿多诺的形而上学是一种患有忧郁症的保守的形而上学,他将自己对无意义的生活的洞见牢牢锁在了这种形而上学里,言之凿凿地宣布放弃一切改良的尝试。这种显然毫无希望的形而上学又如何能成为社会批判的理性基础? [2]

73

1 　参见阿多尔诺,《否定的辩证法》,张峰译,重庆:重庆出版社,1993 年,第 382 页。译文有所改动。——译注

2 　参见,如沃尔夫·勒朋尼斯(Wolf Lepenies),《忧郁与社会》(*Melancholy and Society*),1992 年,第 196 页:"他们两人(阿多诺和阿诺德·盖伦 [Arnold Gehlen])都提出了精英主义的要求,并勇敢地压制了对其他更好东西的渴望:忧郁是作为一种氛围出现的,批判将本真事物保留在这样的氛围里,卢卡奇曾残酷地提到的舒适的'深渊大饭店'(Grand Hotel Abgrund),为这两位思想家提供了住所。"——原注(译按:卢卡奇在《小说理论》的序言中写道:"德国居于领导地位的知识分子中相当一部分,其中也有阿多诺,已搬进'深渊大饭店',如同我在评论叔本华时所写的那样——这是一个'漂亮豪华、舒适的现代化设备应有尽有、却处于深渊边缘、行将陷入空虚和无意义的饭店。而在享用惬意膳食或艺术节目之间,每日都目睹这深渊,这只会提高这种美妙、舒适生活享受的喜悦'。"参见卢卡奇,《小说理论》,燕宏远等译,北京:商务印书馆,2002 年,第 13-14 页。)

　　值得一提的是以下几点。第一,阿多诺将他的形而上学和道德紧密结合。形而上学的时刻出现在对痛苦的简单承认上,对所关注的个体遭遇的痛苦有所感知,就会产生必须帮助他的责任感。我们的道德生活不是建立在普遍原则上,而是建立在对其他人感同身受上,这是些独特而有限的人,他们拥有无限容纳欢乐和痛苦的能力。这解释了阿多诺为何会对他所谓的"资产阶级的冷漠"感到愤怒,这种冷漠在晚期、奥斯维辛之后的现代性中成为了一种普遍的道德态度:它使自身与其他人的痛苦隔绝,从而加大了文明对自然的压抑。形而上学经验并没有宣布放弃改良的尝试,它产生了这样一种诉求:抵抗痛苦,创造一个更少暴力的社会世界。

　　第二,阿多诺毫不留情地批判了很多人,如神学家卡尔·巴特[1],他构想出了"全然的他者"这样一个完全不受自然污染的概念。(*ME*:121-122)阿多诺坚称,像这样的概念必然会失败:它会是抽象的;会吸收特定的文化资源;或者会武断地假设这个"他者"是什么。最后,实际上很难说,顺从或绝望是留给那些对当代社会持有和阿多诺相似论点的人唯一的选择。阿多诺并没有说改变是不可能的。他的观点是,只有当社会的否定性和非理性被正确考虑时,改变才是可能的。形而上学经验是两面的:在指出超验的时刻时,它也使我们意识到内在的否定性。它为社会批判提供了一个规范的基础。

　　最后,有人或许会好奇,文化应当怎样保持这种经验的可能性。其他重要的社会经验形式——科学、政治、教育等——产生于公共机构内,这些机构拥有技术、知识和组织装置,而这些装置全

1　卡尔·巴特(Karl Barth,1886—1968),新教神学家,新正统神学的代表人物之一。巴特可说是基督新教20世纪最伟大的神学家,代表著作《教会教义学》影响深远。另著有《〈罗马书〉释义》、《上帝之言与神学》、《腓立比书通义》等书。——译注

力使这些经验成为可能。比如,与科学经验相比,形而上学经验似乎脆弱得令人绝望且毫无保障。然而,阿多诺的答案是,文化的现代性实际上拥有这样一种机构。在先进的艺术实践,无论是文学还是音乐中,他发现,在艺术品所谓的"真理性内容"(Wahrheitsgehalt)层面形而上学经验发生了(*AE*:131 ff)。

当这样一件艺术品,如阿诺德·勋伯格的音乐或贝克特的戏剧,成功地为自然的自我表达赋予形式时,它穿透日常经验并露出了这个破碎化总体的碎片。阿多诺坚称,可以将艺术品的真理性内容看作对自然之美的模仿。正如无拘无束的自然提供了一个非同一性的形象一样,当艺术品将这种经验升华为艺术形式时,它们自身就成为了有着形而上学意义的事物。虽然艺术品从来都不应被管控,但它们为遭到其他现代机构——尤其是科学——拒绝的经验提供了避难所。

在坚持有必要"拯救正在衰落的形而上学"上,阿多诺在法兰克福学派的同行中显得尤为突出。他亲密的朋友及《启蒙辩证法》的合著者,马克斯·霍克海默,除了对痛苦进行了叔本华式的反思外,更倾向于经验主义的研究。而阿多诺的助手尤尔根·哈贝马斯同样如此。后者甚至提出"后形而上学思考",并将其作为我们时代一切严肃哲学思考的必要条件。[1] 哈贝马斯坚持认为,哲学自身应限于重建理性理论,始终和经验社会科学保持紧密联系。尽管在面向道德伦理问题时,宗教和形而上学信仰常常是根深蒂固的资源,但它们只在需要理性话语渗入时才会受到重视。

与这种强有力地抵制形而上学的做法相反,主要从康德哲学和实用主义汲取资源的阿多诺,似乎处在一个易受攻击且边缘化的位置上。有充分的理由相信他的拯救行动并没有成功。然而,

---

1　参见哈贝马斯,《后形而上学思想》(*Postmetaphysical Thinking*),1993 年。

同样有充分的理由认为这种行动应该成功。据阿多诺所言,形而上学应该在这个似乎已拒绝了它的世界找到某种避难所,之所以如此,最重要的原因是,替代它的会是一个以彻底虚无主义为标志的状态。但在阿多诺看来,将意义从生活世界完全撤离是难以忍受的。正如许多最愤世嫉俗的后现代思想家认为的那样,无意义不是什么值得珍视的东西,而是一个吁求反抗和希望的困境。在阿多诺对形而上学经验脆弱地顿悟中蕴藏着一种强大的希望元素。

75   宗教在私人和公共生活中明显的复活,并没有对阿多诺产生深刻的影响。尽管他在青年时期曾强烈地倾向于天主教,但他仍旧对传统宗教有着深深的怀疑。他坚持认为,在我们这样的社会中,宗教所能提供的只是一个错误的替代品,将意义人为因而不当地注入一个无意义的世界中。这种形而上学冲动往往带有这样的危险,即强烈要求肯定。尽管奥斯维斯之后的文化是无法得到肯定的,但试图超越它的渴望却很难就此作罢。如果我们的文化是一种后现代文化,一种只有现在而没有过去和未来,一味沉浸在商品消费循环内的文化,那么,不愿让真理、超验和意义这样的现代主义价值流失,阿多诺的工作是不合于时代的。然而,倘若这些价值隐含在甚至当代人都能认同的更大的规划中,那么阿多诺有关形而上学的反思就会继续对伦理取向和政治斗争产生重大的意义。

在本体论与认识论之间

⊙ 斯塔莱·芬克

导言

就现代主义的许诺和问题而言,我们无法绕过认识论。认识论呈现出了现代主体性及我们理性的、推理的自我-概念被表达和捍卫的方式;它既保存了主体性某些真实的东西,同时又遮蔽了它。阿多诺认为,这种遮蔽是由一种误解造成的,这种误解必须被纠正,因为它忽视了如下事实:主体性和意义依赖于自然和事物具体而有限的经验。

阿多诺对认识论的批判也包含了对本体论主张的反思。康德批判本体论是某种超出了可能的感观界限或概念理解界限的东西,由于赞同这一点,阿多诺不可能退回到亚里士多德传统对本体论的设想。然而,他并不赞同康德对本体论的拒绝,这种拒绝会使知性仅仅变成主体以概念方式表达经验的问题以及规范性的自我-授权的问题。相反,阿多诺为我们呈现了一个批判性的自我-意识,这种自我-意识提醒我们,自然、我们的生活形式、其他存在物的生命以及事物内在的自然都在逃避我们以推理方式表达的经验和主张。[1] 在《否定辩证法》的成熟构想中,认识到我们自身属于自然的生活-世界,也涉及到承认一切本体论主张都是成问题的。必须承认,我们自身及我们的诉求仰仗与事物及其他存在物之间的亲和性,我们应将它们看作有限的个体。我们不能捍卫本体论主张的整体或完满;我们能够捍卫的仅仅是对特殊性的个体化表达,这种表达在未阐明整体的情况下唤起了整体。

在阿多诺思想中,认识论和本体论之间存在某种张力。这种张力无法在哲学体系内得到解决,甚至无法被清楚呈现出来,因为经验以及我们对经验的理性化授权必然与自然纠缠在一起。为了在要求思想和概念化与无需思想对自然的特殊性进行的本体论假设之间寻求平衡,阿多诺开始批判性地解读康德、黑格尔和胡塞尔的认识论和本体论前提;这些哲学家在第一哲学的意义上提出了系统哲学的主张,同时旨在克服现代认识论传统的片面性。在对认识论和主体哲学的批判中,康德、黑格尔和胡塞尔隐约展现出了一种阿多诺称之为非同一性的意识。然而,非同一性只是某些根本直观和要求的占位符,因此,只有通过考察不同哲学试图怎样克服概念和经验事物之间的非同一性,这些直观和要求才能被理解。

下面,通过详细阐述非同一性概念,我将着重讨论阿多诺是如何反对认识论的,以及他既想克服它又想保存它的意图。我们考察这个概念,是为了弄明白阿多诺试图恢复一种经过改造的本体论主张,其主张自然,或个体和内在自然亲和性。这种再造会依靠一些与阿多诺多少有些格格不入的论据和概念资源——但这丝毫

1　尽管如此,阿多诺既不否认唯心主义对规范性的自我-授权的主张,也不否认那些力图在认识的、道德的、政治的和美学的经验语境中表达规范性的自我-意识的努力,而罗伯特·皮平在《作为哲学问题的现代主义》(*Modernism as a Philosophical Problem*,1990)中捍卫的正是这样一种努力。

不是为了证明他与当代有某种关联。不过,正如我希望弄清的那样,我们应该认识到,阿多诺的关键概念不是确定的或建立在分析基础上的理论概念。相反,我们应该理解它们,承担起重释哲学传统核心文本或与之展开对话的解释学任务,从而使这些文本和阿多诺的观念成为我们自己的,但同时我们又要否认这些文本的权威性,关注它们表达的观念及自相矛盾的主张。

本章第一部分,我将讨论阿多诺对认识论的元批判,以及他试图通过对胡塞尔现象学的批判性解读,重新获得一种扎根在生活和实践的语言形式中的经验观和主体性观念。之后,我将转向阿多诺在认识论上主张的非同一性,以及这个概念用来打开事物和个体自然的现象学意义的方式。最后,我将着重论述他的如下观念:一种有关事物的模仿性语言———一种既表达了主体和对象,又表达了它们之间的亲和性优先于它们的概念形式的语言。

79

元批判、认识论与语言

阿多诺对认识论的元批判与他的否定辩证法有着内在关联,但这并不意味着前者仅仅是后者的基础。元批判,正如阿多诺陈述的那样,"只不过是判断与自己内在的中介之间的对抗"(*AE*:153)。另一方面,认识论常常采取意识或主体性哲学的形式,在此,主体的"内在被给予性"(inner givens)或观念被看作认识外部对象的基础。但阿多诺元批判观念的中介是什么? 它又是怎样运用到胡塞尔的现象学的?

对阿多诺而言,主体哲学赋予了内在意义不证自明的特权,建立在这种哲学前提上的现代认识论,其基本规划显然是站不住脚的。相反,他坚持认为,精神再现的领域被深深嵌入了判断和概念推理,在判断和概念推理中,主体与对象被相互关联起来并受到语言实践的中介。主体的意义应被看作与主体间表达及辩护的语言实践同样根本的东西,这种语言实践为一切意义及知识诉求提供了内在的可更改性。这种批判也适用于胡塞尔的现象学,当将一切意义等同于内在被给予性及直观性时,胡塞尔的现象学未能认识到,对思想起决定作用的语法或特定语言具有很大的重要性。对阿多诺来说,语言中介甚至为那些我们认为非中介的事物也赋予了中介的特征:"胡塞尔称中介为非中介,因为他相信:他需要把中介……与纯粹的谬误可能性分开。"(HPI:132)

如今,有人或许认为,这种批判是建立在对胡塞尔现象学及其明确意图的误解上,这个意图即避免心灵和世界间的认识鸿沟,或避免进入内在图景的经验和外在现实之间的分离。据胡塞尔的看法,"尽管我们看见的空间中的事物具有超验性,但它仍会被感知到;我们自觉地意识到这个以具体形式出现的事物。在它所在的地方,我们并没有得到一种可替代它的形象或符号"[1]。因此,现象学的反思并没有退回到一个内在的领域,而只是简单地将外在领域看作意识往往已经参与了的东西———一种先于主体、内在或个人被给予性的经验客观性。

然而,阿多诺并没有忽视胡塞尔现象学的这一重要维度。只不过他不赞成胡塞尔方法论的认识论特征或者说基本特征。为了揭示出本原意义上被给予的现象,胡塞尔开出了药方,即悬置(epoché),也就是说,从此世或判断所包含的现实义务中撤退。[2]

1　胡塞尔,《观念:纯粹现象学概论》(*Ideas: General Introduction to Pure Phenomenology*),1969 年,第 136 页(《观念 1》)。这个文本以及其他文本在翻译时有适当改动。——原注(译按:此处据英文版译出,中文版参见《纯粹现象学通论:纯粹现象学和现象学哲学的观念》[第一卷],李幼蒸译,北京:中国人民大学出版社,2014 年,第 76 页:"我们看见的空间物,连带其全部超越性,仍然是某种被知觉的东西,即在其躯体性中的意识所与物。并不存在可代替空间物的一种形象或一种记号。")

2　同上,第 98 页。

这种撤退不是怀疑论的:它并不否认或怀疑世界,而是试图在意识中恢复世界的被给予性。

为了阐明一切事物如何能够在被撤退的同时又被恢复,胡塞尔诉诸于一个理论经验与审美经验之间的有趣类比。当加入审美形式与词句的游戏时,我们就已在判断——带着将事物或对象描述为如其所是的承诺——并转向主体性。[1] 正如审美意识迫使自己离开物质世界的现实指向,从而在只为自身存在的意义上变成理论的一样,一场内在的形式游戏就此揭开。同样,现象学家将对象界定为如其所是的存在,试图揭示出意向性意识的形式,这些形式构成了我们有关对象的经验。[2]

对胡塞尔而言,似乎存在一个享有特权的分析领域,它相关于内在的被给予性——以及与之相应的反思或现象学的"观看"——其在意向性指向的纯粹理想或可能性中找到了"最根本的辩护"。[3] 与此相对,阿多诺赞同后维特根斯坦语言哲学的很多结论,例如,揭示出一种与内在意义相关的认知意识,并不能使认识由此推导出有关客观"状态"的结论。[4] 认知已然是语言表达实践的一部分;后者展现了辩护、判断以及推理自我授权的过程,从根

1　胡塞尔,《纯粹现象学和现象学哲学的观念(第二卷:现象学的构成研究)》(*Ideas Pertaining to Pure Phenomenology and to a Phenomenological Philosophy. Second Book*: *Studies in the Phenomenology of Constitution*) ,1989 年,第 10-11 页(《观念 2》)。(译按:中文版参见《纯粹现象学通论:纯粹现象学和现象学哲学的观念》[第一卷],李幼蒸译,北京:中国人民大学出版社,2014 年,第 8-10 页。)

2　胡塞尔,《观念 1》,第 107 页。

3　同上,第 75 页。

4　关于这点,韦尔弗雷德·塞拉斯(Wilfrid Sellars)或许作出了最鲜明的表述:"当将一个情节或事态在认知中呈现出来时,我们不是给出有关那个情节或事态的经验性描述;而是将它摆放在逻辑推理空间中。"参见《经验主义与心灵哲学》(*Empiricism and the Philosophy of Mind*) ,1997 年,第 76 页。查尔斯·泰勒(Charles Taylor),《克服认识论》(Overcoming Epistemology),《哲学争鸣》(*Philosophical Arguments*) ,1995 年。

本上指出了事物超出纯粹主观意义范围的外在性。

　　阿多诺所谓的"窥视孔形而上学"来自这样的情形,诸如"在我看来如此如此"或"似乎这般这般"的表达,自动更改了从特定观点或认识位置的有限理解中得出的主张。从这样的实践——涉及判断和更改某种主张——可以清楚看到,内在的规定性依靠规定了外在物质世界的概念实践。因此阿多诺断言:"这儿并不能窥见任何东西。在超越意义上存在的东西只能出现在物质或范畴里。"(*ND*:140,译文有所改动)[1]

　　尽管胡塞尔明确想要终结心灵和世界之间的认识论鸿沟,但阿多诺坚持认为他的现象学成为了自身方法论的牺牲品。通过将意识变成自足的意义领域,胡塞尔让意识退出了自己本想恢复的鲜活经验,由此忽视了一般语言是如何嵌入生活和实践形式的。在一般概念实践中,意义常常是可更改的,并通过独特的判断和推理服从于某些特定的权威,但这些判断和推理不会被当作是被给予的或明显封闭在纯粹主观领域内的。

　　对阿多诺来说,我们认为或觉得事物会如此如此,这样一种自然的语言是不可能最终完成的,因为当下的判断行为将揭示被表达事物意义的责任转嫁给了更进一步的判断行为。用阿多诺列举的例子来说(HPI:129):用来支持或反对自由政府的理由(比如,"自由政府是人类唯一的政体形式"),首先需要我们就"自由"、"政府"和"人类"指的是什么达成一致——并对自由政府是人类唯一政体形式这个假设达成共识。现在,这样的一致和共识不再

―――――――――

[1]　对此塞拉斯作出如下表述:"我想强调的一点……是看起来是绿色的这个概念,辨认出某物看上去是绿色的能力,预设了绿色这个概念的存在,而后一个概念包含了通过观看对象而识别出它们的颜色的能力。"《经验主义与心灵哲学》,第43页。因此,就什么"在我看来如此如此"来说,并不存在权威的描述,它没有预先隐含着事物被确定为"是如此如此或这般这般"的概念实践:"看—说"来源于语言实践;它并不是非推理性的认知前提。

是自明的,或者说,当我思考我的诉求是什么时,它们不再直接向我显露。而一旦将这些一致和共识抽离它们被提出并达成的语境时,它们就变得无法理解。对阿多诺而言,宁可说,"意向性概念仅仅表明我们能够在意识流中指出对象的本质;但它并没有表明对象的存在"(HPI:129)。

意指某物(*meaning something*)因而需要与判断中的其他要素协调一致,正确地意指某物;它意味着担负起进一步应用概念及让词语获得意义的责任。但问题又来了,当脱离组成了一般语言语法的表达、判断和赋义实践时,我根本无法清楚地表达出"本原的"意义——更不用说本质的实现(Evidenz)了。意义是某种将要获得的东西,而不是已固定好的或打眼就能确定的东西。[1] 像阿多诺一样,路德维希·维特根斯坦也注意到:"我们想说:'当我们意指某物时,就像走向某人一样,这里没有(任何)死寂的画面'。我们走向我们所指的事物。"[2] 换言之,意指某物不是源于自我-授权的内在被给予性,而是通过生活实践获得、完成或确定某物。倘若脱离这样的实践,概念的意义是无法被确定下来的。

判断中的主体性

阿多诺的问题不在于胡塞尔将经验中的核心位置给了主观性,而在于胡塞尔对主观性进行了认识论的或基础性的建构。在某种意义上,胡塞尔保留了太少的主观性,因为在现象学的反思中,他

1　相似的分析可参见赫伯特·施耐德尔巴赫(Herbert Schnädelbach),《现象学与语言分析》(Phänomenologie und Sprachanalyse),《现代文化哲学》(*Philosophical in der modernen Kultur*,2000),240 ff.。

2　维特根斯坦,《哲学研究》(*Philosophical Investigations*),1953 年,第 455 页。可以对比阿多诺的元批判和维特根斯坦的语法调查,这将是极富成效的。如参见克里斯托弗·德默尔林(Christoph Demmerling), *Sprache und Verdinglichung*(1994)。

将它视为对自身及其意义来说透明的东西:"胡塞尔思想中太多的主观性同时意味着太少的主观性。通过假设自身是一切客观性先在的和构成性的条件,这个主体宣布放弃对认识和实践的介入;它只是在沉思且不加批判地被动记录这个由事物构成的世界。"[1]

而且,胡塞尔,在纯粹意指(Bedeutung)与其语法可变性或意义对具体表达语境的依赖之间,画了一条清晰的界线。[2] 他的描述性分析将客观性看作一种形式的可能性;它带给纯粹本质直观的只是可能的意义和意向的形式结构。胡塞尔转向"事物本身"(zur Sachenselbst),无疑表明,他反对实际性的判断和主观性的条件,或"意义的不稳定性",并试图将意义恢复为"理想的统一体"。[3]

与此相对,阿多诺认为,胡塞尔忽视了主体在概念实践中的位置,因而也忽视了它独特的职责。对某一事物主题式或概念式的表达,赋予此事物一种逻辑形式或结构,它无法与此事物被表达并被认为是如此这般的条件分开。这种表达是履行实际的推理、判断和概念定向等义务的结果;它也显示出了判断、达成协议过程中调和性的一面。认识词语意义的过程意味着形成判断——或实质推理[4]——的过程,在此,主体间的语言实践总体上规定了其所指。

1　阿多诺,《胡塞尔的哲学》(Zur Philosophie Husserls),《选集》第二十卷(Gesammelte Schriften 20),1998 年,第 63 页。

2　胡塞尔,《逻辑调查》(Logical Investigations)第一卷,1970 年,第 258 页。(英文第一卷包含了德文版第二卷。)

3　同上,第 322-323 页。

4　塞拉斯引进实质推理这个概念,是为了捕获"虚拟条件"在一般语言中的非形式化运用。对它们的运用为建立在我们与自然对象(在利益相关的视角下)相互作用基础上的推理提供了某种可能,如"如果我将石头砸在这支粉笔上,粉笔就会断"。塞拉斯申明,实质性的推理规则"对我们所讲的语言来说是重要的,因为我们会不断运用虚拟条件"。参见《纯粹语用学与可能的世界:韦尔弗雷德·塞拉斯的早期著作》(Pure Pragmatics and Possible Worlds: The Early Essays of Wilfrid Sellars),1980 年,第 273 页。实质推理这个概念在此延伸到包括人类生活中一切判断的推理本质,它捕获到了语法对可更改性及权威判断的灵敏性,这种灵敏性决定了概念在一般语言实践中的运用。

语言意向服从于这种实践的标准——而不是服从于内在信念或意义的实现。而且,意义只有在语言实践本身中才能实现。通过参与这种实践,我意识到我的意向具有的意义,意识到在确定的意义上某物指的是什么。

　　因此,阿多诺反驳到,概念意识[1]的形式表达需要主观判断和实际推理,在此,根据每一次特定的或独特的判断产生的权威,或每一次意指所要求的恰当或适宜,意义会被不断表达、确定和更改。意指的条件本身是实践性的,因而无法从只关注纯粹意义的反思性和描述性分析中获得。这样一来,相较于胡塞尔纯本质性的主体,这个主体获得的东西就多少有些不同,因为它不仅记录对象的意义,而且会被认为自始至终在自发地鉴别和判断,从而使意识对经验作出反应:[2]"真理思想……需要主体和状态之间的关系。而且这种关系——因而真理的客观性——也包含了思考的主体……真理的客观性确实需要主体。一旦和主体切断联系,它就会变成纯粹主观性的牺牲品。"(*AE*:72)

　　因而重要的是,即使一切主体性的内在更改——就是说,一切内在理解——都会受到语言实践表达形式的外在限制,我们也无法忽视主体性,因为主体对意义和事物的专注表达了它对事物的独特回应。这种回应也包括认识到事物是独立存在于思想之外的。内在的思想和外在的事物相互规避。要想获得真正的经验,需要承认思想依赖于另一个——由自然对象和事物组成的世界。而且这种承认意味着主体的完成,内在意义必须被保留下来,因为

1　概念意识(conceptual consciousness),在文中大概是指一种将现实存在的事物转化为头脑中的相应概念的意识。它与第七章提到的经验意识(empirical consciousness)相对。——译注

2　这点与约翰·麦克道威尔(John McDowell)的如下论点相似:"经验能够使现实状态(lay-out)对主体正在思考的东西施加理性的影响。"(《心灵与世界》[*Mind and World*],1994年,第26页)

它指向一种独特的关系。重构阿多诺的经验观因而不得不平衡这个双重性的主张:一方面,主体性内嵌于由表达、解释以及规范性的推理空间组成的语言实践,另一方面,主体性肩负着认识自身与世界间关系的重任。

历史性与发生现象学

84　　主体性的实际维度必然包括概念实践的历史以及概念实践在语言和意义中发挥的构成性作用。而胡塞尔在晚期作品中试图关注的恰恰是这样一种经验观。[1] 那么,对胡塞尔公平起见,我们应该表明,他的现象学方法是怎样促进了发生现象学转向,并摒弃了一种完全的认识论立场。的确,胡塞尔似乎是第一个对他自己思想的认识论前提展开元批判的人。

　　例如,在写于 1927 年的《自然与精神》中,对对象或对象领域的概念化表达,被设想为是对产生概念意识的本原而统一的"沉默经验"流加以理性化的结果。[2] 因此,根据胡塞尔的说法,对象性的建立首先在于回溯这个世界经验统一体——它使意向性意识的理想形态(idealites)与其说是被给予的,不如说是生成的或历史形成的。在晚期著作中,这明显包含了一种胡塞尔称之为"沉淀的概念系统"的批判,现象学反思正是从这个概念系统出发,以便"激活"尚未成形的"隐蔽的历史意义"。[3] 所有这些都可以与阿多诺

1　然而一些评论者认为,胡塞尔早期的方法论要求——笛卡尔式地要求有一个自明和自足的基础——与晚期的发生现象学相冲突,后者逐渐弱化了他对笛卡尔式基础的坚持。参见伊索・科恩(Iso Kern),《康德与胡塞尔》(*Kant und Husserl*),1964 年,第 196 页。

2　胡塞尔,《自然与精神》(*Natur und Geist*),2001 年,第 15 页。

3　胡塞尔,《欧洲科学危机与超验现象学:现象学哲学导言》(*The Crisis of European Science and Transcendental Phenomenology: An Introduction to Phenomenological Philosophy*),1970 年,第 71 页。

的某些思考匹敌：他提倡一种批判性的解释学，这种解释学试图用
将自身呈现为被给予事物，呈现为自然形式的那些概念形式，解封
沉淀的历史生活和意义。他想要"*在最极端的历史确定性中，在最
具历史性的地方，将历史存在作为自然存在*"来把握（INH：260，着
重后加）。

即便阿多诺不同意胡塞尔晚期的思想发展，不同意其与自己
思想的密切联系，但就胡塞尔现象学方法论与其对基础的思
索——这种思索甚至也保留在《欧洲科学危机与超验现象学》
中——之间存在冲突来说，阿多诺的论述显然与此有某种关联。
对阿多诺而言，转向"事物本身"不在于对现象的实现的分析：意义
和相关物是在概念实践及其历史性中构成的。而这个过程的媒介
是语言。

因此，阿多诺对胡塞尔哲学——就其对认识论的批判及对阿
多诺整个思想发展的重要性而言——解读的关键在于，胡塞尔怎
样挑战了意识哲学的前提。对阿多诺而言，胡塞尔哲学既保留"在
主体内在范围内"，又为一种解释学或解读模式作了准备，这种解
释学或解读模式旨在"用概念开启非概念的事物，但却没有让非概
念的事物与概念相互对立"（*ND*：10-11）。当进行悬置时，胡塞尔
试图打开纯意义领域，打开事物的可能性及抽象的理想形态——
正如我们看到的那样，这类似于艺术审美经验中的沉思的立场和
态度。然而，审美经验和现象学态度的这种相似性也会转而反对
胡塞尔。

艺术品所揭示的意义的理想形态，无疑阻止了对它所表现的
事物的实际存在的判断（正如康德阐明的那样，审美判断仅仅建立
在无功利和自由愉悦的基础上）。因此，我们的注意力会停留在意
义在整张画布上的游戏。在这种意义上，说外形和主题就像审美
游戏呈现的那样，仅仅是某些意义已被规定好的可能性、抽象的理

85

想性,无疑是正确的。不过,即使它们揭示了事物的重要方面——也揭示了事物之于我们的意义和重要性,我们与事物的相遇,以及事物对我们生命形式的接近——也不能说审美的形式与外观抓住或打开了事物本身,因为事物是外在于艺术的。

或许有人会说,艺术品关注事物,甚至让事物展现自身,但没有人会说,借由审美主体性的艺术-内在形式,事物已被完全把握。艺术揭示的东西依赖概念和解释实践生成的意义;这些实践规定了概念获得意义的条件。但是,即使艺术揭示了"本质",这个本质在艺术中也没能实现;它的真理超出了内在现象的范围。同样,现象的真理并没有在纯现象学的描述中得以揭示;真理若要显示自身,只会在现象学的态度被打破时,也就是说,在返回语言的生活形式,返回语言的实际存在时。

在这种意义上,胡塞尔的认识论抱负实际上等同于阿多诺所说的同一性哲学,在此,哲学阐释的对象与认识论界定的主体同一。阿多诺写道:"精神与自身同一以及随之而来的统觉的综合统一,通过独特的方法被投射到事物上……这是第一哲学的原罪。"(*AE*:10)倘若要接过胡塞尔"打破唯心主义之墙"的抱负,继续他宣布的"穿透事物本身",需要一个不同的思想转向,需要承认事物从外部规定思想。

86　事物的优先性:超越康德和黑格尔

到目前为止,应该清楚的是,阿多诺从未赞同过意识哲学的前提。[1] 的确,《认识论的元批判》的目的正在于用胡塞尔的例子表

1　在此我要反驳彼特·杜斯(Peter Dews)在《解体的逻辑:后结构主义思想和批判理论的诉求》(*Logics of Disintegration*:*Post-structuralist Thought and the Claims of Critical Theory*)中的观点,1987 年,第 227 页。

明这种哲学的局限性。然而,重要的是,通过指出概念意识的主体间性,或者说,通过指出语法涉及语言实践授权和认可的推理权,阿多诺对胡塞尔的解读并非仅仅想要揭露其意识哲学的错误前提。因此不能说阿多诺同意近来语言哲学中流行的实用主义,这种实用主义语言观试图用有关对象性的话语表述穷尽经验的意义。[1] 对阿多诺而言,"真理的标准不是它对每个人的直接可传达性……真理是客观的,而不是言之成理的"。

正如已指出的那样,阿多诺同情胡塞尔想要在经验中恢复事物自身意义的抱负。然而,他对胡塞尔理想化地将事物意义化约为内在的被给予性展开了批判。阿多诺的转向事物本身,可以看作是承认"对象优先性"的需要:"对同一性的不断批判就是对对象优先性(Vorrang)的探索"(ND:183)。

无疑,否定辩证法这项规划需要认识到这种优先性。正如我们将看到的那样,阿多诺否定辩证法的发展,以及作为残存下来的认识论主张的占位符的非同一性观念,都需要向事物本身的转向。然而,阿多诺在现象学转向中保留的仅仅是这个观念:事物是"自在之物",是与思想非同一的东西。但非同一性是怎样被恢复的?对概念意识来说,事物属性(thingliness)是怎样构造自身的? 由于《否定辩证法》围绕的更多是康德和黑格尔的经验概念而非胡塞尔的经验概念,因此,一方面我们应看到他们的唯心主义承诺,同时也应看到,在许诺要拯救事物上,阿多诺为什么发现他们的经验概念相比于胡塞尔的,既有优越的地方,又有不足的地方。

阿多诺试图表明,本应得到拯救的事物却沦为了唯心主义前

1　罗伯特·布兰顿(Robert B. Brandom):"意向状态中概念内容的再现维度,应该方放在推理表达的社会维度上加以理解。"参见《清晰阐释:推理、表象与推论性承诺》(*Making it Explicit: Reasoning, Representing, and Discursive Commitment*),1994 年,第 586 页。

提的牺牲品——要么像康德那样将经验建立在认识论上;要么在
本体论上将事物扬弃为逻辑形式,就像阿多诺指责黑格尔(可以
说,多少有点麻木)的那样。就康德而言,经验的全部难题性在于
87 它脱离了实体或本体论的关切,所以尤为紧要的是,如何使概念与
直观达成一种能够在认识论上加以证明的关系。对象是可能的判
断"综合统一"的结果。[1] 它是一个被规划的统一体,也就是说,首
先创造性地想象出一个完全不同的杂合物[2],然后将这个杂合物以
感观的形式呈现出来,从而构成了这个统一体(它自身只具有认识
性质)。这样,有关个体事物本质的本体论要求就无法提出来。[3]

    对阿多诺来说,上述观点的问题在于忽视了活生生存在的事
物的本质。我们不应将这种存在看作是根本上被给予的(在这点
上,康德是对的):"我们叫作物自体的东西,不是能够明确而直接
获得的。任何想要认识它的人,必须超越……这种'杂多的综合'
去思考那个绝非思想性的东西。但物自体不是思想的产物:它是
超越了同一性限制的非同一性。"(ND:189)认为直观是一个完全
不同的杂合物,这使事物变成了一个由诸多主观印象和直观构成
的杂合物,意识和想象所完成的形式,与内容或根本不一致的感观
被给予物由此分离(ND:187)。

    为保留本质,康德不得不引入"物自体"这个仅仅表明限度的
概念,这个有关现象范围之外的基础的观念。[4] 然而,在此,阿多诺
像黑格尔一样,认为这个概念某种程度上是不合逻辑的,因为(1)
物自体任何可能的意义,如果不是空无的话,就必须能够呈现在感
观范围内。这种本体观因而只需要在形式上认可某物并不等同于

---

1   康德,《纯粹理性批判》,1929 年,B 第 161 页。

2   manifold,邓晓芒译为"杂多",本文有些地方使用他的译法,有些地方则根据语
     义的完整性将其译为"杂合物"。——译注

3   康德,《纯粹理性批判》,1929 年,B 第 147-148 页。

4   同上,B 第 311 页。(译按:中译参见康德,《纯粹理性批判》,邓晓芒译,杨祖陶
     校,北京:人民出版社,第 231-232 页。)

思想,也就是说只需要"承认形式中的非同一性"(ND:26)。而且
(2),可能的经验的条件被转化为主观的条件,因此不能说经验是
客观的,只能说它仅仅关心现象(在现象与其基础相连的地方并没
有意义或认识价值)。[1] 康德因此未能推翻传统认识论的前提;当
他声称创造性想象在抓住印象后,把"直观杂多纳入一个形象"时,
他再次将形象-思维式的认知引入了意识分析中。[2]

黑格尔在《精神现象学》中提供了另一种经验观。他提出知识
需要检验的观点——检验的标准在于是否彻底探讨了理解可能的
经验和客观性所需的概念和规范条件,由此,黑格尔表明,事物是
经由批判性呈现打开的概念规定物。因此,自我意识变成了客观
性的基础。这种"在他物中的自我确认"获得了康德的先验批判无
法获得的东西:经验的对象和经验的条件一致。这些条件不再是
主观的,而是由思想和精神客观规定的。正如黑格尔在《大逻辑》
中表明的那样:"作为科学,真理是自行展开的纯粹自我意识,它有
着自己的形态,因此,存在的绝对真理就是被意识到的**概念**,而**概
念**本身就是存在的绝对真理。"[3]

黑格尔认为事物的特殊性是 Dasein(此在,有时也表达成"在
此")本身,而不只是应被概念意识统一的杂多。[4] 然而,由于黑格
尔对推理和逻辑展开的唯心主义设想,特殊性没被看作是从概念

1　黑格尔,《大逻辑》,1969 年,第 46 页。有关黑格尔反对康德的"主观主义"的一
　　个精彩的阐释,参见威廉·F.布里斯托(William F. Bristow),《黑格尔与哲学批
　　判的转型》(*Hegel and the Transformation of Philosophical Critique*),2007 年,第 38 页。

2　康德,《纯粹理性批判》,1929 年,A 第 120 页。(译按:中译参见康德,《纯粹理
　　性批判》,邓晓芒译,杨祖陶校,北京:人民出版社,第 127 页。)

3　黑格尔,《大逻辑》,1969 年,第 49 页。(译按:此处从英译版译出,另参看杨一
　　之译《逻辑学》[上],北京:商务印书馆,1966 年,第 31 页:"作为科学,真理是自
　　身发展的纯粹自我意识,具有自身的形态,即:自在自为之有者就是被意识到的
　　概念,而这样的概念也就是自在自为之有者。")

4　同上,第 115 页。阿多诺评论道:"对康德来说,多样性和统一性已然是两个同
　　时存在的范畴;黑格尔,遵循晚期柏拉图对话的模式,承认它们是两个彼此无法
　　分开的环节。"(*ND*:158)。

规定抽象而来的东西,而本身是概念的一个环节或方面。[1]　将特殊性转变为一个逻辑环节,阿多诺认为黑格尔再次重复了将事物纳入概念形式这个唯心主义错误(无疑是一个认识论的错误);事物仅仅是自我意识的一种概念化表达——后者因此具有优先性。阿多诺声称:"黑格尔体系本身不是一个真正发生了变化的体系;这个体系中的每个定义无疑都是早已预设好的。"而且,黑格尔未能认识到事物的完整性或非同一性,因为"他讨论的观念往往是从本身已经是观念的对象中提取出来的"(ND:27)。尽管黑格尔或许会得到更宽容的解读,但他并没有对概念意识自身进行反思从而释放出事物的特殊性。[2]

然而,阿多诺转向与思想非同一的事物,必然偏离了黑格尔的经验观:由于"概念被体验为非同一的、内部运动的,所以它不再只是它自己;用黑格尔的术语来说,在没有吸收他者的情况下它导致了他者的产生"(ND:157)。再次,被认为具有优先性的是事物,而不是概念意识。经验的意义因此并没有在推理论证所规定的思想的差别关系中被穷尽,这些差别关系使概念意识有可能成为认识论意义上的相关物。而这样的相关物需要在不同于思想的东西中,在从外部限制意识的独特的自然和本质中实现自身。概念意识的规定和转变,它的逻辑,需要仰仗事物的自然,仰仗事物展现自我的权力,因此事物的被给予性或本质不是具有差异性的概念构成的统一体,而是它们的限定性条件。事物自身有变化和同一的能力。

89　　但事物优先于它的概念规定并与后者相对立,难道不是仅仅

1　黑格尔,《大逻辑》,第39页。
2　某些对黑格尔的经验观念和逻辑观念的解读,通过将现实范畴看作是在保留了特殊性和偶然性的实践中完成的形式,从而回避了意识哲学强烈的唯心主义诉求。例如,参见保罗·弗朗哥(Paul Franco),《黑格尔的自由哲学》(Hegel's Philosophy of Freedom),1999年。

退回到黑格尔的洞见———一切独特性都是被概念意识规定的吗？
而如果事物优先于概念思想，那么事物是什么？为了充分理解阿
多诺有关对象非同一性和优先性的认识论和本体论主张，我们需
要返回到他对胡塞尔现象学的关切。

非同一性和事物本身

　　胡塞尔试图为意识保存事物的被给予性。因此一个事物不是
对杂多进行概念综合的结果，而是一个个体，一个"具体化的存
在"："我们注意到的空间中的事物，在超验的意义上，是一个为意
识所感知到的、有形的给予物。"[1] 因此一个事物既被认为是一个
个体，又被认为是它的"给予方式"。这符合亚里士多德对事物的
界定，事物的 tode ti，包含了它的个体化的此在（它的"此性"）和它
的"本质"（whatness），也就是说，它如此这般的存在。关键问题在
于，通过它的给予方式是否能够充分揭示 ti einai（这个存在）中的 ti
（这个）或"本质"，或者说是否必须一开始就假定，事物的存在是一
种先于形式的个体化本质（nature），也就是说，是一种基体
（hypokeimenion，事物的存在建立在它的基础上）。[2] 胡塞尔认为，
这个问题包含了意向性形式与事物的具体存在之间的二元性。[3]

　　胡塞尔要求区分事物的给予方式和它的超验性，但这是矛盾
的。在《观念2》中，他对事物的解释使事物变成了一种被动构成形
式的结果；这涉及到主体与事物之间具体的相互作用，以及事物对
经验主体的因果影响："实在性，或者说，实体性，与因果性相互依

1　胡塞尔，《观念2》，第90页。
2　在胡塞尔观念的语境中对这个问题作出的精彩讨论，可参见罗曼·英伽登
　　（Roman Ingarden），*Einführung in die Phänomenologie Edmund Husserls-Osloer*
　　Vorlesungen 1967（1992），Lectures 6-8.
3　胡塞尔，《观念1》，第113-114页。

存、互不可分……实在的特性因而就等于因果关系的特性。认识
一个事物因而意味着通过经验认识它……在因果关联中是如何表
现的。"[1] 事物的存在方式没有被意识对它的理想化所穷尽:既然
它是通过对因果性被动地理解而构成的,那么事物似乎就是一个
自为的存在,因为它具有因果一致性,或者说,因为它的存在方式
并不是意向性意识主动产生的。[2]

　　具体化的"事物-经验"也为阿多诺的"非同一性"观念奠定了
基础:"非同一性环节呈现为物质,或与物质的东西彼此融合。感
觉是一切认识论的关键……没有身体的环节就不会有感觉"(ND:
193)。与此相应,有人或许会说,阿多诺想像胡塞尔一样保存事物
的超验性,这种超验性是事物具体的自身被给予性(self-givenness)
固有的。然而,阿多诺并不赞成胡塞尔,他认为,胡塞尔退回到意
识哲学的前提,破坏了恢复事物本原性(Urgegebenheit)的基础。
因为将事物统一为超验对象,被认为是意识的一大功绩,意识为无
限多样的印象(Abschatungen)赋予了统一的形式。事物的超验性
因而受到意识的影响,从而成为了那种能将自身呈现在可论证的
被给予性中的东西。

　　对阿多诺而言,现象学对事物的恢复必须竭力表达出事物的
完整性,或它的存在方式。它必然不满足于将事物抽象地概念化
为意识的意向性关联物,纯粹的形式或形式完成的结果,因为这样

90

1　胡塞尔,《观念2》,第48页。(译按:中译参见胡塞尔,《现象学的构成研究:纯
　　粹现象学和现象学哲学的观念》[第2卷],李幼蒸译,北京:中国人民大学出版
　　社,2013年,第37页:"实在性或此处相同的实体性,与因果性之间,不可分离
　　地相互从属着。实在的特性就是因果性的。因此认识一物就意味着:根据经验
　　了解,在压力和冲击下,在弯曲和断裂下,在加热和冷却下,等等,也就是在其因
　　果相关关系中,一物是如何应变的,它处于什么状态,又如何经历这些改变后仍
　　然保持同一性。")
2　胡塞尔,《观念2》,第61页:"在一切感觉和经验中,身体被包含进来……作为
　　一个由感觉器官组成的自由活动的总体,而且……在这种本原的基础上,自我
　　周围世界实际存在的一切都和身体有关。"

的概念物剥夺了事物作为"绝对存在的"实体的"尊严"(AE:140)。在此阿多诺提出了一个已被胡塞尔自己的学生(尤其是康拉德·马蒂乌斯)多次指出的意见,即胡塞尔的构成性分析有一个内在的问题:存在方式与事物的被给予性的二元性。尽管如此,重要的是,阿多诺的论证根本就不是本体论的——它不关注存在的二元性——它要处理的是经验和个体事物的非同一性。

将不变的 eidos——本质或形式——纳入此在之物(tode ti),有着漫长的历史。与亚里士多德一致,胡塞尔将个体事物的本质看作是有待生成(to ti en einai)的东西。事物往往处在生成或自我实现的过程中。在这种意义上,事物的具体历史和概念历史是彼此缠绕的。然而,对阿多诺而言,关键在于,我们不应该将一个事物的生成结果看作是一个概念表达的统一体,而应该看作是它被保存的全部的个体性。在动态的意义上将事物构想为已经生成或正在生成的东西,需要一种新的视角,即通过表明概念规定物对事物的依赖从而使概念规定物彻底翻转。

据阿多诺所言,

> 正是在把事物的存在解读为有关其生成的文本时,唯心主义辩证法和唯物主义辩证法才彼此相遇。但是当唯心主义在直接性的内在历史中将它的辩护看作概念的阶段时,唯物主义却使内在的历史不仅成为判断概念的非真实性的尺度,甚至也成为判断存在的直接性的尺度。否定辩证法用来穿透其坚硬对象的手段是**可能性**——对象的现实性虽欺骗了对象的这种可能性,但这种可能性在每一对象中仍是可见的。[1]

(ND:52,着重后加)

91

即便没能完全理解这段话,也应该注意到它对可能性的关注,对事

---

[1] 参见阿多尔诺,《否定的辩证法》,张峰译,重庆:重庆出版社,1993年10月,第51-52页。译文有所改动。——译注

物常常尚待生成的个体本质的关注。在变化中,事物揭示了自身的非同一性。这种非同一性是一切被论证表达的经验的可能性条件。

因此,现象学为事物存在方式赋予的意义超越了认识论的局限。正如概念意识构想的那样——而且这也符合认识论的规定——一个事物就是一个超验的观念(而它的统一体是理想的),但作为活生生的存在,一个事物就它的可能性和自我存在而言同样是超验的。事物的这种非同一性不是认识论意义上的,因为事物申明自身具有一种存在或本质——一种不同于其概念的存在或本质。然而,阿多诺的认识论抱负在于推翻经认识论理想化了的事物,保存事物的他者性。问题在于,这是否和经验有所不同,或者说,事物是否应该为了概念的自主而作出牺牲。[1]

模仿与“事物的语言”

通过保留胡塞尔“回到事物本身”这个超出了概念意识范围的观点,阿多诺希望表明,具体的经验作出了承认事物自身权利的许诺,并用模仿而非再现的方式表达事物。[2] 援引经典的模仿概念,

---

[1] 我在此将讨论的这个问题,为罗伯特·皮平对阿多诺的很多批评奠定了基础。皮平不同意这个观点,经验需要对优先于概念的他者性或非同一性作出承诺,因为事物的优先性破坏了唯心主义对自主的和标准的自我-授权的承诺。例如,参见《对主体性的坚守》(*The Persistence of Subjectivity*),2005 年,第 98-120 页。虽然我和皮平都担心阿多诺就一般意义上唯心主义哲学的“错误”(以及它和遭到商品形式扭曲的文化之间的同谋关系)提出的要求过于唐突,但下面部分将试着去理解这个要求,即对事物非同一性的尊重提供了一种有限和自我限制的经验;这种尊重认可,而不是认识,事物及其与我们(语言)生活形式的亲近关系。

[2] 马丁·泽尔(Martin Seel)讲到一种“承认性认识”(anerkennenden Erkenntnis),它对概念的运用,是通过“采取一种承认关系,在这种关系中,认知者和被认知者两者是互为存在而不是互相支配的”《阿多诺的沉思哲学》([*Adornos Philosophie der Kontemplation*],2006 年,第 59 页)。埃斯彭·哈默在本书(第 4 章)中也讨论过阿多诺的模仿观念。

他想将用比拟——也就是说,用感性呈现事物在场或不在场的形
式表达事物——呈现事物的方式恢复为一种认识形式。这样的认
识既不建立在认识论的形象思维模式上,也不建立在康德经过论
证表达的对象性的基础上。毋宁说,在模仿中,主体潜入它试图呈
现的事物中;它力图消失在事物中(*ND*:189)。唯有主体介入事物
的呈现中,介入被呈现的事物中,才能克服现代认识论的立场
(*AE*:144)。

　　模仿是一种对事物的态度;它受悬置的影响,而悬置允许事物
显现自身。这种转向事物的模仿和表达,实际上是一种返回,因为
经过概念表达的经验已预先假定,语言和事物沉淀在我们的生活
形式中。的确,事物从来就不只是被看见(被看作),如果它们真想
被完全认识的话,还需要一种自己的语言。而且这种语言需要对
词语,对事物怎样居住在词语中保持敏感——这种敏感不是论证
的、推理的或完全分析性的,而是专注于事物在语言中展现自身的
方式。正如阿多诺所言:"为了理解一个事物,不仅要将这个事物
安置并记录在它的参考系中,而且要在它和其他事物的内在关系
中,保留并肯定(gewähren)它的个体性环节"。因此,否定辩证法
应该推翻概念规定物并唤回"非同一事物的连贯性"(*ND*:25-26,
译文有所改动)。

　　区分不同事物之间的差别并用概念将这种差别表达出来,需
要主体"为知识的模仿因素,为认知者和被认知者之间的选择性亲
和"提供一个"避难所"(*ND*:45)[1]。这种对歌德的影响当然不是
多余的,因为多种多样的选择性亲和关系建立在相互吸引和相互
抵抗的基础上。在模仿的认可下,事物被体验为特定的状态,体验
为个体的本质,而它的个体本质与其他事物的个体本质及正在体

92

---

[1]　参见阿多尔诺,《否定的辩证法》,张峰译,重庆:重庆出版社,1993 年 10 月,第
44 页。译文有所改动。——译注

验它的主体,三者彼此缠绕,相互交织。

为了捍卫事物的模仿性语言,阿多诺必须反对柏拉图为哲学和诗的古老之争找到的片面解决方案:将模仿不是贬低为武断的任性就是贬低为神秘的依赖。当然,在通过仪式或表演对自然力量的神秘召唤中,对事物的模仿性呈现有它的原初形式。然而,一旦将其从神秘语境中剥离,并将它转变为艺术审美形式,那么,模仿就恢复了被逻各斯取代的事物的经验。自然美展现了事物的外观、价值和形式,从而唤起或恢复了我们对事物的依赖。[1] 因此阿多诺十分关注艺术的"表达环节"和主体的感受性(其成为事物揭示自身外观性的基础)。主体的表达呈现出了事物,同时也保留了对象知识的意义。(CM:250)

93　　在艺术品中,事物通过第二自然显现自身,第二自然存在于使事物外观得以显现的媒介固有的物质逻辑中。因而,就自身具有使隐藏的事物得以显现的力量来说,艺术品是双重的自然。模仿因而被看作一种参与形式,通过这种形式,主体超越自身走向事物,从而将事物的他者性释放给主体性。通过模仿,事物既撤回自身,又重构自身。只有当事物不在场,当事物在撤退的同时采取模仿性呈现的方式,事物才会完全显现出来。正如亚里士多德同样阐明的那样,在诗中,事物和人物被表述为纯粹的可能性。

模仿性呈现因此有自己的理想。康德、胡塞尔及新康德主义者表明,意识应继续着力于对象,我们应以概念和数理的方式将对象理解并表达为观念。然而,阿多诺坚持认为,意识的这些形式化理想——虽然构成了认识论意义上的对象性——既没有穷尽对

1　恩斯特·卡西尔(Ernst Cassirer)曾出现在阿多诺与新康德主义者的论战中,他提供了一种对"表达-知觉"的分析,分析显示了"表达-知觉"对自然物的客观构成具有重要性。对卡西尔和阿多诺来说,表达性的这个层面,与事物的外观现象一起为审美经验奠定了基础。参见,特别是,卡西尔的 Mythischer, ästhetischer und theoretischer Raum, *Gesammelte Werke* 17(2004) ,411-432。

象,也不具有本体论上的优先性。[1] 相反,对象具有绝对的优势:它先于作为限定条件的形式或此在而存在,从而成为一切概念规定的基础,以及事物之间选择性亲和的基础。在自然美,也即艺术形式的剩余环节中,阿多诺发现了一种本原性的表达,它不是将事物表达为"被给予物",而是表达为可能之物(*AT*:66)。[2]

外观特征的感性形式——随着经验主体表达重点的改变而改变——将事物自身的他者性展现给概念意识。也就是说,它们将事物展现为随着条件的改变而改变的现象。在这种意义上,模仿提醒我们注意事物与语言之间的相互关系;它也提醒我们,语言从来不会被完全提炼为纯形式。对阿多诺而言——这使他更接近如维特根斯坦、马丁·海德格尔和伽达默尔这样的思想家——这种限制不是认识的障碍,而是对认识论(形而上学的,据维特根斯坦所言)谬见的有益纠正。

阿多诺是否超越了认识论而走向本体论,这是一个很难的问题。若不考虑他对海德格尔现象学本体论详尽的批判,这个问题很难得到充分回答。不过,在此,我们不用追究这个话题就可以得

---

1 因此,当君特·菲加尔(Günter Figal)试图将非同一性理解为语言的"开放性"(柏拉图的对话是无限的表达方式)所必需的东西时,阿多诺对此颇为怀疑,因为统一体的思想——即使能够无限推迟——仍暗含了一种"整体"感,这种整体感置换了沉淀在(自然语言)概念中的特殊性。从柏拉图的观点看来,非同一性保留的只是它作为一个(上帝的)理念的重要性。然而,非同一性通过模仿想要达到的理想需要被理解,但不能被理解为柏拉图意义上的未实现的理念,而是被理解为一个对事物未兑现的承诺,一个关于认识界限或独特性(Einmaligkeit)的承诺。参见 Wolfram Ette 与其他人合编,*Adorno im Widerstreit*(2004),13-23。

2 阿多诺的自然美概念因而受到弗里德里希·席勒的启发比受康德或黑格尔(他们摒弃了自然美和模仿,或对自然的模仿[Nachahmung der Natur],赞成艺术美所具有的纯粹表达性的意义)的启发更大。据席勒所言,"自然美不是自然本身,而是用一种完全不同于被模仿物的媒介对自然的模仿。模仿是物质上不同的事物在形式上的类似性"。参见伯恩斯坦编,《古典和浪漫期德国美学》(*Classic and Romantic German Aesthetics*),2003 年,第 178 页。

出结论,只要注意到:至少在晚期著作中,阿多诺似乎逐渐与海德格尔的思想,尤其与后者在论艺术的文章中对事物的著名转向,产生了更多的共鸣。[1] 然而,不像海德格尔,阿多诺并没有从事物的本质或存在中推断出本体论的承诺。如果存在是历史的、沉淀在概念中的历史性,那么既不能将存在物的存在表达为一个整体,也不能将其溶化进原始的生活流中。毋宁说,事物的选择性亲和,建立在它们的个体性及只以个体形式显现的非同一性的基础上。同样,本质是斑杂的多样性,而不是统一性。[2]

因此,阿多诺对认识论的元批判,既不能在经典的本体论意义上也不能在海德格尔的本体论意义上来理解,因为它的目标在于避免统一性,贴近特殊性。但正如我们看到的那样,阿多诺不会停留在认识论上,因为认识论未能公平对待事物本身的价值。转向事物本身只能通过经验获得它的合法权威;而经验对阿多诺来说是某种将获得而非被给予的东西,是"多样性的聚合"的完成(ND: 150)。经验包含了事物会被记起且得到承认的希望。

1　海德格尔,《艺术品的起源》(The Origin of the Work of Art),《诗、语言、思想》(Poetry, Language, Thought),1971 年。阿多诺对海德格尔的评论,可参见《艺术与艺术种类》(Art and the Arts),《奥斯维辛后还能活吗?》(Can One Live after Auschwitz?),2003 年。对海德格尔这次转向具有的重要性更详尽的阐释,参见君特·菲加尔,Gegenständlichkeit(2006),126-141.

2　有趣的是,阿多诺暗含的对"个体性"的多重认可,至少和近来科学哲学中新亚里士多德主义者的某些工作相同,如南希·卡特莱特(Nancy Cartwright),《斑杂的世界》(The Dappled World),1999 年。

道德哲学

⊙ 费边·弗里耶哈恩

导言

　　道德哲学过去充满了承诺。古时候，它旨在为好的生活提供向导，这种好的生活将道德问题与其他关切（如我们知性的、美学的以及精明算计的兴趣）结合了起来。在现代，它试图提出道德的最高原则（如康德的"绝对命令"，或功利主义的最大幸福原则），从这种原则中，会生发出一个由诸多义务和命令构成的完整系统，从而引导或约束我们的行为。

　　然而，如果我们相信阿多诺的话，那么，道德哲学的承诺并没有实现：好的生活，甚至道德的生活目前都无从获得。在这种意义上，他的立场可以被描述为否定的道德哲学。这个立场有趣的地方在于，阿多诺为什么会认为好的生活和道德的生活受到了阻碍，而就批判现代道德哲学的主要部分以及建议我们应如何过我们已扭曲变形的生活而言，他从这样的立场获得了什么样的意涵。

　　在这一章，我们将看到上面提到的每一方面，同时提出以下

问题:

　　1.人们为什么无法在当今社会世界过上正确的生活?

　　2.为什么今天道德哲学的任务主要在于批判道德哲学?

100　　　3.对于我们应该如何生活,阿多诺说了什么吗? 或者说,他的否定的道德哲学没有任何实践上的指导性吗?

今天正确生活的不可能性

　　在思考伦理实践和理论在现代社会世界存在的问题上,阿多诺并不是孤身一人。例如,当代亚里士多德主义者也常常为传统社会实践的崩坏长吁短叹,因为这种实践(据说)为德性的运用提供了担保。[1]　不过,阿多诺的论点"错误的生活无法过得正确"(MM:39)在很多方面是别具一格的。

　　阿多诺的论点之所以别具一格,首先是由于现代社会世界这个独特的概念。描述这个概念的方法之一是说现代生活世界(尤其是"晚期资本主义"1930年代后的阶段)是彻底罪恶的。这并不是向神学乞灵,尽管传统上对"彻底罪恶"的谈论有自身的价值,而是表达了双重要求:(1)晚期资本主义从根本上说是罪恶的(对它来说,罪恶并非偶然的,或并非只是一种表面现象);(2)这种罪恶是尤为深重的(它不会变得比这更罪恶了)。

　　阿多诺为什么认为晚期资本主义是彻底罪恶的,最能说明其原因的例子莫过于欧洲犹太人遭到的种族灭绝。对阿多诺来说,这次种族灭绝并非偶然退回到野蛮时代,或由于现代文明并没有完全在德国扎根。毋宁说,这些事件意味着启蒙文化作为一个整体已在许多重要方面失败了(ND:366f)。这种文化,是由现代社

1　参见麦金太尔(A. MacIntyre),《德性之后》(After Virtue),1985年第二版。

会世界孕育的,它和奥斯维辛的道德灾难有着很深的关联。它们构成了这种灾难发生的"客观条件",除非克服这些条件,否则类似的道德灾难可能还会发生(GLA:20f)。更笼统来说,集中营受害者身上发生的是晚期资本主义正在走向的情形:对个体事物的抹杀,将人贬低为物,官僚理性的胜利,不再对目的和手段进行深思。这个例子清楚地表明,晚期资本主义在上文提到的两层意义上是彻底罪恶的:奥斯维辛是一场最深重的道德灾难,同时它的发生(及再次发生的威胁)和当下生活世界有着系统的关联。

阿多诺说正确的生活是不可能的,这是因为,在极端罪恶的社会环境中,除了改变这种环境外,我们做的任何事都可能反使自己陷入罪恶中——要么间接地陷入,就继续维持这种本应改变的社会环境而言,要么直接地陷入,倘若实际参与并推动其中某些特定 101 的恶的话。换言之,大多数情况下我们只能希望自己不会积极直接地参与罪恶中。然而,即使我们没有积极直接地参与,但如果据此以为这就构成了正确的生活,那么这不过是把侥幸的和仅仅部分的逃离误当成了更好的东西。即便如此,我们仍将是罪恶环境的一部分;也就是说,我们仍在使一个罪恶的世界继续存在下去。[1]

其次,我们无法在当下社会世界中正确地生活,阿多诺这个论点以一种完全不同的方式表达了出来。阿多诺常常说"正确的生

1　这提出了有关个体责任的复杂问题。由于社会决定个人,因此个人似乎不应为他们的错误行为负责(例如,参见 ND: 219)。实际上,对于人们可以被追究责任并受到惩罚的自由概念(如康德的),阿多诺甚至怀疑(例如,参见,同上,215,232,255)。然而他也拒绝了如下建议:作恶的人应得到宽恕,特别是纳粹罪犯(参见,同上,264f,286f)。因此他的思想似乎是不一致的。不过阿多诺回应道,这种不一致表明,在不让罪犯逍遥法外的合法愿望(社会需要)与把罪恶行为归咎于应为其负责的个体之间,存在一种"客观的对立"(同上,286)或"二律背反"(同上,264)。

活"(richtiges Leben),而不是更传统的"好的生活"(gutes Leben)。[1] 他这样做是经过深思熟虑的。在"正确的生活"这个词组中,他利用了"正确"这个词的标准含义和事实含义之间的含混性,前者是与"错误"相反的"正确"(如"这不是应该做的正确的事"中的"正确"),后者则是与"假冒"或"虚假"相反的"正确"(如"这是一个假胡子"中的"假")。利用这种含混性,阿多诺能够说:(a)道德的生活在今天是不可能的,(b)没有真正的生活在发生。由于这两方面辩证地缠绕在一起,因此在对二者作出深层的阐释前,我会首先对它们分别加以分析。

道德上正确生活的可能性被阻断,部分是由于我们陷入当下罪恶社会的罪恶环境中,但部分则由于一些更深层的原因。首先,在这种罪恶的环境中,我们往往被意识形态捕获,就是说,我们拥有一套遭受过意识形态扭曲的信仰、态度和偏好,它们牺牲了人民真正利益而使现存的社会秩序(及社会统治集团)受益。为了捍卫我们的行为(如在其他人面临严重剥夺时守住自己的财产),我们常常无疑以捍卫我们本应批判的东西,即晚期资本主义或它的组成部分(如它的产权制度)而告终。[2] 而且我们甚至不试着为自己的生活方式辩护,而倾向于成为扭曲的意识形态的捕获物,结果,我们接受了现存的社会安排,而没有像我们本该做的那样去改变它们(即使对那些在这种安排中处于最不利地位的人来说也是如此)。因此,要么赞成要么不加反思地接受被扭曲的真理或半-真理,我们牢牢维持着社会现状而无法做我们本该去做的事。

道德上正确的生活也是不可能的,因为我们面临实践上的"二

1　遗憾的是,许多译者(如罗德尼·利文斯通[Rodney Livingstone])用"good life"和"bad life"来对译"richtiges Leben"和"falsches Leben",抹除了阿多诺对含混性的这层考虑。

2　例如,参见 MM:39。

律背反"。阿多诺借用了康德这个术语,这个术语传统上是指"无法解决的冲突",在这种意义上:我们正面临着一些无法在现存社会体系中完全解决的冲突,因此无论我们做什么,我们都不可能在做正确的事。这类冲突的一个例子涉及同情(PMP:173f)。一方面,虽然同情是对他人苦难的一种正确反应,但它往往只是缓和了现存社会体系中的不公平和苦难。它因而有助于现存社会体系的存在。另一方面,如果努力消除(而不仅是缓和)不公平和苦难,会意味着我们往往不会在人们需要同情时表现出他们的情形所需要的同情。这不仅是因为想象的缺乏,而且因为我们发现了自己所在的社会结构。

102

实际上,阿多诺认为我们不断面临这类实践上的二律背反,而且,虽然悲剧冲突在一切社会都存在,但至少这些二律背反中的某些是无法只在我们生活的社会世界中(或只因为我们生存的社会世界)得到解决的。它们无处不在,而这是为什么生活在这个社会世界是错误的以及为什么正确的生活被阻断的另一个原因。

其二,阿多诺这个论点包含如下思想:我们通常认为自己正在过的生活实际上不足以叫作生活(只能叫作"生存"或"勉强过得去")。"生活并没有过"(live does not live, MM:19)[1]是由于以下两个原因。首先,在资本主义经济和文化下,生活变得越来越均一贫乏(甚至对少部分能充分利用晚期资本主义提供的商品和机会的人,情况也是如此)。其次,与这点相关,生活并没有过,是因为我们实际上并没有积极地过生活。我们缺乏自主性,因为我们不会运用自我决断的能力。充其量,我们只是对外在和内在的压力

---

[1] 这句话引自 19 世纪奥地利作家费迪南德·古恩伯格;阿多诺用它作为《最低限度的道德》第一部分的格言。(译按:费迪南德·古恩伯格[Ferdinand Kürnberger, 1821—1879]),奥地利作家,因参加 1848 年与 1849 年奥地利的两次起义而知名,著有大量戏剧、小说及政论性文章,代表作有《一个厌恶美国的人》《美国文化览胜》等。)

作出反应,而这又与环绕着我们并形成我们的社会世界相关。甚至在我们看上去服从自我利益违反社会的地方,我们实际上仍在为社会体系服务,维持社会体系,而社会体系常常也依靠人们这样的行为。[1] 换言之,阿多诺彻底翻转了亚当·斯密:资本主义看不见的手——诸多机制并没有使一个繁荣的和道德的社会成为可能,而使一个彻底罪恶的社会成为了可能,这个社会极尽自然和人类的资源去维持自身。

最后,这指向阿多诺对为什么正确的生活(在这个词的双重意义上)不可能的独特理解。这不仅是因为传统生活实践缺乏,或现代理性无限的反思特征摧毁了道德知识。毋宁说,正确生活被阻断还因为社会逐渐消弱了我们的自主性。这标识出了传统哲学有关障碍与自由的观念的有趣转变:并不是第一自然(自然事件或我们的心理构造)危及到我们的自由和自主,"第二自然",或社会,是主要的障碍。换言之,阿多诺同意康德及其传统,"人类是不自由的,因为他们受制于外在性"。但这个"外在性"并非独立于人类(正如自然被人们所说的那样),而是作为社会的一部分被人类创造出来并被维持下去(ND: 219,译文有所改动)。正如阿多诺所说的那样:"人与自然的相互缠绕同时也是人与社会的相互缠绕。"(PMP: 176)。

"人与自然的相互缠绕"有两个社会维度。首先,关于第一自然的一般思考方式——将其看作一个封闭的、既定的系统——并没有充分反映第一自然。毋宁说,它反映了一种特殊的社会现实及这种现实对我们与自然的关系所产生的影响。对阿多诺而言,我们的自然观念被统治和榨取自然的目标所塑造,而这是我们将自然看作封闭系统的原因(ND: 269)。以这种方式思考自然,为

---

1 例如,参见 ND: 219f。

预测(和控制)自然事件提供了便利,从而服务于我们的目标。然而,如果我们从以统治自然为目标来构想自然的方式中抽身出来,那么我们就没有充分证据认为自然——无论是外部自然或内部自然(我们的生理冲动和心理构造)——以危及我们的自由或自主的方式决定我们。[1] 因此我们不需要诉诸康德的形而上学论点,一个为自然提供基础的不同的世界会为自由留出空间。毋宁说,我们应集中于那些阻碍我们自主的真实要素:自主被社会,而不是被第一自然所阻碍。

其次,人与自然的相互缠绕之所以有社会维度,是因为我们将自身实际体验到的社会的决定作用错当成了自然的决定作用。我们这样做,部分是因为资本主义社会不是一个被有意识创造的历史的产物,而是一个近似于自然的产物——它是我们自然史的一部分,作为易受伤害的生物,我们的目的在于控制环境以获得安全。我们也犯这样的错误,因为资本主义呈现自身就好像它是第一自然一样,就好像它的"法则"如万有引力定律一样固定。例如,资本主义主要以非个人的方式运作——强迫人们工作并指导人们生活的不是一位战争精英,而是市场压力及其他结构性力量。因此,自然而然,我们会忽视那些真正阻碍我们自主性及正确生活的障碍。为了揭示这些障碍,需要像卡尔·马克思在《资本论》中呈现的那样,对资本主义潜在结构进行复杂的分析。

在这部分,我们已看到阿多诺"错误的生活无法被正确地过"指的是什么,以及他作出这个断言的原因。现在,我们应转向这个论断对于道德理论化的意义,及对于阿多诺为我们提供的实践指导的意义。

104

1　不过应当承认,这并没有完全解决问题,因为即使是一个非决定性的自然也可能与人类的自由格格不入。对这个问题更进一步的讨论,可参见拙著《阿多诺论自由的否定辩证法》(Adorno's Negative Dialectics of Freedom),《哲学与社会批评》(Philosophy and Social Criticism),32(2),2006 年,第 429-440 页。

作为批判的道德哲学

　　到目前为止,我已阐明了阿多诺的这个说法,现代社会产生了道德生活的障碍。然而,即便如此,他的道德哲学还是极不同于传统的道德哲学,传统的道德哲学将诸多事例加以理论化,或者说,对意志力进行概念化分析,从而以原则的形式为行为、责任与权限、理想与渴望的德性提出实践指导。然而,阿多诺怀疑这样的规划。尽管我们看到,他并没有完全排除包含了若干有限的实践建议及指示的道德理论的可能性,但他质疑哲学家是否能为我们提供多于最低限度伦理的东西。换言之,他反对道德哲学目前可以为好且正确的生活提供或保证一种成熟的道德或规范性的计划的观点。

　　阿多诺的怀疑主义实际带上了明显的黑格尔色彩:好而正确的生活实际上将不得不在现存的社会世界中被实现并被制度化,这在很大程度上是因为,道德理论提供了一套完全可以付诸实践的好的生活或道德理念。[1] 否则,我们要么面对高度抽象的,相互决定的,且根本上空洞的理想,没有任何具体的实践指导性;要么被迫接受一种建立在错误的社会实践和机构上的实体性伦理,这样的话,我们最终会使不公正或糟糕的状态固化或合法化。为避免采取这两种极端中的任何一种,阿多诺认为我们应将二者的辩证关系引进来。

　　如果有人将这些黑格尔式的关切与阿多诺的前提“正确的生活目前是不可能的”结合起来的话,那么对道德理论化的怀疑则是自然而然的结论。从这个角度来看,道德实践(正确的生活)的问

1　黑格尔在《法哲学原理》的序言中表达了这个观点。

题影响道德的理论化,而后者却不能直接解决前者的问题——只有社会实践上的变化才会有助于解决这些问题。的确,这是阿多诺说"道德哲学今天主要在于批判道德哲学"的原因:然而很多现代道德哲学家却持着不同的看法,主流哲学家倾向于表明,完全实用性的指导是可能的。阿多诺怀疑的正是这种信念。[1]

阿多诺既批判又高度评价了康德的道德理论。这种模棱两可 105 的立场可通过如下事实得到解释:他认为康德的伦理学更好地反映了现代社会世界中道德理论和实践的问题状态。康德的伦理学是最富有成效的道德哲学,因为,即便在出错的地方,它也最大限度地捕获了现代世界中道德生活与道德理论化之间存在的诸多二律背反和问题。

为更清楚地理解这点,我们来看一下阿多诺对康德的两点批判。对阿多诺而言,康德的伦理学具有诸多特征:集中于原则(道德建立在最高原则,绝对命令的基础上[2]);形式主义(它的最高原则不是一个实体性的而是形式的原则);更强调意图而不是结果;以及这个观点:我们能够(且常常应该)不受欲望和生理冲动的支配而行动。阿多诺反对所有这些特征,但现在让我们主要集中在康德的形式主义以及他的这个观点上,即我们由于我们好的意图(我们"好的意志")而获得了道德价值。[3]

至于形式主义,阿多诺不同意康德的如下断言——绝对命令产生了一套具体的职责。如果只有这种命令,也就是说,只有如下要求:我们的行动原则("行为准则")符合普遍法律的话,那么,我

1　阿多诺的观点如何不同于现代主流道德哲学的核心主张,可参见一篇杰出的讨论,雷蒙德·盖斯(Raymond Geuss),《伦理之外》(*Outside Ethics*),2005 年,第 1 章。

2　在制定普遍法规时,绝对命令规定,"按照那种同时能使自身成为一种普遍法则的准则去行动"。参见康德,《实践哲学》,1996 年,第 86 页。

3　同上,第一部分。

们要么完全不知道在具体环境中该做什么;要么,如果我们恰巧发现了具体的义务和指导方针,我们将不得不从别处,例如从我们孩提时就内化了的社会规范中引进它们。[1]

其次,阿多诺对康德有关信念或意图的伦理观念展开了如下批判。如果道德价值在于意图,那么就会存在极大的危险,人们会表现得自以为是且不负责任,一味追求道德,而丝毫意识不到这样做可能带来的破坏性后果。阿多诺通过讨论亨里克·易卜生的戏剧《野鸭》[2]阐述了这一点,[3]《野鸭》的主人公,格瑞格斯·威利似乎在很多方面都是康德式道德主体的一个完美实例,他坚持不懈地追求善的事物——甚至牺牲自身的利益也在所不惜。然而,当威利揭发了他认为的道德上的坏事时,他的行为(因而康德有关道德主体的观念)也受到了质疑,因为这些行为导致无辜的人自杀。

在此阿多诺并不是让我们不要以消除道德错误为目标,而是认为,我们需要对结果同样敏感——道德价值不能和结果分离。[4]

106 而且,在反驳康德的伦理观时,阿多诺也质疑了那种认为存在纯粹

1　例如,参见 *PMP*: 81-3; *ND*: 270*f*;至于形式主义,也可参见 *ND*: 235-237。

2　《野鸭》是易卜生作于 1884 年的一部剧作。很多人认为这是易卜生最好也最复杂的一部作品。剧作家借"野鸭"这个意象阐述了几种不同的"野鸭式"的人生。老威利是一个唯利是图的工商企业家,艾克达尔是他的合伙人,曾经因为一次不法勾当而被捕入狱,出狱后穷困潦倒,老威利不但给予艾克达尔一份待遇优厚的工作,还将自己的女仆基纳许配给艾克达尔的儿子雅尔马,但其实,老威利是一个奸诈刁滑的人,艾克达尔之所以入狱,是因为老威利将所有的罪名都推到他的身上,而他之所以将基纳许配给雅尔马,也是因为基纳被他所骗,怀上了他的孩子,不知情的雅尔马对自己的"女儿"海特维格十分宠爱。当威利的儿子格瑞格斯·威利这个看似正直善良的人知道真相后,他认为自己应该揭发这个实情,因此将真相告诉了好友雅尔马,雅尔马原本幸福和谐的家庭由此破裂,海特维格在得知自己的身世后开枪自杀。——译注

3　参见 *PMP*: Lecture 16。

4　这里有一个有趣的康德式答复,其不只针对阿多诺,而且针对这类反对意见,参见 B. 赫尔曼(B. Herman),《道德判断的实践》(*The Practice of Moral Judgment*),1993 年,尤其是第五章。

的道德行为意图的观点。借用弗洛伊德的洞见,他表明,通常看起来像纯粹道德意图的东西实际上是被压抑的冲动或内疚感的结果(*PMP*: 162f)。

这些例子也表明,康德的伦理学可能是有趣的,而且反映了某些真理,即使在它(据说)犯错的地方。对阿多诺来说,康德的形式主义,部分是对传统的、前现代的道德体系的批判的自然延伸,部分是对这些曾为人们提供了模范榜样和实践指导的体系崩溃的回应。这些体系中的很多在道德主体或权利拥有者的观念上都过于狭隘。这些体系的崩溃意味着需要一种更宽泛的道德主体或权利拥有者的观念以及诸多产生道德责任的新方式。很多批评者(包括康德)认为,抽象的平等(例如在对康德绝对命令的普遍需求中所表达的),以及建立在这种平等基础上的诸多原则,是适合这些任务的。他们的错误在这些体系完全崩溃前是无法完全显现出来的。在这种意义上,生活在过渡期的康德,或许没有完全意识到,他的伦理学既侵蚀了先于他的实体性道德体系,又依赖于这些体系。[1]

同样,采取一种意图伦理是自然而然的,因为相比角色和责任被清楚分配的传统社会,在现代世界,我们甚至都不能保证结果会像预期地那样发生(*PMP*: 98f)。阿多诺认为,在晚期资本主义社会中,无论我们做什么,都会陷入这个彻底罪恶的社会的罪恶环境中。如果说,在这种环境中,试图将道德交给"内在性领域"或意图

1　参见 *PMP*: 116*f*;也可参见 *ND*: 243。在此我们遇到了阿多诺所谓的"元批判",也就是说,他试图用社会学的思考去补充其他理论家的哲学批判,从而表明他们为什么犯错,或者说为什么只形成了一个局限性的观点。对阿多诺来说,"元批判"是对哲学批判的补充;它并不能取代后者,注意到这点是重要的(*PMP*: 152; *ND*: 197)。至于阿多诺的元批判概念,也可参见西蒙·贾维斯,《阿多诺:一个批判性的介绍》,1998 年 12 月,第 153-157 页,以及本书中斯塔莱·芬克所写的章节(第 5 章)。

从而拯救道德的行为是自然而然的,甚至在某种程度上是令人钦佩的,但这也会带来无法接受的结果,人们的实际遭遇并没有被伦理理论及其拥护者给予足够的重视(正如《野鸭》中的例子表明的那样)。

然而,一种伦理,如果对结果更敏感且更少建立在形式原则上,也并非是一个更好的解决方案。至于替代性的方案,阿多诺想到了黑格尔的"伦理生活"观念,这个观念带有结果主义的元素,当它将道德与社会规范及实践结合时。据阿多诺所言,今天,采取黑格尔实体性的责任伦理会使道德过于依赖这个世界的运作方式;后者会使告诉我们应该做什么,以什么为榜样的道德屈从于自己。这样的话,道德规范就会失去批判棱角,而个体也会被纳入世界实际的运作方式(PMP:163-166)。因此,扎根在现存社会世界的实体性责任伦理,也无法保证正确的生活——因为它与使正确生活不可能的:压倒了我们的这个彻底罪恶的社会,构成了同谋关系。

除开——形式化的信念伦理和实体性的责任伦理——这两个选项外,阿多诺并没有更详细地讨论道德体系。部分原因可能在于,他认为这两种选项已耗尽了(可靠的)道德理论的绝大部分空间,因此如果它们不能为我们在当下世界中正确的生活提供向导的话,那么一般的道德理论同样不能。[1]

然而,阿多诺对其他选择也做过一些零散而简短的评论。例如,他反对尼采的选择,认为尼采虽标举新价值,但并未重视对道

---

1   因此,更形式化的结果主义(我们很熟悉当代伦理学中的这种类型,也正如马克斯·韦伯在他的"责任伦理"中设想过的那样)对阿多诺来说也不是一个可靠的选择,尽管他并没有讲清这是为什么。也许他接受了康德对这种道德理论的批评(如它的要求太过苛刻),认为这种批评对当前社会来说是恰如其分的;他或许还担心这样的伦理会向形式主义的异议(要么认为它是空泛的,要么认为它无疑依靠现存的社会规范,如用特殊的福利概念作为衡量结果好坏的标准)敞开大门。

德的批判(*ND*：275；*PMP*：172-174)。他对存在主义也没说什么好话,他将存在主义的选择概念及其对真实性的谈论都视作意识形态加以拒绝。[1] 而且他认为"德性的概念发出了古老的回音",因为社会实践及制度的崩溃为德性的践行提供了可能(*PMP*：98)。[2] 由于德性强调的是品质和性情,所以德性伦理倾向于将注意力从现实问题及其现实原因,即彻底罪恶且压倒性的资本主义社会移开(*PMP*：10-16)。最后,阿多诺或许不会接受一种完全建立在同情上的伦理,因为,正如我们已看到的那样,同情在这个社会产生了二律背反。

　　总之,阿多诺主张,在晚期资本主义社会,生活的难题性深深影响了道德的理论化,反过来,道德的理论化却不能完全解决生活的难题性。阿多诺的道德哲学主要采取的是一种论战形式,就是说,与道德哲学自身产生的幻觉和自负作斗争,这种自负表现在它自认为能够引导或保证正确生活。然而,阿多诺自己的道德哲学并不限于这种批判功能,正如我们马上会看到的那样。

怎样过错误的生活

　　阿多诺的道德哲学似乎只在批判,而缺乏任何积极的观点或实用的建议。而且这的确是一个得到了广泛认可的观点,无论是他的批评者(他们认为,一种有着解放目的的理论却不具有实践意

1　参见阿多诺,《真实性的行话》(*The Jargon of Authenticity*),1973 年;也可参见 *ND*：49-51,276-278;*PMP*：13f, 176.

2　也可参见 C. 蒙克(C. Menke),《德性与反思："道德哲学的二律背反"》(Virtue and Reflection：The ' Antinomies of Moral Philosophy'),《星丛：批判与民主理论国际月刊》(*Constellations*：*An International Journal of Critical and Democratic Theory*),12 (1),2005 年 3 月,第 36-49 页。因此,对现代生活世界中道德生活的问题本质,阿多诺和亚里士多德主义者的解释终究有很多相似的地方。

义是成问题的),[1] 还是某些捍卫者(他们认为他的理论只是解释性的,而不是规范性的)。[2]　不过,仍有一些文本及其他方面的依据能够用来反驳这种观点。而且近十年来,许多作者已证明,阿多诺的哲学包含了一种伦理,乃至它是彻头彻尾伦理性的。[3] 声明阿多诺的哲学包含着一种伦理,这样声明是因为,阿多诺提出了一种包含了诸多伦理理想、药方乃至自己的绝对命令的混合物。

例如,阿多诺建议,在缺乏道德地生活的可能性时,人们应该这样过自己的生活,那就是"相信自己已经是一个好的动物"(ND:299,译文有所改动)。除了别的之外,一个好的动物会同情其他动物及其困境,同时表明自己"对这个正在遭受折磨的身体感同身受"(ND:365)。这样的感同身受产生于对肉体痛苦的憎恶,后者直接推动了人类及其他动物的发展,当然这是就阿多诺将这种憎恶放在自然进化的情况中来说的。

这里,问题并不在于受到互惠和报答思想推动的理性化的怜悯形式,因为这些思想会破坏基于同情的团结。[4] 毋宁说,问题在于自然的同情——一种据说其他动物也具有的"生理冲动"(ND:285)(尽管或许只在特殊情况下,在一个动物喂养其他种类幼崽的

1　指责阿多诺的理论没有实践意义的是 20 世纪 60 年代和 70 年代的新左派批评家,但并不只是他们。这种指责在第二代及第三代理论家对法兰克福学派的重新定位中也发挥了重要的作用;如参见阿克塞尔·霍耐特,《权力的批判:批判社会理论反思的几个阶段》(Critique of Power:Reflective Stages in a Critical Social Theory),1991 年,第三章,尤其是 95f。

2　就后一个观点,最近的例子可参见 G. 塔索内(G. Tassone),《超道德的阿多诺:伦理之外的否定辩证法》(Amoral Adorno:Negative Dialectics Outside Ethics),《欧洲社会理论杂志》(European Journal of Social Theory),8(3),2005 年,第 251-267 页。

3　至于第一个论点,可参见詹姆斯·戈登·芬里森(J. Gordon Finlayson),《阿多诺论伦理与不可言传之物》(Adorno on the Ethical and the Ineffable),《欧洲哲学杂志》(European Journal of Philosophy),10(1),2002 年,第三部分;更令人信服的观点可参见 J. M. 伯恩斯坦,《阿多诺:祛魅与伦理》(Adorno:Disenchantment and Ethics),2001 年。

4　例如,参见 MM:33。

极少数例子中）。阿多诺认为，现代社会及其发达的工具理性带来了诸多问题，其中之一就是这种团结正在不断消失。我们的社会环境产生了基于同情的团结的反面，即资产阶级的冷漠。正是这种冷漠——这种在面对痛苦不幸时靠后站并冷眼旁观的能力——使奥斯维辛成为了可能（ND:363）。因此，基于同情的团结对抵抗资产阶级的冷漠来说是重要的，而且它在对抗痛苦的道德冲动中找到了自己的表达形式（ND:286,365）。但与此同时，团结是某种我们只能渴求的东西；它并不能被完全获得。[1]

没有被社会制度化了的并完全发挥作用的伦理生活，就不具备培养团结的条件。在这种意义上，与其说阿多诺开出了一种药方，不如说他描绘了一种伦理理想。而且我们在阿多诺的著作中能够发现其他伦理理想，例如他建议，谦逊也许是我们当前困境中唯一适当的德性。通过这条建议，他想说，我们应该"有良心，而不是执着于一己之私"（PMP: 169f; ND: 352）；也就是说，我们应该同他人一起提出伦理诉求，而不应自以为是。阿多诺并不确信我们会达成这种微妙的平衡——这又是一个我们只能尽力争取的东西。

阿多诺也为怎样过错误的生活提出了一些"否定性的药方"。尤其是他提出这样一个药方，我们应抵抗社会想将我们塑造成的样子（PMP: 167; ND: 265）。尽管抵抗大多时候是无效的，但尽量不要投入其中则是我们必须去做的事，因为我们现存社会世界是彻底罪恶的。[2]

有一次，阿多诺更进一步地表明，我们面临一个"新的绝对命

109

---

[1] 埃斯彭·哈默与艾莉森·斯通也在本书（第4章和第3章）评析过资产阶级的冷漠。

[2] 阿多诺从来没有明确而直接地为推翻社会开出药方（正如有人希望他做的那样）。这或许和下列因素有关：他主要在冷战环境下写作；他害怕这种药方会适得其反（如激起压制性的回击）；他坚信，目前只有抵抗是可能的，因为革命的契机正在消失。

令",即"重整我们的思想和行为,以便奥斯维辛不会重演,类似的事不再发生"。这个新命令在很多方面都不同于康德的命令:它提到奥斯维辛(及一系列事件),而不仅仅是形式的和非历史的;它明确地指向行为和结果,而不是聚焦于原则或意图;在它的药方中,它只是否定的、最低限度的和严格的,而不是要求普遍的、肯定性的责任并保证一种成熟的道德;它是被希特勒强加在不自由的人类身上,而不是自主的、独特的个体自己制定的原则。虽然如此,阿多诺的绝对命令,可以说和它的前辈——康德的绝对命令——有一个共同的特性:用来阻止奥斯维辛再次发生的药方所具有的规范效力,并不依赖于我们是否有必然的倾向、目的或态度,从这个意义上来说,它是绝对的。因为,即使"道德"只能"在(身体的)痛苦应被停止这样一个朴素的唯物主义动机"中"幸存",新的绝对命令也适用于那些忽视、压制或缺乏这种动机的人。[1]

总之,阿多诺既提出了理想,也提出了否定性的药方,当然也包括那个具有绝对性的药方。因此,如果考虑到,关于我们应怎样生活以及我们不应该怎样过我们错误的生活,无论什么样的指导都是可能的,那么,他的确赞同一种可以勉强称作伦理的东西。这种伦理只提供了否定性的和最低限度的指导,因为它告诉我们的主要是我们应避免什么,而且它为我们提供的只是一幅一般的素描,而不是一副完全成形的画面。然而阿多诺会说,今天能够提供的只是这种有限的指导。在缺乏正确生活的可能性时,在道德哲学不能保证正确生活时,我们能够做的最正确的事就是更少错误地生活。

然而,有人或许会不以为然,他会说,一些实用建议或药方,哪

---

1   然而,这样解释阿多诺的绝对命令并没有更进一步回答和它相关的难题,如,一个特定的历史事件是否会产生一个具有绝对性的药方,这个药方会不会无限期地有效。

怕只是否定性的和最低限度性的,也没见从阿多诺的哲学中流淌110出来啊。如果个人是被社会决定的,那么他们能够怎样抵抗它呢?而道德哲学又能够为这种抵抗社会的行为作出怎样的指示呢?这不是违反了"应该意味着能够"的原则吗?也就是说违反了"只有当人们能够做某件事时他们才必须去做"的原则吗?

在回答这个问题时,我们必须拓展我们对阿多诺的自由概念的理解。正如我们在前面看到的那样,自主性包含自我决断的能力,但我们目前并不能拥有这种自主性(阿多诺也将它称作积极自由)。[1] 不过,沿着这种自主性的观念,阿多诺从康德那里借来了一个更加有限的自由概念,即独立于外在决定的消极自由。[2] 正如我们同样已看到的那样,阿多诺否认外在决定来自第一自然。毋宁说,为了获得消极自由,我们不得不摆脱社会的决定。而且,虽然自主性在晚期资本主义被完全阻断,但阿多诺并没有排除这个社会存在消极自由的可能性。正如他写道:"对于想要获得自由的人来说,这里仍旧有足够多的自由意志。"(ND: 265,译文有所改动)

现在,即便承认消极自由是可能的(至少有时候,在某种程度上),也不足以形成一种成熟的自由,阿多诺清楚地意识到了这点。我们只可能开出一些否定的和最低限度的药方。这类药方与阿多诺的自由概念是一致的,因为它们只让我们用消极自由去抵抗社会及其错误的生活形式。不过,消极自由对自主生活来说是永远不够的:即使在极少数场合下,我们也抵抗社会的决定,但我们并没有直接决定我们的生活,而只是对"压制形式的改变"作出反应

1　例如,参见 *MM*: 37f; *ND*: 23f, 241。

2　参见康德,《实践哲学》,1996 年,第 94 页。值得注意的是,消极自由对康德和阿多诺而言既包括了不受外在限制的行动的自由,也包括了不受这种限制的思想的自由(就是说,包括了责任[mündigkeit]观念:不经他人的指导而敢于去思的勇气)。玛丽安·泰特巴姆在本书(第八章)中也讨论过消极自由。

（ND:265）。[1]　而且,尽管在某些情况下消极自由会使抵抗错误生活的行动成为可能,但这些情况很少能达到正确生活的程度。因此,对阿多诺的这种辩护与本章前两部分呈现的他的否定的道德哲学是一致的。

然而,问题仍未解决。例如,即便消极自由的可能性足以保证一种最低限度的伦理,阿多诺仍旧欠我们一个有关个人怎样能够获得这种自由的解释。有时,他让我们听起来好像社会世界对我们的决定已到了连对它的反抗都不可能的程度。[2]　要么这是一种夸张,目的是为了将我们的注意力引到我们所处困境的危险性上,要么阿多诺就不得不告诉我们,对某些幸运的个体来说,他们怎样才能认清晚期资本主义社会的运作方式进而对其加以抵抗（ND:41）。

111　　而且,阿多诺或许面临一个更严重的问题。由于无法保证他的哲学包含着特定的规范,无法解释在批判晚期资本主义并为抵抗它开药方时所依据的标准,他长期受到批判。[3]　尤其是,他的哲学被认为太过消极。批评家们坚持认为,任何有关规范标准的论述都需要认识并借助于好的事物——例如,只有当我们借助于一个有关好的雕塑的概念时,我们才能说某个雕塑是糟糕的。然而,

---

1　也可参见 ND: 231。也许消极自由的观念允许我们去拯救个体责任这个局限性的概念:如果我们是消极自由的,那么我们就要在某种程度上为自己的行为负责,我们有义务以特定的方式行动（如抵抗同流合污的压力）,并会因没能这样做而受到指责（虽然不会必然受到法律的惩罚）。完全责任将需要人们(a)生活在一种社会安排中,在这种安排中,人们的行为会产生实际的、可归因的后果（ND: 264）;(b)能够避免错误地生活;(c)是自主的,而不是消极自由的。

2　例如,参见,"不自由最终成为了一个看不见的总体,它不再容许外部存在,因为从外部,它会被看见并遭到破坏"（ND: 274,译文有所改动）。也可参见 ND: 243。

3　尤尔根·哈贝马斯也许是第一个明确作出这种批评的人,参见《西奥多·阿多诺:主体性的原始期:狂野的自我确认》（Theodor Adorno: The Primal History of Subjectivity: Self-Affirmation Gone Wild）, Philosophical-Political Profiles,1983 年,第 99-100 页,特别是 106 页。

在阿多诺的哲学中,有关好(或正确)的知识是不可能的,因为晚期资本主义是完全罪恶的,我们因而不可能从这个世界学到有关好的知识。由于我们的概念能力被深深卷入了这种罪恶中,因此它们根本无法获得这种知识。甚至我们的想象力也受到了过度损害,以至于对自由的社会及好的生活会是怎样的,我们无法获得任何确定的想法(*ND*: 352)。

这或许就是所谓的规范性问题。这个问题尤为迫切,当涉及到阿多诺的道德哲学时:否定正确生活的可能性并提出特定的生活形式,似乎需要有关好的知识。对此,已有一些研究论著作出了回应,这些回应从(1)否认此问题的有效性,到(2)表明我们能够在阿多诺的哲学中了解好的事物(the good, 或 a good),并用这些好的事物来加固其伦理学的基础,再到(3)申明不借助好的或正确的事物,阿多诺就能解释他的哲学内在的规范性。[1] 不过这在当代辩论中仍是一个热门问题,因此它更需要得到解决,倘若它的确能够得到解决的话。

结论

我们已经看到,阿多诺为何会认为(正确)生活在现代世界是成问题的。我们也已看到,道德理论不仅不能指出解决这些问题的方法,反而受到了后者深刻的影响。然而,阿多诺的确为我们在目前的困境中如何生活以及如何做提出了有限的指导。在这个意义上,认为他的道德哲学缺乏实用建议的观点就会被驳倒,正如近

---

1 第一种策略包含在对阿多诺哲学非规范性的解读中;参见 G. 塔索内,《超道德的阿多诺》。第二种可参见芬里森,《阿多诺论伦理与不可言传之物》(Adorno on the Ethical and the Ineffable)。本人在未发表的手稿《好的、坏的和规范的》(The Good, the Bad, and the Normative)中正致力于第三种策略。

十年来一波又一波的出版物所强调的那样。虽然其他反对意见或
许在现有的研究中还没有被完全解答,但仍可公平地说,阿多诺向
我们通常思考生活及道德理论的方式提出了重要的挑战。它也许
不是一个系统性的理论,也不会给我们渴望从道德哲学中得到的
一切,但我们已看到,有很多原因足以解释为何会出现这样的情
况,为何在我们目前的困境中道德哲学无法提供或许诺更多的
东西。

社会哲学

⊙ 波琳·约翰逊

导言

西欧社会主义革命的失败,通常被看作理解阿多诺对现代社会诊断的关键。[1] 在主要作品《否定辩证法》中,他开篇就这样写道:"一度似乎过时的哲学,因为错失了实现它的契机而得以继续生存。"(*ND*: 3)[2] 社会主义革命,本来或许能克服现存资产阶级秩序的非理性,进而建立一个理性的世界,不幸这幅蓝图却未能实现。这是为何哲学作为彻底批判的工具仍旧必要的原因。

霍克海默和阿多诺目睹了法西斯主义在欧洲的大获全胜。20世纪30年代,社会研究所在艾里希·弗洛姆主持下进行的经验研

[1] J. E. 格拉姆利(J. E. Grumley),《历史与总体:从黑格尔到福柯的激进历史主义》(*History and Totality: Radical Historicism from Hegel to Foucault*),1989年,第169页。

[2] 参见阿多尔诺,《否定的辩证法》,张峰译,重庆:重庆出版社,1993年,第1页。译文有所改动。——译注

究,已发现独裁人格在德国工人阶级中发挥着无所不在的影响。加之,美国新政使垄断资本主义显然成功地得以重组并稳定下来。[1] 它的成功则保证,新兴的消费主义文化作为一种生活方式不仅不会成为问题,而且还会作为大众意愿真实的民主表达受到欢迎。欧洲两战时期的多重危机以及全球性经济萧条似乎已被克服,而代价仅仅是国家强化对经济的干预,并充当了一个更重要的计划和管理角色。[2] 俄国布尔什维克革命在国家镇压的极权主义形式中停滞不前。罗莎·卢森堡担忧的共产党的官僚化似已成真。在可预见的未来,社会主义未来的可能性似乎已终结。

　　霍克海默和阿多诺用全面管理社会这个概念来总结战后世界的历史构造。在他们看来,一切当代的经济体系——自由民主、法西斯主义和社会主义——在基本的逻辑和结构上都表现出了令人恐惧的趋同性;它们以计划和操纵生活的所有领域为特征。面对一个全面管理的世界,要想区分出政治体制,只能通过它们用来生产完全服从的大众而采用的手段,在此情况下,阿多诺和霍克海默感到不得不放弃他们早年拥护的马克思主义历史视野,不再将历史看作一个解放的过程,在这个过程中,人类控制自然及自身命运的自我意识不断增长。他们将全面管理的现在既看作一个本质上非理性的构造,同时又看作被马克思主义消化吸收的启蒙理性胜利的结果。在《启蒙辩证法》中,他们坚决主张,通过将反复无常的自然和盲目的历史纳入控制目标,人类能够掌控自己的未来,这样一种历史启蒙的视野,现在却将人类自由的希望变成了一个不受约束的、只醉心于统治的意志的噩梦。

1　格拉姆利,《历史与总体:从黑格尔到福柯的激进历史主义》,1989 年,第 170 页。

2　霍克海默,《独裁主义国家》(The Authoritarian State),《法兰克福学派精要读本》(The Essential Frankfurt School Reader),1978 年,第 95-118 页。

阿多诺成熟的社会哲学,通常被认为对现在和未来采取了一种忧郁的间或阴沉的悲观主义态度。然而,我们也许仍旧好奇,阿多诺认为我们不得不失去的是什么。启蒙视野将自由等同于自主意志的统治欲,在完全否定这样的启蒙视野后,什么样的解放利益还能够幸存下来? 如果我们只剩下对"理性的他者"唱挽歌,那么阿多诺的社会哲学又怎能提供一种对非理性社会秩序的批判呢? 为了回答这些问题,我们首先需要阐明,当说这个社会非理性时,阿多诺究竟指的是什么,其次,我们需要考察他如何评估人类在这种非理性社会构造中遭受的损失。最后,我们将会论及,就我们获得理性生活方式的机会,阿多诺说了些什么。

社会

阿多诺从未放弃社会研究机构早期的批判目标。在 20 世纪 60 年代,他对德国学生说过,社会学"是对'是什么'的洞察,但它是一种批判性的洞察,它通过社会试图成为的样子去衡量社会的'实际状况'……,以便在这种矛盾中发现改变社会整体结构的潜力和可能性"。即便怀疑"一切普遍的、综合的定义"的旨趣,但阿多诺仍提出,对社会"本质"属性的洞察,可以看作是糟糕的现在被挫败的可能性,他这样的提法会意味着什么呢(*IS*: 15)? 阿多诺压根儿没有考虑用他的观众能够"写下来并带回家"的措辞来回答这个谜,他提供的唯一线索是,只有通过"做"(doing) 理论,答案才能揭晓。"从做中学"(learning by doing) 的主题一直为阿多诺所重视。

要想发现社会的本质属性,必须重构"社会中介",当我们试图弄清楚那些似乎"与社会没有直接关系"的"基本需要和问题"时,这些中介就会显现(*IS*: 16)。社会理论以理解具体个人遭受的痛

117

苦为开端。有人会说,社会"在它受伤的地方,变得可被直接理解"。例如:

> 人们会发现自己处在特定的社会情形中,就像某个找工作"撞墙"的人,产生了这样一种感觉,所有门在他面前都自动关上了;或者像某个不得不借钱的人,由于无法出示抵押物来担保他在特定时间内还钱,铁定而自动地遭遇十或十二次"NO",并被告知他只是普遍法规的其中一例,等等——所有这些,我会说,是这种社会现象的直接标志。

(IS: 36)

阿多诺对这些"伤口"感兴趣,似乎背弃了这样的期望:我们的社会关系可能会不同,或者说会促进个人希望和目标的实现,而不是粗暴地拒绝个人,重塑个人并将所有个人均质化。一个人依靠另一个人,而这种依靠并没有仅被感受为一种异质力量,这样的苦难意识,不是建立在对共同生活的更好方式的计划上,而只是建立在对是什么的愤恨上。《启蒙辩证法》的作者指出:"对更好情形的渴望——如果不是单纯的幻想的话——与其说建立在如下信念上,即这样的情形会是有保证的、持久的且最终的,不如说建立在对苦难中的一切缺乏尊重上"(DE, C: 225; J: 186)[1]。

118　　　阿多诺认为,"异化"这个词捕捉到了整合方式的一般特征,即将受难作为一种生活方式。对他来说,这个术语描绘出了在一个不是基于团结,而"只是通过人类之间的敌对利益""粘合起来的总体中"生活的矛盾性(IS: 43)。这种"利益始于"市场体系的逻辑,而终于"普遍对特殊,社会对其附属成员的统治"(S: 148)。资本主义社会的病理不仅在于商品交换原则将个人卷入一种异化的关

1　参见霍克海默、阿道尔诺,《启蒙辩证法:哲学断片》,渠敬东、曹卫东译,上海:上海人民出版社,2003年,第208页。译文有所改动。——译注

系统中,而且在于它的驱动命令再生产了残酷的阶级不平等。

甚至在生命即将结束时,阿多诺还在告诉我们:"今天的社会仍然存在阶级斗争,就像产生这个概念的时期一样。"(S:148)他劝道,资本主义是一种非理性的整合方式,因为它的社会安排与"保存并解放组成它的人类"(S:133)的社会目标背道而驰。这种对社会目标的解释并没有植根于人类学的背景中。毋宁说,它是一个普遍规律,这个规律来自社会学家的努力,他们试图重构人们在现代世界中是如何生活并受难的。"异化"表达了一种遭到社会互动损害的生活的普遍状态,这种社会互动不仅没有维持并解放组成它的人类,而且用自然界一切盲目的力量来威胁他们。[1]

从"似乎错置了时代的社会非理性"这个来源出发,阿多诺认为,"真正的社会学"需要考察工具理性化的制度和实践所服务的非理性的社会目的,因为"社会的非理性状态只能通过这些非理性目的的存在才得以维持"(IS:133)。这些制度为社会"顽固的非理性"服务,因为这个社会的"手段是理性的而目的却是非理性的",阿多诺这样的解释引出了对当代社会真实的管理特征的调查(S:149)。这个全面管理的社会出现了,它既是对资本主义非理性且自我-矛盾特征的一种工具理性化的回应,又是资本主义非理性且自我-矛盾特征的一种表现。

即使资本主义使整个现代生活都效仿市场利益和规则,但它仍旧形成了每个人都是独立的的理想。然而,出于对竞争的、孤立的个人的渴望而试图形成一种社会互动的原则,最终只会造就一个错位的、无力的个体,与一种敌对的、无名的力量孤军作战。"在

1　霍耐特,《资本主义生活形式的相面术:阿多诺社会理论概要》(A Physiognomy of the Capitalist Form of Life: A Sketch of Adorno's Social Theory),《星丛:批判与民主理论国际月刊》(Constellations: An International Journal of Critical and Democratic Theory),12(1),2005年3月,第51页。

119　压制性的社会中,"阿多诺告诉我们,"个人的解放不仅使他受益而且使他受害。摆脱社会的自由会使他丧失获得自由的力量。"（*MM*：150）在资本主义发展的不同时期,这种特有的非理性,其表达和完成采用了不同的方式。

19 世纪的资本主义"在社会意识形态与消费者的实际生存状态之间维持着一定的平衡"。[1] 至少对企业资本家来说,自由企业的自由资本主义时代以某种有限的、实际的条件巩固了对"自由的"自我负责的个体的构想。自由主义期望私人能够管理特定个体的生活和财富,这种期望被体验为受难的过程,但也被体验为一种阐明了新的普遍理性行为标准的意识形态。霍克海默这样说道:"黎明时的资本主义以大量独立企业家的存在为特征,他们保管自己的财产,使它免遭敌对的社会力量的侵占。"尽管被"自我-利益的壕沟"隔断,但个人"却通过追求这种自我-利益变得越来越相似"。[2] 将社会构想为一个自私的、利己的个人互动的网络,由此产生了一种相同动机的文化,而通过这种文化,个人和社会之间的张力得到了有效处理。

然而,在垄断资本主义时期,个人失去了经济基础,而这改变了协调个人与社会之间关系的方式。在大企业时代,"个人的未来越来越少地依赖自己的精明审慎,而更多地依赖国家和国际巨头间的斗争"。[3] 20 世纪 20 年代和 30 年代严重的经济危机加剧了大型企业的崛起,并产生了这种依赖性的客观条件,这种依赖性剥夺了个体的自足性,使他们处于前所未有的操纵中。

法兰克福学派将 20 世纪末的资本主义社会诊断为全面管理

1　阿多诺,《电视与大众文化模式》(Television and the Patterns of Mass Culture),《大众文化:美国的流行艺术》(*Mass Culture：The Popular Arts in America*),1957年,第 477 页。

2　霍克海默,《理性的消逝》(*Eclipse of Reason*),1974 年,第 139 页。

3　同上,第 141 页。

的特征,弗里德里希·波洛克为这种诊断提供了经济维度。[1] 他论证的要点是,资本主义已进入了一个新的阶段,在这个阶段,竞争让位于政府干预和企业规划。根据全面管理社会这个论点,资产阶级社会的自由主义时代——及其竞争性的经济关系,民主政治制度和契约性的法律安排——掩盖了隐含在资本主义体系中的统治。但如今,这些自由的自由主义形式已成历史记忆。它们越来越被一个明显的独裁主义体系取代。随着现代极权主义政治的到来,为了便于直接控制和管理,个人与社会、私人领域与公共领域、经济与政治这种典型的自由主义二元论遭到了玷污——甚至被完全消除了。

120

传统资本主义企业家,掌控自己的企业并靠企业的利润生活,如今却被降低为食利者,除去了直接的管理职能。政府干预,控制价格和工资、鼓励技术创新、促进充分就业并通过扩大军事和国防需求以避免过度积累。[2] 国家联合大的垄断资本家实施的这种控制,预先阻止经济循环中周期性的衰退达到最坏程度。加上新大众媒体的操纵,于是,一种新的无所不在的控制与操纵体系的可能性被打开了(*DE*, C: 38; J: 30)。为经济上最强有力的群体的利益而控制国家机器的政治派系,如今可以动用赤裸裸的权力,它们得到了一切现代管理和官僚化力量的支持,并受到了精致而潜在的大众媒体压力的帮助。

独裁主义国家变成了资本主义新的组织方式的工具。不再依靠竞争和市场,国家的控制职能现在转变成了对统治机器——政府机构、警察、军队和媒体的集中管理活动。结果则是一个由垄断

---

1 波洛克,《国家资本主义:其可能及局限》(State Capitalism: Its Possibilities and Limitations),《法兰克福学派精要读本》(*The Essential Frankfurt School Reader*),1978 年,第 71-95 页。

2 同上,第 80-81 页。

资本主义与国家权力构成的新的综合体,这个综合体将大公司的核算利益和国家机构的规划能力结合进一种技术理性中,这种技术理性统治社会的方方面面并镇压一切反对势力,其采用的手段不是恐吓就是消费主义的收编。

欧洲、苏联和美国似乎都显示出了相同的发展趋势。在阿多诺看来,现代性开始呈现出一种新的全面统治体系,它以异化的种种表现、管理操纵为特征,也以统一的服从和非个性化为特征。用新的权力(官僚化的不断延伸)和技术手段(广播电台和电视),国家能够扩大它的影响。如今它渗入生活的方方面面并对它们加以管理(*DE*, C:133; J:105-106; C:137; J:109)。每一件不符合这个体系的要求和逻辑的事物,都会被加工、再教育乃至摒除。统一性必然会取代个性。"个体的终结"补足了"全面管理的社会"这个概念。

和法兰克福学派的同仁们一起,阿多诺通过对家庭的精神分析阐释,从而解释了全面管理社会为何没有表现为对现代个性的压制,而是表现为现代个性的构成性要素。弗洛姆提出,弗洛伊德的发展心理学为 19 世纪家庭社会化机制做出了诊断,那时的家庭产生了作为个人意志依托的资产阶级个人。[1] 当克服俄狄浦斯情结的恐惧时,男孩会从对父亲的创伤性认同变成古典自由主义时代内在-导向的自我。然而,家庭作为一个强大的机构已遭到侵蚀,而在发达资本主义时代家长或企业家也已衰落。结果,个人被迫在家庭之外寻求对无意识认同需要的满足;他们将目光转向领导、广泛的同龄人及社会组织。

阿多诺认为,通过区分"内在"导向与"他人"导向的个性,大

---

[1] 艾里希·弗洛姆,《分析性社会心理学的方法与功能》(The Method and Function of an Analytic Social Psychology),《法兰克福学派精要读本》(*The Essential Frankfurt School Reader*),1978 年,第 477-497 页。

卫·里斯曼很好地捕捉到,家庭已不再是社会化的主要场所。由于将父母的权威内在化,更早一代的美国人是内在-导向的。相比之下,今天"他人"导向的美国人,在性格学的意义上,更大程度上是同龄人——也就是说,就社会学而言,他的"同龄群体",学校或街区的其他孩子——的产物。[1] 对阿多诺而言,"文化工业"很大程度上已取代家庭成为社会化的主要场所。旧资产阶级家庭上演的跌宕起伏的自我-形成的戏剧,已被全面消费体系提供的文化规范轻松地同化吸收。娱乐、消遣、炫耀性消费都起到了提升大众满足感的作用。个人享受休闲;感觉需求得到了满足(DE,C:139;J:110-111)。

"文化工业"这个词被慎重地挑选出来,以消除诸如"大众文化"或"流行文化"这样的表达可能产生的任何积极性的暗示。阿多诺和霍克海默反驳了这样的观点:当代大众文化(电影、广播、录像、大众文学)不管怎么说都是大众自发的、普遍的创造。它不是充满活力的低级文化的有机产物,真正的低级文化会反映大众及其文化创新的形式和活动。当代大众文化绝不是自发的,它和大众的真正需求没有半点关系。[2]

大众文化霸权今天意味着艺术和文化不再有权居住在自己的自治领域,在这个领域里,他们也许会打开新的可能性并展现出对当前社会安排的批判性洞察。文化如今变成了一个工业,它几乎使一切其他的东西都服从于经济利益和管理需求的最高命令。当文化越来越依赖工业和金融资本,它必须首先是可出售的和安全

122

---

1 大卫·里斯曼(David Riesman)、瑞尔·丹尼(Reuel Denney)、内森·格雷泽(Nathan Glazer)合著,《孤独的人群:美国人性格变动的研究》(The Lonely Crowd : A Study of the Changing American Character),1950 年。阿多诺在《电视与大众文化模式》(Television and the Patterns of Mass Culture)中引用过这本书,第 477 页。
2 参见本书(第 10 章)罗伯特·W. 威特金论文化哲学的部分,在这一章中,他进一步讨论了阿多诺对文化工业的看法。

可靠的。对阿多诺和霍克海默来说，"文化工业"这个术语不仅指文化产品已变成了工业的：大产业的产物。它也表明，当代文化越来越只以"伪个性"或文化产品间微小的区别为标准。"不仅颠来倒去的热门歌曲、歌星和电视剧具有僵化不变的模式，而且特定的娱乐内容本身也是从这里产生出来的，它的变化也只是表面的变化。细节是可以互相替换的。"（*DE*，C：125；J：98）[1] 尽管个人主义的意识形态刺激了广告和流行文化的消费，但文化工业的基本趋势在于为可预测和可计算的标准化和统一化扫除一切个性的残余。

　　虽然如此，当代大众文化通常并没有被体验为一种独裁主义强加的态度和世界观。20 世纪巨大的不确定性，已使我们对安全和就业产生了一种广泛的恐惧和不安，而这导致了自我弱化和神经衰弱。这些状况剥夺了个人的独立性，使他们处于操纵之下。由于发现很难处理这个问题，人们逃进娱乐中，娱乐为人们提供了乐趣、放松和消遣，使其摆脱无聊的工作和日复一日徒劳委顿的忙碌。在这种放松的状态下，他们非理性的脆弱情感为大众媒介的操纵敞开了大门。

　　阿多诺指出，这些意识形态效果并不仰仗生产者自觉的意图。"脚本并没有试图'销售'任何观点。"[2] 仅仅对流行性的追求就足以在意识形态上有效地融合文化工业产品中的信息。另一方面，流行文化标准化的特征，消除了具有依赖性且缺乏安全感的大众的疑虑，一切都是"莫名其妙被注定的"，他们不会被要求做任何

1　参见霍克海默、阿道尔诺，《启蒙辩证法：哲学断片》，渠敬东、曹卫东译，上海：上海人民出版社，2006 年，第 112 页。译文有所改动。——译注

2　阿多诺，《电视与大众文化模式》（Television and the Patterns of Mass Culture），第 480 页。

事,除了"毫不反思的服从"。[1] 独裁主义的信息被融合并隐藏在对多元化及个体自主性理想的有意肯定中。"伪个性就是流行":个体性被简化为只能在大量生产的"风格"中做出选择的权力。个人就"像耶尔锁一样,他们之间的不同只能以微米为单位来计算"(*DE*,C:154;J:125)[2]。

在全面管理社会中,文化工业的娱乐和消遣使大众甘于接受日常生活的单调乏味和无意义。同样,文化工业的支配是对如下真理的指引,即由于对自己生活缺乏掌控权,人们感受到了压迫。这是阿多诺对娱乐追求的症状特征展开批判的基础。快乐意味着同意,意味着不去思考苦难。"从根本上来说,它是无用的。"它是一种逃避,不仅如它声称的那样,"逃避不幸的现实,而且也逃避残留的最后一点儿抵抗思想"(*DE*,C:144;J:115-116)。

恢复批判的活力:亲密的理性潜能

这将我们带到了核心困境,通过阿多诺对当代社会管理特征的批判性考察,这个困境凸显了出来。前面我们看到,阿多诺认为,通过社会对我们造成的伤痛和损害,我们能够估量这种社会的非理性和非法性。他的全面批判用独裁主义的文化工业诠释了一场零和博弈,这场博弈是用对自由的渴望换取对满足的追求。20世纪的客观条件已共同挫伤了个体的自信和精神,它否认个体日常遭受的伤害具有任何意义。

然而,正如霍耐特指出的那样,阿多诺决心去"防止这种印象的产生:资本主义对生活的组织能够永远封闭在一个顺利自我再

1　阿多诺,《电视与大众文化模式》(Television and the Patterns of Mass Culture),第477页。

2　参见霍克海默、阿道尔诺,《启蒙辩证法:哲学断片》,渠敬东、曹卫东译,上海:上海人民出版社,2006年,第140页。译文有所改动。——译注

生产的功能性总体中"。¹ 那么,他通过希望提出了什么?

在寻找批判规范性时,阿多诺排除了两个重要选项。在启蒙
对理性的肯定中,他发现的仅仅是压制性的企图,即将工具性的目
标和趣味像标准的网格一样加在人类一切多样性上。被文明理性
的理想支撑的同一性思维,是阿多诺对扭曲的社会生活展开批判
的最后场所。同时,他对和谐、"快乐"意识大获全胜做出的社会学
解释,似乎阻止了一切试图将对管理化生活的批判建立在日常生
活内在动力上的可能性。伯恩斯坦将这种明显的僵局描述如下:
"阿多诺的哲学通常被解释为悲观主义的直接体现,这种悲观主义
表现在一幅理性社会的社会学图景却遭遇了没有可资利用的理性
概念这个哲学困境。"²

阿多诺最后一项工作在他去世时还未完成,这项工作提出了
文化残余物的问题,他认为,文化残余物或许会让我们坚持批判意
识。《美学理论》开始捍卫现代主义艺术的抵抗力量,将它看作不
顺从的主体最后的避难所。艺术拒绝有关完整和谐的世界的美好
想象,它选择了无调性,因为无调性能够模仿性地捕捉到不协调、
不和谐及主体性的经验。无调、丑陋,形成了现代主义作品"有机
统一的构成性环节"³,这个环节是一个观测孔,通过它,被取代的
主体内心的痛苦焦虑才会为人所知。

阿多诺并没有说,自主的艺术提供了某个纯粹的阿基米德支
点,通过这个支点,就能搜集到管理社会生活种种非理性的扭曲。
与"统治逻辑"的疏离,通过现代主义作品形式,被表达为痛苦的焦

1　霍耐特,《资本主义生活形式的相面术》(A Physiognomy of the Capitalist Form of Life),第60页。

2　伯恩斯坦,《阿多诺:祛魅与伦理》(Adorno: Disenchantment and Ethics),2001年,第20页。

3　哈贝马斯,《神话与启蒙的交织:重读〈启蒙辩证法〉》(The Entwinement of Myth and Enlightenment: Rereading Dialectic of Enlightenment), New German Critique, 26, 1982年,第21页。

虑,而这表明了它与社会的深层关联。然而,有论者多次指出,阿多诺虽然在现代主义艺术中发现了批判的否定性,但这种否定性却被困在了现代主义艺术里,并未产生社会后果。他没有为我们带来这样一种希望:艺术品会与经验意识[1]达成接受关系,而经验意识能够将焦虑转化为一种抵抗性的另类生活愿景。如果审美的自为性还能让我们对不顺从的主体性进行想象的话,那么它也将这些想象封闭在了"无言的控告"中,这种控告没有为具有实践意义的乌托邦愿景提供任何东西。

不过,我们也许能够从阿多诺社会哲学的其他维度,找到逃离"实践的无力"的路径。[2] 下面,我将结合当代亲密性的诸种张力考察阿多诺就批判的必要性说了什么。

我们已看到,对阿多诺来说,当代家庭已被理性化,它符合全面管理社会的逻辑,并遵从这个社会的目标。精神分析理论之所以能够吸引阿多诺,部分原因在于它洞察到了资产阶级家庭的创伤,这种创伤从前产生了内在-导向的人格,这种人格能够维持一种不同伦理的私人生活。今天,家庭仅仅变成了满足全面管理社会需要的通道。主体性失去了它的规范性基础,只由竞争的需要而定。

有时阿多诺似乎很怀旧:

125

> 随着家庭的终结,尽管这个体系仍在维持,不仅资产阶级最有效的代理机构终结了,而且抵抗也随之终结了,虽然(家庭)曾压制个体,但抵抗随着对个体的压制而增强,甚至还产生了个体。家庭的终结使反对的力量变得无力。正在形成的集体主义秩序是对无阶级秩序的嘲弄:与资产阶级一起,它彻

---

1 empirical consciousness,指一种将实际存在的事物转化为一种经验性的存在物而不是转化为抽象概念的意识。它与第 5 章中多次提到的概念意识(conceptual consciousness)相对。——译注

2 伯恩斯坦,《阿多诺:祛魅与伦理》,第 58 页。

底清算了这种曾从母爱中吸取养料的乌托邦。

(*MM*：23)

强大自我导向的人格,产生于一出俄狄浦斯式的戏剧,它将充满爱的家庭看作逃离无情商业世界的伦理避难所。那么,阿多诺对全面管理社会生活的关键诊断,似乎正是从对资产阶级家庭产生的伦理人格的想象中,找到了它的规范性指令。

马丁·杰伊认为有证据能够证明这一点。[1] 不过,对我来说,似乎拉结·杰西[2]的看法更有根据,因为她注意到,阿多诺让在"错误"社会中过上伦理的、"正确"的生活这个理想加以问题化了。[3] 若想找到消除异化的方法,我们首先需要知道与他人相处的更好方式是怎样的。阿多诺提供的些许根据,让我们有望在亲密辩证法中找到批判与伦理的动力。

阿多诺和其他评论者一起,对"过渡期的混乱"展开了评论,他们认为这种混乱对战后私人生活产生了深刻的影响,[4] 不过,阿多诺似乎更为警惕,不仅警惕新的负担会压在脆弱的家庭上,而且警惕习俗惯例中包含的规范性内容会向一种新的自我反思及重新谈

1　杰伊,《阿多诺》(*Adorno*),1984年,第92页。

2　拉结·杰西,现为德国柏林汉堡大学哲学教授。1988—2009年,曾任教于歌德大学。2012年9月,曾担任上海复旦大学的客座教授。她的专业领域是社会哲学、政治哲学、伦理学、哲学人类学等。著有 *Alienation*(2014),*Kritik von Lebensformen*(2013),*Entfremdung-Zur Aktualität eines sozialphilosophischen Problems*(2005)等书,编有 *Karl Marx: Perspektiven der Gesellschaftskritik*(2013)等书。——译注

3　杰西,《个人无从抵抗:作为生活形式批判的〈最低限度的道德〉》(No Individual Can Resist: *Minima Moralia* as Critique of Forms of Life),《星丛》(*Constellations*),12(1),2005年,第69页。至于阿多诺这个观点:在错误生活中过正确的生活,进一步的讨论可参见费边·弗里耶哈恩在本书中的章节(第6章)。

4　例如,参见塔尔科特·帕森斯(Talcott Parsons)、罗伯特·F.贝尔斯(Robert F. Bales)、詹姆斯·奥尔兹(James Olds)、菲利普·斯莱特(Phillip Slater)、莫里斯·泽尔蒂奇(Morris Zelditch)合著,《家庭、社会化及相互作用过程》(*Family, Socialization and Interaction Process*),1955年。

判敞开大门。他决不会浪漫地将希望寄托在这个观念上,爱的自然力量会打破正在异化的社会性。实际上,只将个体浪漫地想象为一个情感化的自我,他十分怀疑这种想象发挥的意识形态功能。

资产阶级社会处处强调发挥意志;只有爱被设想为本能的、纯粹的感觉直接性。在对这种意味着免除工作的感觉直接性的渴望中,资产阶级爱的观念超越了资产阶级社会。但将真理直接建立在普遍的非真理上,这会使前者堕落为后者(MM: 172)。

将激情的、本能的爱加以理想化,进而将这种理想化了的爱伪装成特殊的自然主体性的避难所,这为社会"统治利益提供了托词,并为人性并不存在做了见证"。由于罗曼蒂克的爱任凭社会习俗的牵引,因此,每当情况变得困难,他人缺失的独特性开始被感知到时,它就会"开溜"。因此,爱似乎能够幸存下来,只要它对本能爱上的对象保持命定的忠诚。爱是否可能,依靠本能的激情与命定的忠诚两相结合,它的辩证统一也能帮助我们用一种非意识形态的方式思考自主性的意义。

阿多诺想从有关爱的洞见中吸取教益,但这个爱不只是自然意义上的爱,而且是复杂的伦理意义上的爱。如果爱要呈现一个更好的社会,

> 它不能作为一块和平的飞地,而只能通过有意识的反抗来呈现这个社会。然而,这恰恰需要自愿的因素,资产阶级禁止这个因素,对他们来说,爱从来都不可能是完全自然的。爱意味着不让直接性在无所不在的中介和经济的重压下衰弱,而且在这样的忠诚下,作为对压力的顽强反抗,它变成了自身的中介。

> (MM: 172)

但仅有爱并不能为我们带来正当生活的希望。"没有正当的

126

社会就没有解放"。"和平的飞地"也不免受到异化社会的分工、不平等和不安全的影响,而且,的确,它也可能是一种特殊的、能被感受到的残忍的发生地:"错误的亲近会激发恨意"(*MM*:173)。然而,阿多诺指出,亲密生活的辩证法至少能够提供一种想象:独特的个体之间会是一种非工具化的关系。自然意义上的浪漫激情,实际上携带了多种文化习俗和期待,这些习俗和期待都没有被认真思考过。然而,它表达了这样的渴望,独特的、不可重复的主体性会得到非异化性的承认,而这为伦理的、命定的爱提供了可能。在一种伦理性的亲密中进行的理性和激情的谈判,不会永远听任顺从的启蒙理性的摆布。

伯恩斯坦坚持认为,"阿多诺并没有提供一种婚姻和爱的社会学,而只是探测隐藏在它们之中的道德可能性及理性潜能"。[1] 然而,阿多诺虽洞察到亲密生活作为规范具有模糊性,但这并不意味着为我们如何理性而正确地与他人相处指出了肯定的方向。"错误的生活,"他告诉我们,"不可能正确地过。"(*MM*:39)他冷酷地预测到,全面管理社会最终会入侵并淹没透过这种爱的辩证法窥见的理性关系模式潜能。"隐私(privacy)已完全让位于剥夺(privation),这种剥夺过去一直是秘密的,如今,由于牢牢黏附在个人利益上,它掺杂着愤怒,愤怒再也感觉不到一切会向不同且更好的方向变化"(*MM*:34)。亲密的伦理力量,要看它是否能与自身规范的模糊性达成一致并接受后者。不过,模糊性是对全面管理社会管理命令的诅咒。因此,一旦受到扭曲的错误生活动机的腐蚀,爱会变成精致的残忍。

---

1 伯恩斯坦,《阿多诺:祛魅与伦理》,第58页。

结论

我们能做什么？阿多诺一直寄希望于理解。他相信，"只有意识到这种情形——而不是用创可贴加以掩盖——才可能创造一些条件，有了这些条件，我们才能正确地想出我们今天该如何生活的答案"。我们至多能够说，"今天好的生活在于抵抗错误的生活方式，这些生活方式已被最进步的头脑识破并得到了批判性地剖析"（*PMP*：167-168）。[1]

然而，批判理论提供的似乎只是一种无效的洞察力。它能帮助我们将如下问题论题化，即怎样用我们不同的文化资源去想象一种非压迫性的人与人的相处方式。它能逻辑严密地证明为何"没有社会就没有解放"。最后，它能批判性地解析全面管理社会用来扭曲和混淆解放动机的机制。然而，阿多诺似乎准备舍弃批判理论已扮演的角色，选择一种对全面异化现状展开批判的哲学激进主义。

阿多诺从未对女性主义政治感过兴趣，也未对女性主义政治有过信心，尽管在最后几年里，他曾目睹了它的形成过程。[2] 然而，他们似乎错失了很多本可以展开互有启发的对话的机会。首先，作为一组复杂的路径，女性主义运动在面对全面管理社会这个论题时显得很笨拙，它来来回回穿梭在当代亲密生活产生的批判动力与对公民自由和法律自由的期待之间。

和更晚点的哈贝马斯一起，我们可以说，当代女性主义的社会

128

1　引自杰西，《个人无从抵抗》（No Individual Can Resist），第 70 页。

2　穆勒-杜姆，《阿多诺：传记》，2005 年，第 475-476 页。穆勒-杜姆描绘了 1969 年 4 月阿多诺的某些女学生的暴行；她们似乎受到了极端"性别自由"议程的推动。

及政治改革议程,已在自由民主制度内揭示并开拓了一种潜在的批判规范性的诸多方面,这些方面过去被阿多诺对全面管理社会的绝望诊断掩盖了。[1] 也可以说,现代女性主义运动表明,在一种伦理化的复杂私人生活中培养出来的解放需求,会获得公共意义并有助于形成公民及政治改革议程。管理性的国家权力和垄断资本主义的"非神圣联盟",这个主导阿多诺描述当代异化的强大论题,讲述了一个有关当代社会生活的重要故事,但这并不是唯一值得讲述的故事。

这是一条双行道。女性主义在反思自身批判及乌托邦能量来源上,显示出了忧心忡忡,内部分歧不断的特征,就这点来说,阿多诺的很多话是极为有益的。这场社会运动有时用一种罗曼蒂克的框架将对自主生活的希望,解释为对据说不可化简的、自然的女性差异的渴望。在此,阿多诺有关习俗文化类型的评论能够超越罗曼蒂克思想,我们可以将其看作一种有益的保留意见。不仅如此,也许他的伦理大纲由于吸收了多种文化遗产,因此能够有效地改进当代女性主义那场陷入僵局的辩论,这场辩论围绕推动女性主义解放希望的思想资源而展开。

正如我们已看到的那样,阿多诺会同意如下观点:我们不得不利用一系列的解放兴趣,既包括罗曼蒂克的也包括反思启蒙的,倘若我们对打破当代异化的控制仍抱有希望的话。虽然全面管理社会这个片面的论题没有告诉我们应该怎样做,但阿多诺从未怀疑我们为什么要做。人们"即便现在也比他们的文化更好"(*MM*:46),他们值得拥有比全面管理社会更好的东西,这个人道主义的信念从未远离过阿多诺。

1　哈贝马斯,《在事实与规范之间:关于法律和民主法治国的商谈理论》(*Between Facts and Norms*: *Contributions to a Discourse Theory of Law and Democracy*),1996 年,第 244-245 页。

政治哲学

⊙ 玛丽安·泰特巴姆

导言

20 世纪 60 年代中期,阿多诺讲授了一系列有关历史与自由的课程。在讲到进步概念时,他劝告学生不要听信怀疑论者,认为不容易界定的概念是无意义的。阿多诺反驳到,无论像进步或自由这样的概念是多么困难或含糊,我们都必须试着去理解它们,而不是将它们搁在一边。为此,他提出了这样的"补救办法"以便与怀疑论者斗争:"当有人问自由是什么……告诉他,他只需要想一下任何公然攻击自由的行为"——他用下面的亲身经历解释道:"我愿意这样说自由——在此我指的是政治自由,而不是自由意志——自由意味着,如果有人在清晨六点半敲门,我不会认为盖世太保……或类似机构的代理人就在门外,会把我带走,而我却无法行使人身保护权。"(*HE*:140)

被盖世太保搜查房屋可能会是一个生与死的问题。阿多诺这样的想法产生于自己的房屋遭到搜查时,这次搜查发生在法西斯主义早期,虽然身体毫发无损,但可怕的结果很可能已造成了。这个事件因而不仅例证了自由不是什么——被盖世太保从自己的房里带走的可能性——而且例证了自由会是什么——毫不畏惧地生活的可能性。正如我们或许会认为今天我们已远离了第一种与盖世太保相关的可能性,但阿多诺坚持认为,我们同样远离了第二种可能性:毫不畏惧地生活。

132

阿多诺关注的是获得真正的自由的困难,而不是获得真正的自由的可能性——关注自由不是什么,而不是自由是什么——,这导致了这样的指责,他的哲学是非政治的。政治学的确不是一个能够明确引领他的思想的概念。而且,由于他既没有提供一个可以明确叫作政治学的研究领域,也没有提供一个政治的定义,因此,要勘测出他的工作具有的政治维度,并不是一件容易的事。然而,正如上面的例子表明的那样,这个维度对他的理论研究十分关键。

当房屋搜查前,"不祥的敲门声响起"的那一刻(*HF*:20),房主面临两个极端后果,一个是失去生活的可能性,另一个是无所畏惧的可能性。阿多诺工作的政治维度,我认为,位于这两种可能性之间,也就是说,位于曾是什么、现在是什么与应该是什么之间。他的政治思想旨在分析并理解,用他的话来说,构成这个中间地带的"社会力量角逐",从而确定房主的期待与实际结果(*CM*:303)。这种"力量角逐"涉及方方面面,从社会历史与经济结构到组成它的个人的具体经验。只有彻底理解并批判这所有方面,而不是直接采取某种行动,才能获得类似第二种自由的可能性,同时将第一种可能性排除出去。

"不祥的敲门声"即便在所谓的自由社会都可能久久回荡,盘旋不去,这个观点在阿多诺的著作中随处可见。20世纪30年代,面对法西斯主义的兴起,知识分子软弱无力,德国民众又普遍缺乏对它的抵抗力,这给阿多诺留下了深刻的印象。他对集中营的诸多暴行尤为震惊,同时也惊诧这样的暴行居然发生在一个自视先进的文明里。因此,在《奥斯维辛之后的教育》中,他坚持认为,政治教育的核心理念应该是"奥斯维辛永远不要再发生"(*CM*: 203)。

在历史与自由课上,阿多诺主张,"首先奥斯维辛能够发生,这大概是因为真正的自由并未存在过……奥斯维辛的罪行只可能……发生在一个自由被完全压制的政治系统中"(*HF*: 202)。我们必须阻止奥斯维辛再次发生,这不仅因为集中营的恐怖与不公,而且因为集中营的存在证明了我们现存社会的压迫和统治——"非自由"。说奥斯维辛永远不要再发生,也就是说,永远也不要再产生压迫性的政治和社会条件,因为这些条件会使奥斯维辛的存在成为可能:只要存在奥斯维辛再次发生的可能性,那么,我们就根本还处在非自由中。

阿多诺坚信,为了确保奥斯维辛不再发生,我们得了解是什么样的形势导致了它。阿多诺逐渐意识到,任何单一的因素都不能解释希特勒权力的崛起,纳粹造成的恐怖,更不能解释最令人迷惑之处,即法西斯主义似乎对德国民众起到了迷醉效果。从哲学角度来看,更成问题的是,尽管德国有强大的启蒙传统,这个传统包含着理性与独立思想,也包含着道德与文化教育,或者说,道德与文化教化(Bildung),但法西斯主义仍然崛起了。这个传统本应该成为抵抗纳粹发展的强有力的资源,但却被轻而易举拉拢,转而去支持缺乏批判性的德国民族主义。阿多诺认为,如果这种知识分子传统对政治教育的成功,即便不是对通常意义上教育的成功,会继续发挥效力的话,那么它就必须被重新加以思考。即便如理性这样最显赫的概念,也不得不加以"批判性的对待"(*CM*: 203)。

阿多诺坚持认为,在战后德国,教育,而非直接的政治行动,是

133

扫除法西斯主义残余及其他社会病的手段,这使他在20世纪60年代末的学生暴动中成为了一个颇具争议的人物。原则上,学生们分享了他的很多关切:他们普遍感到幻灭,因为他们意识到与纳粹妥协是父母那代人的失败;资本主义使社会变得沉闷;包括大学在内的公共机构十分保守。但对学生们热切投入直接的政治行动,阿多诺却颇有疑虑。压制性的斯大林主义政权在苏联的崛起,使他和其他法兰克福学派成员对革命性的马克思主义持谨慎态度。而且,他相信,政治行动,如果不建立在全面思考与自我反思基础上,就会因对批判的拒绝而冒着让自己试图改变的压迫状态得以长存的风险。因此,思考归根结底是比行动更有效的抵抗手段。

134   然而,学生们将阿多诺关注思考而不是行动,视为一种顺从,同时视为对他们的关切不当的回应,即便算不上非正义的回应。他们对他立场的察觉只需要如下事实就得到了确认,当他们攻占社会研究所时,阿多诺决定叫警察。1969年8月,阿多诺遭到了公开的羞辱,当时,阿多诺正在大学上课,一些学生中途打断他,要求他否认在攻占研究所期间作过叫警察的决定。阿多诺拒绝了,并离开了教学大楼。这个事件在对他的政治思想的认知上留下了永久的污点。从学生的角度出发,阿多诺不能将其思想内在的抵抗潜力现实化。阿多诺晚年的保守与他早期哲学的精神自相矛盾。

但是这个事件也可以有另一种解读。阿多诺拒绝接受学生的要求,本身就是一种抵抗形式,是个体对暴力逻辑的拒绝,也是对在面对盖世太保时无法行使的人身保护权的行使。的确,考虑到西方当时的政治气候,运用暴力成了实现自由的同义词,阿多诺的例子因而是别有深意的。暴力在全球范围内的持续高涨使行动比先前变得更加可疑,因为行动很大程度上会使本应彻底消除的恐惧得以保存下去,恐惧反过来变成了非自由的工具,并因民主社会人身保护权的废除而得以确立。因此,现在更需要用思想来揭露建立在暴力基础上的镇压和压迫。用自由作为战斗口号，只会是非自由的预告。思想实际上是唯一避免完全毁灭的途径。

在我们当下的政治气候中，政治学的学生如果转向阿多诺，就会发现他的著作非常有先见之明。从政治学的立场来看，最易理解且最有深意的作品，会在《批判模式》这个集子中找到。对那些想要将阿多诺政治思想的发展置于德国哲学传统中理解的人来说，历史与自由课程会是一个理想的出发地。阿多诺在这个课上提出的观念，最终成形于《否定辩证法》中有关康德和黑格尔的部分。下面，我将利用这些还有其他作品[1]，详细阐述那些我认为不仅突显了阿多诺的政治思想而且突显了其持久意义的概念。

个人与国家

135

阿多诺将个人与国家间的关系看作自柏拉图以来政治哲学的一个根本关切。如下观念决定了他对这种关系的理解：个人与国家是两个历史范畴；为了回应特定的历史环境，它们才得以产生并发展。随着这两个范畴的发展，个人与国家之间的关系也不断向前推进。

在阿多诺看来，这种关系很大程度上已变成了敌对的。在返回德国后不久，阿多诺写下了《个人与国家》，在这本有生之年一直未被发表的书中，他考察了现代个人与国家不断加剧的异化背后

1　我对阿多诺政治思想的论述仰赖以下作者更为全面的论述：鲁塞尔·贝尔曼（Russell Berman），《阿多诺的政治》（Adorno's Politics），《阿多诺：批判读本》（*Adorno：A Critical Reader*），2002 年，尤其是 126-131 页；埃斯彭·哈默，《阿多诺与政治》（*Adorno and the Political*），2006 年，尤其是 18-25 页；彼得·霍恩达尔（Peter Hohendahl），《棱镜思想：西奥多·阿多诺》（*Prismatic Thought：Theodor W. Adorno*），1995 年。有关法兰克福学派和学生运动的大量叙述及相关资料，可参见沃尔夫冈·克劳斯哈尔（Wolfgang Kraushaar）编，*Frankfurter Schule und Studentenbewegung. Von der Flaschenpost zum Molotowcocktail 1964-95*，三卷本，1998 年。

的历史与理论根源。他认为,国家起初是一个"组织起来的社会",它使人类这个物种在面对"自然力"时得以生存。[1] 然而,最终,随着市场经济的到来,个人被推入竞争的漩涡,本应保护竞争双方的国家,自身却变成了一个似乎与组成它的个人相互独立的实体。

然而,正如阿多诺解释的那样,将社会组织成国家,国家开始变成一个比其个体成员更大的存在,这只是导致个体异化的部分原因。自古希腊使个体成为中心,个人"决定自己获得至善的幸福"以来,个人在努力获取幸福时,就看不见国家与作为整体的社会之间的关系:"由于无限的解放,个人自发地打下了压抑的基础。"[2] 换句话说,个人这个范畴,当在希腊城邦国家阶段产生时,就埋下了自我压抑的种子。个人越是将自己的利益放在第一位,似乎就越不需要国家,尽管国家的目标最初正是为了保护他们的利益。正如国家开始变得似乎比个人更大,更独立于它本应服务的个体时,个人及其自身利益也开始变得似乎比国家更大,更独立于它本应支持的国家。

在现代,国家的全部功能被更加紧密地结合在一起,国家权力因而似乎是势不可当且无所不包的,个人开始感觉到,不仅它的利益与国家的利益相反,而且更关键的地方在于,面对国家它是无力的。阿多诺认为,从这种无力感中,产生了对国家的冷漠感,因而也产生了个人与国家的疏离———一种无论我们怎么做都无法带来任何改变的感觉。正因为此,"呼吁大家参与国家相关事务,对人们来说,实际上并不像听起来那么空洞。他们自身的命运,实际上最终将依靠这样的意识——必须形成他们自己的国家。"[3] 形成这

1　阿多诺,《个体与国家》(Individuum und Staat),《丛集》(Gesammelte Schriften),20.1,1986 年,第 287 页。唐文娟译。

2　同上,第 288 页。

3　同上,第 292 页。

种意识的关键,至少对社会科学而言,在于揭示出国家与个人间这种成问题的关系是如何在社会生活中生根发芽的。

阶级

根据阿多诺,个人与国家的关系总是受到阶级在社会中所扮演的角色的中介。承认阶级处于核心地位是他受惠于马克思的证据。然而,正如阿多诺在《对阶级理论的反思》中表明的那样,在晚期或垄断资本主义主导的社会中,阶级不再像过去马克思曾论证的那样发挥作用。尽管阶级仍旧存在,但它已变成了顺从的工具而不再是抵抗的来源。阶级很大程度上已变成了据说主张人人平等的资产阶级的同义词,这层含义变得如此突出,以至于其本身作为"阶级"的含义似乎不再适用。通过与资产阶级这个似乎具有模范性的阶级相连,阶级被清除掉了批判潜力,从而显得无用且过时。

由于阶级差别越来越不明显,因而也就变得越来越无效:"剥削者和被剥削者之间的区分并不清晰,以至于被剥削者无法清楚地意识到团结是最后的手段;整合对他们而言貌似更为理性。同一阶级的成员并没有表现出利益和行动的一致性。"(*CLA*:97)工人阶级看不见自身的压迫因而也没有改变体系的渴望。实际上,改变体系看来好像会威胁而不是增加自由。但资产阶级同样在遭受苦难:不很富裕的成员由于缺乏财富而被"否定了个体性"(*CLA*:108)。西方社会生活标准的普遍提高,其作用只在于宣传社会在不断进步的假象。

在《晚期资本主义或工业社会?》中,阿多诺从生产力与生产关系二者的关系角度再次阐述了阶级明显消失的问题。他认为,当生产力——生产商品所需的原材料和劳动力——随着最先进的技术而被现代化时,生产关系——资本的所有制及管理体系——却仍停滞不前。正如他解释的那样,"生产力越来越受制于生产关系……它们应为如下事实负责:与可能的情况完全相反,地球上绝大部分的人类仍处于贫穷中"(*CLA*:121)。我们很难否定阿多诺的逻辑;现代生产力达到的技术先进水平,本能够消除世界范围内的贫穷。然而,与此相反,财富、影响力及权力仍旧集中在少数人的手里。如果社会像它声称的那样先进文明,那么生产关系就应该推动而不是阻碍资本更合理的分配。

在垄断资本主义下,阿多诺认为,不仅国家和经济,而且生产力和生产关系似乎都变成了一个统一体。这个统一体的表象或"幻觉""对社会来说是必要的"(*CLA*:124):通过使生产关系的利益看上去似乎确实符合生产力,使对资产阶级上层来说最好的东西看上去似乎也是对工人阶级最好的东西,它确保了社会的稳定性。最终结果是,这个体系自身呈现为一个有生命的东西;它变成了一个自我循环运转的机器,对个体生命,甚至对支撑它的社会漠不关心。

资本主义因而会以镇压个性和差别而告终,虽然它一再声称要促进它们。正如阿多诺和霍克海默在《启蒙辩证法》中所说的那样,为消费者提供的貌似变化无穷的商品,实际上只是永远同一的东西的无穷翻版,这种说法大部分基于他们从德国流亡美国期间的经验。而且,对事物来说真实的东西,也已变成了对社会整体包括它的政治制度而言真实的东西。采用福特主义流水线的模式,商品被生产为标准件,这种模式已变成了一个据说是运作良好的社会的模式,在这个社会中,个体劳动力以及个人自身必须符合同样的标准。而那些不符合标准的都会遭到排斥,因为他们对自我运转系统的全面控制造成了威胁。[1] 资本主义,就像德国的法西斯

1　尤其参见,《文化工业:作为大众欺骗的启蒙》(The Culture Industry: Enlightenment as Mass Deception),*DE*, C:120-67;J:94-136。

主义一样,似乎已对美国民众下了一个包藏祸心的符咒,使他们对任何真正改变的可能性都漠不关心。

民主

对阿多诺而言,破除这种冷漠的符咒对民主的运行尤为关键。尽管他相信民主政府形式有存在的可能性,但他也认为,民主,就像任何其他国家组织形式一样,很容易被拉拢,从而导致个人的非自由而不是自由。正如他和霍克海默在《民主领导与操纵大众》中写道:"只在形式的意义上运用民主的概念,接受多数人本身的意愿,而不考虑民主决策的实质,会导致民主自身的完全颠倒,最终也会导致它被废除。"(DLM:268)民主不只是一种多数人统治的社会组织形式。然而,阿多诺和霍克海默也认识到,鼓励个人去批判性地思考并投入民主政治的"实质"是一项困难的任务。最大的障碍,倘若不是敌意的话,那么也许就是冷漠,这种冷漠源于怀疑政治"要么是贪污受贿者和工业老板们的领域,要么是初级政客的领域。人们越不相信政治忠诚,就越容易轻信叱咤政坛的政客"(DLM:271)。

这样的冷漠混合着"现代大众受到的反民主的刺激"(DLM:271)。阿多诺和霍克海默在德国经历了法西斯主义的崛起,这使他们认识到,民主不可能不受到极权主义政治态度的影响。在美国,他们与伯克利民意研究小组一起致力于从实证及理论角度研究"反民主主义及反犹主义的主观感受性问题"——或者说致力于解释个体心理与其对压迫采取的社会及政治态度之间的关系。[1]阿多诺和霍克海默相信,对妨碍民主、导致诸如法西斯主义运动产

1　这项研究,与 Else Frenkel-Brunswik、Daniel J. Levison 及 R. Nevitt Sanford 合著,以"独裁主义人格"(*The Authoritarian Personality*)为名发表。

生的极权主义人格的分析,倘若对一般公众是普遍有效的,那么就会"促使人们反思自己常常自以为是的态度和意见,而不流于道德说教"(DLM:278)。他们指出,自我反思会弱化偏见本身的暴力。

就其本身而言,民主领导必须努力争取"意识的解放而不是意识更深的奴役":

139　　　民主领导的功能今天也许比以前更在于塑造民主的主**体,塑造意识到自己的渴望和需求的人,他们能够对抗在与既得利益集团无数次交往中被灌输进大脑中的意识形态。**

(DLM:268,强调为原文所加)

民主领导人必须将人们看作能够进行理性反思的主体,而不是看作应该操纵的对象;他们必须摒弃宣传,还原真相。据阿多诺和霍克海默所言,那些"嚷嚷着大众不成熟"的人忽视了"大众非常活跃的自主及自发潜能"(DLM:272)。民主领导人必须意识到并促进大众这种自我反思的潜能,因为政治反省的提高与意识到限制这种反省的偏见密不可分。

这种对个体政治意识及责任的坚持表明,在民主运行过程中,阿多诺赋予了批判以重要性。在《批判》(1969年)中,他论证道:"批判与民主、政治成熟的先决条件互为一体。"与康德的著名文章《什么是启蒙》遥相呼应,阿多诺表明,"政治上成熟"的人会"自己发声,因为他有自己的思想,不会仅仅模仿别人;他摆脱了一切监护人而自立"(CM:281)。政治成熟是成为批评家的先决条件,当面对某些"建设性"或"肯定性"的吁求时,批评家必须拒绝磨平自身的批判锋芒。正如阿多诺所言,批评家会坚持这个观点,"错误,一旦被清楚地认识到并被精确地表达出来,就已然是对正确的和更好的东西的指引了"(CM:288)。在民主社会中,批评家最终是个人主义因而也是民主自身的守护人。

理论与实践

阿多诺对批评家的高度重视,反映了他这样的看法,理论——对既定情形的批判性考察——是一种比实践——积极干预形势——更负责更有效的实现政治改变的手段。阿多诺有关理论与实践的观点,在《理论与实践注解》(生前未发表)中得到了最全面的概括,这些观点一方面出于他对实用主义哲学目标的反对,另一方面源自他对大部分集体行动本身存在暴力的怀疑,这种怀疑很大程度上源于他的法西斯主义经验。对阿多诺来说,指向实际应用的哲学反而受制于它试图处理的形势局限。换言之,为了得出结果,这样的哲学必须以它想要改变的系统结构中的可能性为开端,而不是以它的应然性为开端。它必须处理的恰恰是那些"建设性的"和"积极的"关切,而这些关切必然会冲淡真正批判所具有的严厉性。

由于面向实践的哲学本身固有的局限性,试图将这种哲学观点付诸实践,或试图在这种哲学的基础上改变现存状态的集体行动,都会冒武断的风险。而且在积极寻求改变的过程中,手段常常会遮蔽目的,结果,实践与其目标的关系"先天遭到了破坏"(*CM*:259)。正如阿多诺解释的那样,

> 像如今这样,实践优先性的错误已清晰地呈现在为策略赋予了高于其他一切东西的特权中。手段已变得独立于终极目的。由于不加反思地服务于目的,它们已使自身与目的脱离。
>
> (*CM*: 268)

实践本身变成了目的,而不是实现目的的手段;由于过多地关注行动,实践放弃了反思。一种不加反思的实践,对阿多诺而言,

140

必然是非自由的，而且有转变为愤怒或暴行的危险。由于强调集体，实践也很容易为个人的一切罪责开脱。因此，阿多诺拒绝任何"集体理性"的概念，认为它是完全非理性的。

尽管理论不免受到令实践苦恼的非自由状态的影响，但它能够保持更大的自由。这是因为，一方面，理论不必实现明确的实践目标，另一方面，理论与实践都来源于体力劳动和脑力劳动的分工。"实践，"据阿多诺所言，"产生于劳动，产生于生存所必需的劳作。"然而，从工人阶级想要决定自身生活条件，而不是通过劳动被动地再生产使其他阶级得以生存的条件起，实践的概念就分化了：实践，作为劳动，对生存来说是必要的，但实践同时是对这种必要性的反抗，是对摆脱这种必要性的渴望。正如阿多诺解释的那样，"实践是对匮乏的反应；但这仍损害了实践，即便当它想要摆脱匮乏时"（*CM*: 262）。甚至在目前的形式中，实践也无法摆脱对自我保存的依赖，无法消除非自由的时刻，尽管这曾是实践这个概念的要义。当代政治运动已忘了实践来源于劳动，因而也忘了它相互矛盾的双重特征：它既是一种生存手段，也是一种自由的障碍。

为将个人从体力劳动中分离出来，理论付出了脱离实践的代价。这种脱离是很成问题的，因为，实际上，理论本身就是一种实践形式；它是"现实存在的一种不可分割的真实的行为方式"（*CM*: 261）。那些诋毁理论无效的人忽视了思想具有的变革潜力，这种潜力存在于它对既定形势的抵抗中，存在于它"必然是"的拒绝上："无论谁，一旦思考，就是在抵抗"（*CM*: 263）。而且，无论谁，只要在思考并通过这种思考拒绝接受"既定情形"，那么他就已开始产生"实践的冲动"："就思想不仅仅是诸多事实与少量技术的组合而言，没有思想是不具有实践目的的"（*CM*: 265）。

然而，真正变革性的实践，不会预先就被理论确定并规划出来；毋宁说，它必然会自动出现，自发地从对不同于当下事物的思考中产生出来。但自发的重要性不能被过分强调。因为,在垄断资本主义社会中,对生产手段及目的完全理性化并加以垄断——"永远相同的理性"(*CM*:260)——已阻挡了真正的经验,自发行动的能力是自由的若干尺度之一。

垄断资本主义对社会的全面影响甚至延伸到了个人经验层面;将一个人自己的欲望与系统设定的欲望加以区分,变得几乎不可能了。面对这种无孔不入的控制系统,自发的行动,未被这个本试图打破的系统预先确定的行动,变得极为罕见。因此,实践"是理论的力量之源,但实践不会被理论预先设定。它在理论中仅仅呈现为,而且必然呈现为一个盲点,一个需要加以批判的妄想"(*CM*:278)。实践产生于理论,只会在理论完全沉浸于对既定情形的分析,几乎无视("视而不见")实践的那一刻:实践产生于理论恰恰在没对理论寄予任何厚望时。

归根结底,理论与实践是一种"性质颠倒"的关系;它们"处于两极关系中。理论,当它没被当作实现它的向导时,才最有希望实现"(*CM*:277)只有否定或拒绝一切实践冲动,理论才得以实现。借用阿多诺的术语,我们可以说,理论为可能的实践提供了否定性的图景。作为实现"不是或尚不是什么"的潜力,理论是孕育自由的最有效的方式。因为自由"只能以否定的方式被界定,从而与一种特定的非自由形式保持一致"(*ND*:231)。理论能够让我们思考这种否定性的自由图景,总有一天它会成为实现这幅图景的手段。

自由

对阿多诺来说,任何包含自由的现代性尝试,都不能对法西斯主义的兴起和集中营的悲剧视而不见。正如上文讨论的那样,当且仅当这样的悲剧不再重演时,自由才是可能的。"只要它以其他人的不自由为先决条件,在这个意义上",即便是个人自由也仍是"有缺陷和未完成的……"(*HF*:178)。因此,只能以否定的方式将自由构想为摆脱什么的自由而不是朝向什么的自由:只有在乌托邦的条件下,我们才能说积极的自由是存在的。但我们还是不能放弃自由这个概念,即使"这种自由是某种在真正的现实中无法找到的东西"(*HF*:177)。

据阿多诺所言,"如果我们想更新(自由)这个概念,那么我们可能会犯很多错误,而在这之中,最大的错误就是呼吁自由,将自由理念变成一个通俗的口号,或诉诸人们的自主性。"通常以自由的名义呼吁人们做某事,或对自由不加反思的赞颂,反而恰恰诋毁了他们本想歌颂的自由,将其降低"到陈词滥调的水平"。理解自由的更好方式"就是思考自由目前怎样,威胁其将来形成的因素是什么,将这样的问题作为对自由进行严肃反思的前提"(*HF*:201)。就像理论与实践概念一样,自由概念也是一个历史性的概念,它的含义无法与特定语境分开。因此,理解这个概念,需要对那些变动的且常常矛盾的构成环节或面向展开批判。

阿多诺对这个概念的批判,既包含在历史与自由课中,又包含在《否定辩证法》中,以对康德的《纯粹理性批判》的批判为开端。在康德的著作中,阿多诺看到了自由这个现代哲学概念的起源及它本身包含的非自由环节。一切人类行为必须对普遍规则或绝对命令而不是对特定的经验价值负责,在确定这样的普遍规则和绝对命令时,康德为一种有关伦理和自由的"平等主义观念"奠定了基础(*ND*:236)。但康德的意志概念,人类能够根据规律自由行动,最终导致了阿多诺所说的那个压制了真正自由的自由概念。

对阿多诺来说,康德的意志概念存在的问题,很大程度上源于他对先验主体的分析无法与用来阐明这个主体的经验实例完全吻

合。康德假定,主体的决定"形成于因果链中",然而,对阿多诺来
说,"发生的只是一种震惊"(*ND*:226-227)。康德试图将人类的
决定和行动建立在因果律上。然而,在这样做时,他恰恰忽略了这
些决定具有的另一面,最能体现自由的一面,即"自发性"(*ND*:
229)。他对意志的解释压制了自发冲动,这些自发冲动无法被意
志纳入因果律进而加以控制,就连主体自身也许都没有意识到它
们的存在。因此,有意识的行动等同于人类意识到这种行动。正
如阿多诺解释的那样,"主体意识到自己是自由的,仅在它的行动
似乎与它的意识同一的情况下,而这只存在于有意识的行动中"
(*ND*:227)。只根据认识到的规律、自身意识到了的规律来行动
的主体,在康德看来,会按照道德律运用自由。然而,对阿多诺来
说,这个主体的行动无疑在强制之下。将意志建立在因果律上使
自由堕落为了服从(*ND*:232)。

　　阿多诺批判康德的目的最终在于揭示,自由,当被设想为顺从
时,就已开始等同于对这个世界的接受。换言之,他旨在揭露导致
我们重视这个名不副实的自由概念的思想结构。他坚持认为,康
德为自由所加的限制反映了他对自由这个普遍的资产阶级意识的
矛盾态度。一方面,这种意识"惧怕对自由的限制,惧怕为自由戴
上镣铐";另一方面,它又"惧怕自身的这种勇气,惧怕自由一旦成
真会导致混乱"(*HF*:196)。像康德这样的资产阶级启蒙思想家,
选择一个有限的自由概念,既出于理论上的需要,同样也出于
惧怕。

　　在阿多诺看来,我们很大程度上仍要感谢康德的自由概念,这
个概念让我们少接受了一些本该接受的东西:"它坚持认为,自由
的本质在于,当你自由地接受了无论如何不得不接受的东西时你
是自由的,你能够确定,自由概念正在被滥用,被扭曲为它的反
面。"(*HF*:197)对阿多诺而言,被动接受,即便是大陆法,但如果不

144

考虑这种法律的实质,也无法构成自由。而且,如果所有的行为都是被动反应的结果,"就不可能有思想"(*ND*: 217)。如果个体的自主仅仅是在现存经济系统为了运作而需要她的意义上,那么她实际上压根儿就不自主。

与这种自由的社会幻觉相关的恰恰是生活概念本身。阿多诺坚持认为,生活应该预先假定"事物尚未包含的可能性,事物将被体验的可能性",但这种可能性"迄今已被减少到了这样的程度,以至于'生活'这个词如今听起来像一个空洞的安慰"(*ND*: 262)。自由仅仅在于服从统治世界的法律,它排除了一切不同的或意料之外的事情发生的可能性——换言之,它排除了一个真正完满的生活概念的可能性。换句话说,"在模仿同一性原则的现实中不存在积极的自由"(*ND*: 241)。一个与现存世界同一的生活概念将生活简化为纯粹的自我保存。个体,如果不能将自身设想为一个不同的自己,就不会是"一个真正的主体"(*ND*: 277)。阿多诺将这个异质的他者,这个内在于概念和主体的不同环节,叫作"非同一性"。非同一性,就像自发性一样,最终会是非自由社会中自由的保证。它是抵抗现状的基础,是或许会出现另一种可能性的希望。

教育

对阿多诺来说,教育是培植思想、批判和抵抗的最有效的手段,而思想、批判和抵抗则是自由的必要条件。正如他在《哲学与教师》(1962 年)中解释的那样,作为法兰克福大学哲学系的成员,他的职责在于考核未来的中学教师,他们需要通过一门哲学概论考试。这些未来的教师,他写道:"对德国精神和物质发展负有重大责任。"(*CM*: 21)为了足以完成这项责任,教师必须在考试中证明他们能够独立思考。他们不能仅仅总结哲学研究已定义好的领域,而应该有能力"自由自主地体验并参与一个主题"(*CM*:25)。

与独立思考能力相关的恰恰是社会的未来。因为缺乏独立思考是产生诸如法西斯主义这样极权主义倾向的先兆:"国家社会主义今天很少活在那些人们仍旧相信的学说中……而更多地活在某些思想特征中。"这些特征,包括服从当下价值、缺乏与"人、物、思想"的自发联系以及"一味因循守旧",它们有着严肃的政治意涵(*CM*:27)。不能超越既定思想界限的教师,对他们未来的学生不公平:因为他们为其准备的是服从而不是自由。

在《教师职业的禁忌》(1965年)中,阿多诺主张,当让学生做好独立思考的准备时,教育为"人类的反野蛮化",为消除"妄想的偏见、压迫、种族灭绝和痛苦"铺好了道路。"彻底变革的关键"因此"在于社会,在于它与学校的关系"。由于这个原因,"对社会来说格外重要的是,学校完成自身的任务,并帮助社会意识到压在它身上的灾难性的意识形态遗产"(*CM*:190)。

如果自由如阿多诺表明的那样,"意味着批判和改变现状,而不是在强制结构中做决断进而顺应现状"(*ND*:226n),那么,为学生准备了批判而非顺从的教育,也为他们准备了自由的可能性。考虑到教育与社会的关系,教育因而是一个能使改变成为可能的领域。同样,尽管阿多诺自己从未这样清楚地说过,但教育无疑是最可行的社会实践形式。教育让我们有能力认识并理解"那种不祥的敲门声"的威胁,从而让我们既不去延长这种声音,也不再听到这种声音。

美学

⊙ 罗斯·威尔逊

想要在阿多诺的工作中找出那个能贴上"美学"标签的部分，其实并不难。去世前，阿多诺即将完成《美学理论》，这本书代表了他毕生从事各种各样的艺术——特别是音乐和文学——及其哲学最终达至的巅峰。我们很容易追索出阿多诺的美学发展轨迹：从早期《新音乐哲学》对作曲家阿诺德·勋伯格和伊戈尔·斯特拉文斯基[1]所代表的 20 世纪音乐中对抗趋势的阐释，到《文学笔记》对多种多样文学文本的分析，再到身后编辑出版的《美学理论》。

然而，更进一步审视这些作品——也许特别是《美学理论》——会很快陷入这样一个问题，即被我们称作阿多诺的美学的东西究竟是什么。之所以出现这个难题，有很多重要原因。在一

1　伊戈尔·斯特拉文斯基（Igor Stravinsky, 1882—1971），俄国 20 世纪最重要的曲作家，曾对三个不同的音乐流派——原始主义、新古典主义以及序列主义——进行过革新，被誉为音乐界中的毕加索。他的重要作品有芭蕾舞剧《火鸟》《春之祭》与《彼得鲁西卡》。在创作的最后阶段，他对勋伯格的音乐结构产生兴趣，在其影响下创作了《圣歌》《洪水》等作品。——译注

篇重要评论中,兰伯特·祖德瓦尔特将《美学理论》描述为一种
"元-美学",也就是说,除了别的之外,阿多诺想要质疑的恰恰是哲
学式美学的可能性。[1] 阿多诺对美学含义的思考,并不只是为了更
清楚、更明晰地定义这个术语。相反,《美学理论》的一个重要诉求
恰恰在于质疑美学是否能够——或应该——作为一门哲学分支而
148   独立。在阿多诺看来,对自然和艺术现状的哲学反思是形而上的、
逻辑的和道德的,正如美学这个术语的通常含义一样。

其次,阿多诺坚称,美学不能脱离对社会历史状况的思考,同
时也不能脱离对艺术发展的思考,尽管艺术发展通常被看作艺术
史的领地。然而,要求美学在讨论艺术时注意历史和社会因素,并
不只是要求美学用具体例子支持它的一般命题。毋宁说,具有历
史和社会特殊性的艺术品本身需要哲学性的反思。美学不仅必须
关注一般原则和定义的表达,这些原则和定义在某种程度上能被
自上而下地运用到任何给定的艺术品上,而且必须更多地关注实
际的、具体的艺术品本身包含的哲学意义。

再次,阿多诺断言,美学的主旨变得不再明晰。这个困难没有
得到克服,因为没有人记得这个常识:美学与艺术有关,而艺术自
身的概念已不再稳固——好像对美学感兴趣的哲学家简直太健忘
了。阿诺德·勋伯格的音乐、弗朗茨·卡夫卡的小说、查尔斯·波
德莱尔的诗歌、巴勃罗·毕加索的绘画——仅举出这些鲜明的例
子——已将曲作、形式、程式和意义的既定惯例打破到了这样的程
度,以至于不再可能厘定艺术的本质特征。在艺术实践发展中被
加以强化的艺术概念,其遭遇的危机被醒目地表达在《美学理论》
的开篇:"一切与艺术相关的东西不再是不证自明的,而这本身却

---

1   兰伯特·祖德瓦尔特,《阿多诺的美学理论:幻觉的救赎》(*Adorno's Aesthetic Theory: The Redemption of Illusion*),1991 年,第 8 页。

变得不证自明。"[1]

　　这些十分敏锐的开创性的思考已表明,阿多诺的工作既是对美学原则的贡献,同样也是对美学原则的质疑。阿多诺想从根本上解决——而不只是抛弃或破坏——在对艺术进行哲学阐释时遭遇的基本问题:美学是什么? 艺术是什么? 为了考察阿多诺是如何形成这些问题,又如何开始回答这些问题,本章将分为三个部分。第一部分将简要论述阿多诺与此前现代欧洲美学最著名的人物——康德和黑格尔之间的关联。第二部分将阐明,阿多诺如何将康德的主观美学与黑格尔的客观美学这两种相互对立的美学进行独特的结合,从而形成了他的美学反思;接着会论述阿多诺为何坚持认为有必要从哲学角度阐释艺术。第三部分在开始论述阿多诺对艺术与社会之间关系的看法前,会涉及阿多诺对哲学在阐述艺术时的几种错误类型的批判,以及他对在政治上保持忠诚的艺术的批判。

149

阿多诺之前的美学:康德和黑格尔

　　阿多诺的工作在一个非常广阔的范围内展开,这个范围包括哲学美学、艺术史以及文化和文学批评。他的美学尤为关注康德美学以及黑格尔对康德的反思中留下的一系列问题。因此,阿多诺美学讨论的核心在于,对康德《判断力批判》(1790 年)及黑格尔《美学》的分析。《美学》最先发表于 1823 年,在黑格尔逝世后于1835 年整理出版。

1　也可参见阿多诺对不同艺术种类与艺术之间关系的思考,《艺术与艺术种类》
　　(Art and the Arts),《奥斯维辛后还能活吗?》(Can One Live after Auschwitz?),
　　2003 年,第 368-387 页。(译按:参见阿多诺,《美学理论》,王柯平译,成都:四
　　川人民出版社,1998 年,第 1 页。译文有所改动。)

　　康德美学的核心关切在于审美判断,或更确切来说,在于趣味判断。根据康德的说法,审美判断是自主的。这意味着审美判断不同于其他类型的判断,如旨在获得知识的认知判断,或旨在告诉我们应该(和不应该)做什么的道德判断。审美判断的自主性带来了这样的结果,我无法事先确定一首诗愉悦与否的标准,除非我真的读了这首诗。

　　设想一下,我所学的是,一首诗要想成为一首好诗必须符合某些要求,例如,它必须使用某一话语类型而不用其他话语类型,它必须有节奏规则的诗行,而且它必须有某种押韵格式。康德坚持认为,如果我认可一首诗,但这首诗不符合这些原则,那么,应该牺牲的是我所学的这些预设的原则——而不是我的判断。同样,如果我不喜欢一部戏剧,即使有人告诉我它实际上完全符合一部戏剧应该如何的标准,那么我也应该不为所动,像康德主张的那样。[1]我的趣味是裁决一个对象美或不美的唯一法庭。这是康德审美判断自主性的意义所在;在将一个对象交付判断之前,确定这个具有审美愉悦性的对象的特征是不可能的,同样,让审美判断符合预先设定的标准也是不可能的。

　　康德对审美判断自主性的坚持意味着,审美判断不能与认知判断或道德判断混淆。相反,它必须与它们完全区别开来。回到我的例子,我是要回答这个问题,当我认为一首诗美或不美时,我说我谴责这首诗,因为我在里面看到了不道德的信息,然而这样,我就已经在用道德判断侵犯纯粹审美判断的自主性。当让我从审美角度评判一首诗时,如果我回答说我不喜欢这首诗,因为我认为它是邪恶的,或者说它实际上是不增进知识的,那么我就误解了这个问题。

　　这样的解释似乎是将审美判断降低为纯粹的意见:我知道我

1　康德,《判断力批判》,2000 年,第 162-166 页。

喜欢什么,你知道你喜欢什么,就这样。然而,《判断力批判》的第一部分很多地方都试图表明,尽管审美判断在某种意义上必然是主观的,然而它们可以合理地请求每一个人的赞同。当康德认为审美判断要求主观普遍性时,他表达的正是这个意思。[1] 虽然"美"这个词并不是一首诗可定义的特性,但"这首诗是美的"应该为所有主体接受。因此,我知道我喜欢什么——而且我请你同意我。

康德的《判断力批判》是一本充满争议的书,这样的总结只是公平对待它的开始。就我们的目的而言,首先需要记住康德坚持审美判断的自主性,而且坚持审美判断与认知和道德判断分离。在题为《德国浪漫主义的批评概念》的重要文章中,阿多诺的朋友瓦尔特·本雅明认为,康德之后的那代思想家,特别是哲学家兼批评家弗里德里希·施格莱尔[2],"他从对象或结构方面确立了艺术领域的自主性,而康德在第三《批判》(《判断力批判》)中将这个自主性赋予了判断力"。[3] 换言之,施格莱尔将康德对审美自主性的坚持从审美判断延伸到了艺术自身。的确,阿多诺自己美学的核心正在于艺术自主性——而不只是判断的自主性。

我们或许能够理解判断如何成为自主的——它拒绝受到既定

1　康德,《判断力批判》,2000 年,第 99 页。

2　弗里德里希·施莱格尔(Friedrich Schlegel, 1772—1829),德国早期浪漫派最重要的代表人物之一。1798 年至 1800 年,参加哥哥奥古斯特·威廉·施莱格尔(August Wilhelm Schlegel)创刊的《雅典娜神殿》,在该刊上发表了许多思想断片,其中有一条集中表达了早期浪漫主义的核心思想:"浪漫文艺是一种前进的综合文艺。它的职责不仅是把文艺中一切划分开的种类又联合起来,使文艺和哲学与辩论相接触。它要把并且应该把诗和散文、独创性和批评、艺术的诗和天然的诗时而掺合,时而溶化,使诗成为生动的、有社会性的,使生活和社会成为诗的……"1799 年,施莱格尔发表了他唯一的小说《卢琴德》。——译注

3　本雅明,《德国浪漫主义的批评概念》(The Concept of Criticism in German Romanticism),《选集》第一卷,1996 年,第 155 页。(译按:中译本参见瓦尔特·本雅明,《德国浪漫主义的艺术批评概念》,王炳钧、杨劲译,北京:北京师范大学出版社,2014 年,第 86 页。译文有所改动。)

规则的支配——但艺术品如何是自主的呢？在我卧室的墙上，有一幅契马布埃[1]的圣母像，原画保存在佛罗伦萨的乌菲兹美术馆。尽管契马布埃现在被看作"艺术家"，他的圣坛装饰画被看作"艺术"，但并不是一直如此。至少，"艺术"有时会承担诸如宗教信仰的目的，就像这个例子表明的那样。当圣坛装饰画不再发挥这种职能，或不再首先被看作促进崇拜的东西时，它在我们今天理解它的意义上变成了"艺术"。因此，我们今天看作艺术品的东西过去常常并不是艺术品。艺术品是自主的，当它只遵守艺术的原则时；也就是说，当它只承担艺术的职能时。

151

本雅明认为，德国浪漫主义开始从康德对主观审美判断的关注转向对艺术对象的关注。这种重新定焦也是黑格尔批判康德美学的核心所在。尽管康德认为，审美判断的主观性并不意味着放弃对约束力的要求，但黑格尔仍将康德的美学看作是一种应受到谴责的主观性。康德明确承认，审美判断不能提供有关对象的知识，但在黑格尔看来，这是一个重大的缺陷。黑格尔认为，"事物〔艺术品〕的深刻方面却仍不是单凭这种鉴赏力所能察觉的，因为要察觉这种深刻方面所需要的不仅是感觉和抽象思考，而是完整的理性和坚实活泼的心灵，而当时的鉴赏力只涉及外在的浮面。"[2]

尽管黑格尔肯定不希望退回到康德之前——也就是说，为艺术创作和判断再强加上固定的规则——但他的确认为康德为坚持艺术自主性付出了过高的代价。康德认为，审美判断可以合理要

1　契马布埃(Cimabue，1240—1302)，意大利中世纪著名画家，他的形象艺术语言展现了一种新的绘画风格。感性的隆起、透明的色调、优雅的线条、生动的面部表情赋予画中的圣人以人性和自然的魅力，与之前拜占庭绘画庄严呆板的圣人形象大相径庭，从而完成了拜占庭艺术向哥特艺术的过渡。他的主要作品有：已由下教会重绘的《圣方济的圣母像》，以及(本文提到的)收藏于佛罗伦萨乌菲兹美术馆的《宝座圣母像》。——译注

2　黑格尔，《美学》，1975 年，第 34 页。(译按：中译本参见黑格尔，《美学》(第一卷)，朱光潜译，北京：商务印书馆，1979 年，第 43 页。)

求对其他主体的约束力,但不是因为这些判断与对象的真理或谬误有关。相比之下,美学对黑格尔来说恰恰必须与"确定美本身是什么"有关。[1]

美学反应与哲学阐释

由于在关注审美判断的意义上,康德的美学是主观性的,而在希望发掘审美对象的真理的意义上,黑格尔的美学是客观性的,所以阿多诺想超越这种僵硬的对立。在此简要回顾阿多诺更广阔的哲学计划是重要的。在《否定辩证法》中,阿多诺试图通过重新转向对象从而纠正康德过于关注主体带来的后果。然而,他并不是简单地从反面拔高对象来回应康德对主体的拔高。相反,需要的是重新调整主体与对象之间的关系,在此,恰恰通过主体,才能破除纯粹的主观性,从而抵达对象(ND: xix-xxi)。[2] 阿多诺声称,这种重新调整对美学来说是更为必要的。这对他理解"辩证美学"来说极为重要:

152

> 正如相反的两极,主观美学与客观美学应受到辩证美学同等地批判:因为前者要么抽象超验要么任意听凭个人趣味;而后者忽视艺术需要主体这个客观的中介。[3]

(*AT*: 166)

---

1 黑格尔,《美学》,1975 年,第 18 页。

2 也可参见《否定辩证法》(*ND*: 40),《经验的特权》(The Privilege of Experience)。我在《辩证美学与拯救康德:论阿多诺的美学理论》(Dialectical Aesthetics and the Kantian *Rettung*: On Adorno's Aesthetic Theory)中考察了阿多诺对康德设想的主观主义的接受情况,该文发表于《新德国批判》(*New German Critique*)。

3 参见阿多诺,《美学理论》,王柯平译,成都:四川人民出版社,1998 年,第 287 页,译文依照英译本作了大量改动。——译注阿多诺设想的这种美学试图避免简单地采取康德或黑格尔的立场。相反,阿多诺的美学建立在对主体与对象相互依存的阐释上。情况正是如此,即使在他蔑视那种将审美经验连同其他一切都记在账本上的主体与艺术间的关系时:

> 对一个与艺术有真正关系的人来说,他会消失在艺术中,艺术不是对象;远离艺术对他来说是不可忍受的,但他不会将独特的作品看作愉悦的源泉。毋庸置疑,没有人投身艺术而不想从中获得某种东西——就像资产阶级所说的那样;但这并不意味着人们应当制定出"今晚听《第九交响曲》,我感到如此快乐"之类的清单,即使这种弱智的思想如今已将自己变成了常识。[1]

(*AT*: 13)

也许很难准确捕捉到这里所说的东西,因为主体和对象这两个范畴相互制约到了如此彻底的程度。阿多诺抨击的是这样一种对待艺术品——如对贝多芬《第九交响曲》——的态度,在其他作品中,他将这种态度与消费者对"文化工业"产品的反应联系了起来。通过工业手段大量炮制散播的产品只是供大众消费,而不是让他们充分投入其中,即便他们确实值得这样投入时(*DE*, C: xvi; J: xviii-xix)。阿多诺在上文嘲弄过的那类清单是由迟钝的客体消费者虚拟出来的。

阿多诺主张,对艺术品充分的反应涉及主体与对象更为错综复杂的缠绕过程。的确,这样的反应需要主体怀着会从艺术品中153 得到某物的希望,投身艺术品中。但这种激烈的主体投入——其痛楚与上文描述的资产阶级对贝多芬的虚伪体验形成了鲜明对

1　参见阿多诺,《美学理论》,王柯平译,成都:四川人民出版社,1998年,第23页。译文依照英译本作了大量改动。——译注

比——带来的不是主体扩张进而压倒艺术,而是他或她消失在艺术中。人们或许有理由认为,主体的消失意味着支配性的审美范畴现在变成了对象。但"艺术不是对象"。对阿多诺来说,主体-对象只有作为一组对子时才会发挥作用,强调这一点是极为重要的。如果主体被彻底改变,那么对象也会随之改变。

因此,阿多诺的美学继承了康德美学与黑格尔美学的对立,并试图克服这种对立。对阿多诺来说,就像对黑格尔来说一样,康德将美学过于限定在对主观反应的考察上。然而,阿多诺仍坚持认为,审美反应是思考审美客观性的基础。这必然是一种独特的反应,它包含了比愉悦感更多的东西。

的确,阿多诺用直接出自《启蒙辩证法》的话,对感觉与思考的分离进行了抨击:

> 感觉和理解在人性中并不是判然有别的,即使在相互分离时,它们也彼此相依。归在感觉概念下的反应形式,一旦将自己封闭起来,切断与思想的联系,对真理视而不见,它们就会变成一片片无用的感伤飞地;然而,思想如果不对模仿行为进行升华,就会陷入同义反复。[1]

(*AT*: 331)

脱离思想的感觉是异想天开;脱离感觉的思想会转向自身,拒绝外在事物对它的刺激。至关重要的是,理解艺术品是对艺术品做出审美反应的一个重要环节:"批判不是从外部加给审美经验的,相反,它是内在于审美经验的"(*AT*: 347)。对阿多诺来说,这意味着理解不是一个更高的、更迟的反应阶段,同时这更意味着,对艺术品最初的、直接的反应,对更进一步严肃地思考艺术品来说

1　参见阿多诺,《美学理论》,王柯平译,成都:四川人民出版社,1998 年,第 555 页。译文依照英译本作了大量改动。——译注

至关重要。

坚持批判是审美反应的核心,这在阿多诺强调哲学阐释对艺术品的必要性上得到了反映。正如批判不是外加给反应的一样,阐释也不是强加给艺术品的,否则,它对艺术品来说就是无关紧要的。正如阿多诺所言,"艺术在等待自己的解释"(AT: 353)。阿多诺再次受惠于本雅明对德国浪漫哲学的批判概念的论述。

本雅明已指出,对诺瓦利斯[1]和施莱格尔这样的作家来说,批评是艺术品的极致——也就是说,是艺术品的完成。这并不是说,批评填补了艺术漏掉的东西,而是说批评阐明了艺术潜在的——及沉默的——哲学意义。对于这种在批评中显露出来的艺术品的知识,本雅明将它描述为艺术品的自我-知识,并试图阐明它的特征。[2]

愈加清楚的是,阿多诺关于艺术品的哲学阐释的观点,并不只是表明,艺术应该受到哲学的塑造。对艺术的哲学阐释满足了艺术品本身的强烈需求。而且,阿多诺甚至说"艺术品,如果没有任何部分能够引发沉思和思想,就不是艺术品"(AT: 121)。在不断强调有必要仔细审查艺术的哲学意义的情况下,阿多诺试图提防这样一种批评,即只在艺术品中读出了哲学或政治论点和命题的批评,正如我们将看到的那样。与此相关的是,阿多诺拒绝仅从作品包含的显在论点和命题角度,或人们认为其表现出的立场角度,来理解他所谓的作品的"真理-内容"。例如,像约翰·弥尔顿《失

1　诺瓦利斯(Novalis, 1772—1801),德国浪漫主义诗人,其出生的时代和一系列重要人物联系在一起:拿破仑、梅特尼希、黑格尔、荷尔德林、贝多芬、弗里德里希·施莱格尔、路德维希·蒂克等。他的抒情诗代表作有《夜之赞歌》(1800)、《圣歌》(1799)等,还写过长篇小说《海因里希·冯·奥弗特丁根》。——译注

2　本雅明,《德国浪漫主义的批评概念》(The Concept of Criticism in German Romanticism),第143、151和153页。

乐园》这样的作品,它是否表现出了明显的共和党立场,或是否成功地传达了一种严密的神正论,即使这些问题已有定论,但这部作品的意味不会被就此穷尽。

然而,这不是要放弃,比如诗歌,对哲学意义的诉求。而是说,诗歌的哲学意义既蕴含在可提取的主题中,或能加以辨别的立场中,但也同样蕴含在措辞、句法和韵律中。对那种只在艺术品中发现了自己预先放置的意义的哲学阐释,阿多诺甚是怀疑:

> 今天对文学作品的哲学阐释……未能穿透本应得到阐释的文学结构,相反,它将作品解释为哲学命题的舞台:实用哲学,先验地,从作品中只读出了自己曾煞有介事放置进去的命题。[1]

> (*AT*: 352)

相比之下,阿多诺拒绝在一种单纯的美学消费与含糊的、有所倾向的哲学化之间做选择。

虽然承认艺术从来不会被简单地转化为哲学而毫发无损,但阿多诺认为,面对 20 世纪艺术的激进发展,拒绝放弃哲学阐释是尤为必要的。任何在初读詹姆斯·乔伊斯《芬尼根的守灵夜》,或首次聆听勋伯格的《月迷彼埃罗》时受挫的人,可能都会承认,现代主义作品似乎更频繁地抵制阐释而不是激发阐释。阿多诺声明,"在当代情形中,恰恰是那些不可理解[的艺术品]需要被理解"(*AT*: 118)。

现代主义作品如何打破"艺术是直接可阐释的"这个设想,我们会在《假定》中找到阿多诺对此最为清楚的论述,在这篇文章中,阿多诺反思了对实验诗人汉斯·G.赫尔姆斯的 *FA: M'*

155

1　参见阿多诺,《美学理论》,王柯平译,成都:四川人民出版社,1998 年,第 592 页。译文依照英文本作了大量改动。——译注

AHNIESGWOW 的解读——如果"解读"还算是一个正确的词的话。[1] 当讨论阐释性理解遇到这类作品出现了怎样的问题时,阿多诺回到了某些问题,这些问题与我上面讨论过的主体与对象在审美中的关系有关。首先,他质疑,阐释性理解是否应该一上来就考虑 *FA:M' AHNIESGWOW* 这样的作品对主体产生的效果。我们完全不清楚主体是否能够直接准确地抓住"作品的本质"(*NLII*:96)。当一个无效的对象面对一个稳定的主体时,这样的方式是不恰当的。

对这种方式的批判,不仅延伸到了对这个观点——艺术品应该只用来娱乐——的批判,而且延伸到了对——我们应该用理解理性地打开艺术品——这个看法的批判。哲学阐释,尤其在这个例子中,不可能意味着"像预期的那样理性地抓住某些东西"。

> 如果[阐释性理解]是要指出某些恰当的东西,某些对当下来说适当的东西,那么今天它需要被更多地想象为一种追随作品[*Nachfahren*]的行为;想象为积淀在艺术品中的张力以及凝结并固化在艺术品中的过程的重现[*Mitvollzug*]。当一个人将艺术品转化为诸多概念时,他实际上并没有理解它——如果一个人只是这么做,那么他打一开始就误解了作品——而倘若要说一个人理解了某个作品,那么反而在他沉浸于艺术品的内在运动时;我几乎要说,在这个作品被耳朵根据自身的逻辑加以重构,被眼睛加以重绘时,当语言官能根据作品言说时。

(*NL* II:96-97)

156

---

1 简短而有用的赫尔姆斯生平叙述,可参见格鲁夫音乐在线(*GroveMusic Online*)上斯蒂芬·弗里克编写的词条"Helms, Hans, G(ünter)"。(译按:汉斯·G. 赫尔姆斯[Hans G. Helms,1932—2012],德国实验作家、作曲家、经济分析家和评论家。他创作的 *FA:M' AHNIESGWOW* 已成为文学与音乐交叉领域先锋艺术的传奇。)

回到早前那个观点,阿多诺试图克服主体与对象之间根深蒂固的对立,并不意味着主体必然会成为作品圣坛上的牺牲品。毋宁说,由主体进行的,或基于主体的理性的理解,应让位于主体跟随或依照艺术品本质特征的行为。而且,对这种独特的哲学反应的需要,不是外在于对艺术品的感性直观的,而是后者本身的组成部分(*NL*Ⅱ:97)。

艺术,承诺与意识形态

到目前为止,我们看到,对直接从作品中读出主题或将作品纳入某种立场,阿多诺十分警惕。他尤为怀疑那些试图将艺术品与特定的政治立场结合的行为。因此,我们或许可以说,阿多诺对艺术的关切是美学的,而不是直接政治性的。(再次值得注意的是,阿多诺对美学的质疑并非意味着美学应被废除,取而代之以别的东西;也就是说,对美学的质疑同样包含着对美学的某种矛盾的辩护。)阿多诺拒绝将哲学直接运用到艺术品中,同时,他支持激进的现代主义艺术,理解这一点,需要结合他对那种明确拥护特定政治承诺的艺术的批判。尽管阿多诺对艺术与社会间的关系感兴趣,但在他看来,这种关系并不在于艺术品会提出明确的政治承诺或社会批判。

对让-保罗·萨特的艺术和理论尝试,以及贝尔托·布莱希特在更高程度上将艺术转向明确政治目标的尝试,阿多诺格外警惕。在布莱希特看来,"美学观点不适合时下诞生的戏剧",因为在他看来,当代戏剧的目的在于表现社会冲突并提供社会指导。[1] 然而,

---

1　贝尔托·布莱希特,《难道我们不应该废除美学吗?》(Shouldn't We Abolish Aesthetics?),《布莱希特论戏剧:美学的发展》(*Brecht on Theatre: The Development of an Aesthetic*),1964年,第21页。(读者应该注意,而且也许应该质疑布莱希特论戏剧文章的副标题。)至于萨特,可参见《什么是文学?》(*What is Literature?*),1993年。

阿多诺反驳到,这个观点并未认识到在灾难性的现代历史事件面前传统美学范畴的瓦解;它也未能洞察到艺术品本来包含的社会批判倾向。美学意义背后理性的、人道主义的假设已被毁坏到了如此程度,以至于艺术品不再能够成功地传达意义。

而且,阿多诺认为,艺术的社会批判潜力——也就是说,它与当下世界主导方式的对立——并不在于它的思想主旨,而在于它是艺术这个事实。对一个正在丧失自由的世界的回应,不是将政治目标——不管这些目标是如何值得赞美——强加给艺术:"没有哪个艺术家能够独自超越解放的艺术与枷锁重重的社会之间的矛盾:或许在濒于绝望的边缘,他能够做的,只是用解放的艺术抵抗这个枷锁重重的社会。"[1]

正如艺术家任意运用艺术自由而不愿屈从压力,可能比直接在艺术中表达社会批判或政治宣传更具有政治效力,那么与事物发展保持距离的艺术品将会表明,一个不同形态的世界是有可能的。"艺术是社会的社会反题,"阿多诺在《美学理论》开篇这样评论道;它"不能直接从它推导出来"(*AT*: 8,译文有所改动)。不过,我们应当心这个评论。一方面,阿多诺清楚地表达了这个看法,艺术本身与现存社会是对立的。另一方面,艺术是"社会的社会反题":艺术至少在某种程度上反对它所是的东西。艺术面临的悖论是双重的:第一,它只能从现存世界,只能在现存世界中产生,第二,如果它想表明一个替代性的社会是真正可能的,那么,它必须和社会中的其他事物一起是真实存在的。"的确,艺术品自身只有先成为某种东西,才能变成另一种不同的东西"(*AT*: 86)。

当代社会中自主性艺术——就是说,只遵从自身规律的艺术——的悖论性要更为深重。祖德瓦尔特富有洞见地评论到,尽

---

[1]   阿多诺,《新音乐哲学》,2006年,第82页。

管自主性艺术可能表现了与非自由社会的对立,但它也会错误地表明某种摆脱了社会的完美自由实际上是可能的。[1] 正因为这个原因——在某些方面,艺术想与社会保持距离并进而否认自身包含的意义——所以"布莱希特怀疑美学个性化是一种意识形态"(NLⅡ:82)。事实上,这是阿多诺不同于布莱希特的关键之处。对阿多诺来说,布莱希特放弃美学,是将自主性的婴儿同意识形态的洗澡水一起泼了出去。艺术既是意识形态的也是解放的。

为更充分理解阿多诺的论点,在此我们有必要知道意识形态指的是什么。意识形态通常被界定为虚假意识;它欺骗性地将为社会特定部分特定利益服务的东西描绘为普遍规律。从这个意识形态定义出发,阿多诺在很多极其重要的方面对意识形态做了限定,不过,在此我们不能对其加以详尽无遗地探讨。[2] 尽管对阿多诺来说意识形态无疑是不真实的,但它只有在某种特定的意义上才如此:"不真实的并不是意识形态本身,而是它声称自己与现实相符"(P:32)。阿多诺坚持认为,尽管说现存社会是自由的、和谐的和正义的,这并不真实,但这些说法包含的社会应该是怎样的愿望却是真实的。在《否定辩证法》中,他说到,"意识形态的真理性环节"在于"这个夙愿:这里应该没有矛盾,没有对立"。就是说,当宣称社会不存在对立时,意识形态是虚假的;但这样的宣言也包含了社会的确应消除对立的愿望。正因为此,"[意识形态中]实用主义、自然-管控的因素"已然结合了乌托邦因素"(ND:149-150)。

158

1 祖德瓦尔特,《阿多诺的美学理论:幻觉的救赎》(Adorno's Aesthetic Theory: The Redemption of Illusion),1991年,第32页。
2 西蒙·贾维斯对阿多诺的意识形态观念进行了细致的解读。尤其参见《阿多诺:一个批判性的导言》,1998年,第65-67页,至于论艺术部分,可参见此书第116-119页。德国读者也可查阅《对意识形态理论的贡献》(Beitrag zur Ideologienlehre),Gesammelte Schriften 8,1972年,第457-477页。这篇文章的英文版收在法兰克福研究所,《社会学方面》(Aspects of Sociology),1972年。

意识形态因此并不完全是不真实的。阿多诺指出这一点,是想让迟钝的意识形态概念工具变得更加锐利。他也批评对意识形态的如下解释,即,从意识形态是虚假意识这样的定义出发,得出一切意识都是虚假的的结论。对阿多诺来说,这个结论并不是顺理成章的(*AT*: 252)。他在《论抒情诗与社会》(起初是德国无线电台的一期谈话节目)中对这种观点进行了明确而重要的反驳:

> 遇到意识形态这个概念时需要特别警惕,这些天它遭受的攻击已到了无以复加的地步。因为意识形态是谬误,是虚假意识,是谎言。它表现在艺术品的失败中,艺术品固有的虚假中,并由此遭到了批评家的反对。然而,机械地重复伟大的艺术品,其本质在于为真实存在的主要矛盾赋予形式,只有在倾向于调和这些矛盾的意义上,它们才是意识形态,这样的重复不仅侵害了它们的真理内容,而且歪曲了意识形态概念。这个概念并不是说,一切精神只为某些人服务,错误地将某些特定价值呈现为普遍的;毋宁说,这个概念试图扒掉虚假精神的面具,同时理解它的必然性。然而,艺术品的伟大只在于这个事实,即它说出了意识形态隐藏的东西。正是它们的成功超越了虚假意识,无论这种超越是有意还是无意。[1]

159

> (*NL* I : 39)

在这段重要的话中,需要特别指出两点。阿多诺坚持认为,在这种情况下,意识形态概念不是一个能被盲目运用到艺术上的普遍范畴。毋宁说,我们需要特别关注实际的艺术现象。我们应该

1　对这篇文章富有启发性的解读——并将其运用(滥用)到对意识形态和文学的解释——可参见罗伯特·考夫曼(Robert Kaufman),《阿多诺的社会抒情诗,及今天的文学批评:诗学、美学、现代性》(Adorno's Social Lyric, and Literary Criticism Today: Poetics, Aesthetics, Modernity),《剑桥指南:阿多诺》(*The Cambridge Companion to Adorno*),2004年,第354-375页。

注意,这使阿多诺成为了一位十分独特的文学或美学理论家,因为即使当他引用诸如意识形态这样明确的理论范畴时,他仍坚持对实际的艺术品进行细致的考察,而不是用既定范畴去分析它们。[1]

阿多诺不愿接受艺术是意识形态这样一个笼统的观点,这与他不愿接受一个同样笼统的意识形态观念有关。我们已看到,阿多诺并不认为意识形态是完全不真实的。同样,他在此指出,精神——特别是艺术和美学——不应在外于或先于对具体作品思考的情况下,被全然看作意识形态加以摒弃。的确,如果说意识形态和真理不能断然分开,那么在艺术中似乎正是如此(AT: 234)。有一种意识形态的假设认为,在当代社会中,人们往往将手段当作目的盲目推崇,然而,文化却被从中剥离出来,这种意识形态假设,就其"至少无意识地暗示出了实现自由的希望"(P: 23)来说,也是真实的。艺术品注定会失败——注意阿多诺并没有在《论抒情诗与社会》中提到糟糕艺术品的失败之处——因为它们是意识形态的,但它们对自由的诉求也是它们对自由的渴望的一部分,也就是说,是它们的真理的一部分。

艺术的意识形态如何指向真理和虚假,对这个问题的考察,清楚地表明,阿多诺的美学理论,主要是对哲学通向艺术的可能性及本质的持续考察,而不是对既定美学原则的贡献。然而,阿多诺认为,美学不应被就此抛弃。而且,他对美学的兴趣也不单单是对知识史的好奇心使然。当然,阿多诺工作最引人注目同时对很多人来说也最不舒服的地方在于,美学的核心问题同时代表了思考主体与对象间关系的最重要的方式,以及思考如何实现一个没有对立的世界的最重要的方式,这种对立正在撕裂当下世界。

1　贾维斯,《阿多诺》,第137-138页。

文化哲学

◎ 罗伯特·W.威特金

导言

阿多诺很多讨论文化的著名文章都写于旅居英国(1934—1938)和美国(1938—1947)期间。黑暗时代,流亡——大屠杀的阴影——时常伴随着这些文本:其存在无疑使他的著作带上了"警钟"式的紧迫语调。

文化无所不在:它是一切意识、一切精神生活的媒介。我们从未在文化之外;大部分时候,我们认为文化是理所当然的,就像鱼认为水是理所当然的一样。知识分子文化——哲学、艺术、科学和文学——只是文化的一个方面。与我们更密切相关的是有关工作场所、组织机构、公共服务、教育、民主政治和规范管理的日常文化;有关两性、家庭生活和人际关系的文化;报纸、杂志以及各种各样的休闲文化——大众娱乐、广播电台、电视、电影、唱片、音乐和戏剧。

大部分人并不认为日常文化——商业生活或流行音乐文

化——是有害的,更不会认为它同样属于导致 20 世纪最恐怖事件的思想形式。阿多诺的文化哲学启示性的语调是为了让读者相信现代文化的病理性,相信他认为的命运正在等待那些对晚期资本主义文化霸权不加抵抗的人,那些允许自己被同化,变成这个野蛮世界"辩护者"的人。他对文化的批判并不只是为了理解文化,也不是让残余的文化恢复过去的荣光,而独独是为了将**文化**[1]重建为一个活的过程,这种文化拒绝封闭,始终意识到自己与现存世界的不同。尽管哲学、艺术、道德观念、从来不会与这个世界和解,但达成和解的渴望却为道德实践奠定了基础。

　　阿多诺的观点,以散文形式,通过诸多话语错综复杂的相互作用逐渐展开。迷宫似的原创文本被严丝合缝地编织进了他的著作网。他的哲学、音乐、艺术和文学知识,覆盖古今,广博而精深。他不仅是一位渊博的学者,而且是一位颇具才华的音乐家——钢琴家和作曲家,他是阿尔班·贝尔格的学生,勋伯格圈子里的成员。他对现代流行文化和大众娱乐的批判涉及占星学、综艺节目、黑色电影、爵士乐、广播电台和电视。他结交了很多对 20 世纪文化包括严肃文化和流行文化做出了卓越贡献的人。

　　在阿多诺的哲学中,一切文化都是在物质经济关系的熔炉中锻造而成的(P: 23ff)。启蒙文化正是如此,它是脱胎于封建主义的资本主义社会必不可少的组成部分,同样,大众文化也是 20 世纪文化工业的产物。这两种文化只有在与社会的关系中才能被理解。在阿多诺赋予启蒙**文化**的乌托邦意义上,**文化**的形成是为了为生活提供精神要素,使主体经由表达而实现自我理解。但在艺术思想或艺术品中实现的完整、和谐与和解,也包含了**文化**的乌托邦意义,即,文化与充满对立的世界是完全不同、格格不入的。现

1　"Culture"这个词,当指向启蒙文化时首字母大写(译按:译文中用加粗字体进行区分),这种文化是指阿多诺乌托邦意义上的满足主体精神需求的文化。当这个词表示其他意义(如在"文化工业"、"伪文化"中)时,该词则小写。

代社会无疑是对立的,因为它被构成为一种去除了精神要素的客观生活。一种能够传达主体精神的活的**文化**,必定会意识到自己不同于这个缺乏精神的客观世界。相反,与这个世界完全认同的文化,则缺乏主体精神,不能维持生活中的精神要素。

文化,在阿多诺看来,如果是为了满足主体的精神需求,那么它必然会抵抗或终止自己的物质性。它必然会避免接近它的对象。活的文化是历史性的。为了保持如此,它必然会批判性地审视自己与对象之间不断发展的关系。为了有助于活的对象,文化必须将自己构成为一组可能性的编码,以便在已变化和正变化的社会条件下再次形成经验。也就是说,它必须避免这样的诱惑,即,为高高在上的真理树碑立传。反之,它必须提供某些形式,以便它的接受者能够参与其中;能投身到再次发现意义的过程中。艺术品和**文化**不断发生变化;它们经历着一个外在的历史,因为从事它们的是新的历史条件下新的接受者。阿多诺不让思想逗留在它的对象上;他使概念和对象——个体与社会、部分与整体、文化与世界——的非同一性,变成了一个需要给予批判性关注的对象(*AT*: 176)。

文化的悲剧

知识分子文化——艺术、科学、道德等——可以从两个不同角度来理解。其一,文化形式表达了主体的生活过程;艺术品和科学指向主体(个人和集体)的自我理解及其精神发展;作为目的本身,它们是有意义和价值的。其二,文化是工具性的;它实际上是实现世俗目的(无论是主观的还是客观的)的手段。这两个角度,一个是内在的,一个是外在的,它们之间的关系早在社会学的初创期就以不同的方式呈现了出来。

在文化哲学的发展过程中,一个至关重要的人物是格奥尔格·西美尔;[1]他对阿多诺、卢卡奇、阿多诺的至友兼早年导师齐格弗里德·克拉考尔等这一代学者无疑产生了重要的影响。[2] 哈贝马斯曾论到,经马克斯·韦伯开创,并由一系列(包括阿多诺和霍克海默的)时代诊断组成的社会理论,皆来源于西美尔的文化哲学。[3] 对西美尔来说,**文化**形成于主体经由表达而客观化的过程(灵魂客观化在它的形式中)。将生活-过程的诸多元素结合为一个整体并将这个过程表达出来(精神的客观化),在世界多个方面得到映现的主体,重新返回自身,从而丰富了对自我的理解。

对西美尔来说,"文化的悲剧"在于这样的事实,现代主体不再引领这个过程。客观文化(客观化的精神)一旦形成,就会屈从于物质生活的需要,脱离产生它的主体。一旦与那个已不再承认精神的物质世界同流合污,它就不再能够满足个体精神的需要。科学、技术、道德等逐渐形成一个几乎封闭的物质环境,这个环境对主体精神来说是晦暗不明的。货币经济的增长和劳动分工的加剧促进了客观文化的发展,同时也使客观文化世俗化了:"由于现代分工……客观精神缺乏精神性,这也许是今天极具个性且敏感的人对文化进步抱有敌意的根本原因。"[4]

在《货币哲学》中,西美尔形成了这个有关客观(物质的)文化快速增长的观点。个体(主体的)文化远远落后于客观文化的发展:我们对日常所用的最熟悉的事物如无线电、内燃机、电力等的

1　参见格奥尔格·西美尔,《西美尔论文化:文选》(*Simmel on Culture: Selected Writings*),1997 年。

2　参见齐格弗里德·克拉考尔,《格奥尔格·西美尔》(Georg Simmel),《大众装饰:魏玛时期论文集》(*The Mass Ornament: Weimar Essays*),1995 年。

3　参见哈贝马斯,《西美尔论哲学与文化:散文集后记》(Georg Simmel on Philosophy and Culture: Postscript to a Collection of Essays),《批判性探究》(*Critical Inquiry*, 22(3),1996 年春,第 403-414 页。

4　西美尔,《货币哲学》(*The Philosophy of Money*),1990 年,第 466-467 页。(译按:参见中译本西美尔,《货币哲学》,陈戎女、耿开君等译,北京:华夏出版社,2002 年,第 379 页。译文有所改动。)

理解,落后于产生它们的科学技术文化。和阿多诺一样,西美尔坚持认为,就客观文化而言,个体的精神需要很大程度上维持着一种禁欲式的克制。"每天每个地方,客观文化都在大量增加,但个体精神若想丰富自我发展的形式和内容,只能远离这种文化,独自缓慢地发展。"[1]

西美尔从现代社会发展角度总结了这个过程。他用短短几句就概括了《启蒙辩证法》的精髓,而阿多诺和霍克海默提出这个论点则要到四十多年后。

> 手段先于目的在如下事实中达到了登峰造极的程度:生活的外围,处于本质之外的事物,变成了中心的主人,甚至我们的主人。尽管在自然能够满足我们需求的程度上说我们支配自然是正确的,但这只是就传统意义上的物质生活形式而言。如果考虑到生活整体,那么科技对自然的控制要想成为可能,只有当我们成为它的奴隶并摈弃作为生活核心的精神时。诸多缪念清楚地反映在这个领域所用的术语中,也反映在,以客观性和摆脱神话而自豪的思维方式,却暴露出了截然相反的特征。[2]

文化与伪文化

阿多诺提出了一个与西美尔相似的论点,将**文化**与他所谓的"伪文化"对立起来(TPC)。前一个术语"**文化**"指与欧洲启蒙运动相关的思想和概念体系,连同随之产生的艺术和音乐。启蒙**文化**以满足主体精神需求作为自己的目标,就像——康德意义

1　西美尔,《货币哲学》,1990 年,第 499 页。(译按:参见中译本西美尔,《货币哲学》,陈戎女、耿开君等译,北京:华夏出版社,2002 年,第 363-364 页。译文有所改动。)

2　同上,第 482 页。强调为笔者后加。(译按:参见中译本西美尔,《货币哲学》,同上,第 393 页。译文据英译本作了大量改动。)

上——"合目的地无目的性"。**文化**在物质生活发展及再生产中扮演的角色,被这个内在于**文化**的**文化**"自足性"观念掩盖了。阿多诺用自足性的文化辩证地反对:现代适应性的、工具性的文化,仅仅用于控制物质世界的文化。这种文化认同于它的对象,消除了自身内部一切非工具性的、对外部世界无效的东西(主体精神),直到个体变成自身的对象,他们作为主体的生活实际被消灭。

实际上这两种文化都是阿多诺批判的对象。一切文化都是为回应物质社会生活而形成的。但脑力劳动和体力劳动的分工掩盖了这个起源,并让那些因分工而获得特权的人将**文化**构想为自足的。阿多诺否认了那种认为**文化**是一个独立自足的整体,只为自身目的而存在的说法。他坚持认为,这种有关**文化**自足性的意识形态无论如何是危险的。在纳粹时期,那些对艺术和音乐有着高超鉴赏力的个体,主动参与了折磨同胞的行为,由此证明,那些号称高级**文化**能丰富主体人性的说法都是骗人的。而且,当**文化**自称是自足的,只为自己存在时,它实际上变成了"文化商品",变得不再真实。

另一方面,伪文化旨在适应、融入集体性的社会管理机器,并被这个机器同化吸收,它预示了个体及自由可能性的消失;它屈服于野蛮。它的增长侵蚀了精神及支撑它的**文化**。生产大众文化的工业已增长到了这样的程度,以至于成千上万人被淹没在文化商品中——通过大众传媒的散播——这在过去是绝无可能的。阿多诺并不认为这是好事,反而认为它是有害的。大众文化不是自我表达的手段,不是主体自我发展的途径,而是相反:它唤起了人类被动、退化和自我放纵的一面。不加抵抗地参与伪文化就是消灭我们作为主体的生活。

伪文化不仅是大量的文化商品,它还是一个动态过程,它将一切文化都放在碾磨机上加以碾磨。即便所谓的高级**文化**作品,也被首先剥去了一切能满足精神发展需要的东西,进而被吸收进伪文化的刻板形式中。它们与文化工业生产的文化商品变得不再有区别。正如个人主义兴盛的企业资本主义让位于垄断资本主义的全面管理世界，真正的**文化**也在伪文化的威逼下撤退了。不断激增的适应性文化、信息、广告宣传和大众娱乐等不仅取代了真正的**文化**；而且作为伪文化，它还不断贬低**文化**，并以此作为促进自己发展的动力。文化工业将旧艺术变成了自己的原料。即便是贝多芬的交响曲，在大众传媒的碾磨机下，也被磨成了伪文化，磨成了一连串东拼西凑却毫无意义的优美曲调（*EM*：251-270）。像斯宾诺莎这样伟大哲学家的著作被简化为思想文摘，若干简易条例。个体不能通过这些条例主动进入斯宾诺莎的思想，因为这些条例是从整个哲学大厦中撕扯下来的，只有那些通过独立思考形成自己理解的人才能理解这个大厦（TPC：31）。

　　一个动态的理解过程需要某种沉入式阅读，在这种阅读中，我们会在详细了解各种思想元素及其相互关系的基础上，"形成"对斯宾诺莎整个思想体系的认识。这些元素构成了一个能量场，它既对自身内部的关系开放，也对自己与其他思想体系的关系开放。阿多诺认为这种有关部分-整体关系的见解是合理的，它标志了道德完整性，在此，整体结构由内部元素的相互作用而形成。随着思想元素之间的相互开放、相互回应，这些元素自身不断改变，同时也被彼此改变；而由此产生的思想总体或整体也向它们开放，对它们作出回应。因此，尽管阿多诺的道德责任与自由模式依靠体系组成元素或部分的自发能动性——无论是哲学体系中的元素，奏鸣曲的音乐主题，还是社会体系中的个体——但它同样依靠这些部分或元素之间的相互回应、相互中介，及它们与在这个过程中自然形成的整体之间的自反关系。

　　这种对待部分-部分及部分-整体关系的方式，源于阿多诺的音乐背景——他通晓海因里希·申克的音乐学[1]——但也同样源于

167

---

[1]　参见罗伯特·斯纳伦伯格（Robert Snarrenberg），《申克的解释实践》（*Schenker's Interpretive Practice*），1997 年。

他对埃米尔·涂尔干社会学的阅读。在他对美学及社会体系的分析中,阿多诺甚至比涂尔干更清楚意识到结构化是一项道德工作,是对真理-价值的指引。[1] 对部分-部分和部分-整体关系及一系列根本条件的基本表述,出现在他对社会形态及奏鸣曲或回旋曲的音乐形态的形式与结构的讨论中。总体,作为活的文化,只因为它是从细部——从组成它的元素和关系中自然形成的。在一个动态理解过程中,主体积极介入物质世界,在思想体系中发现新的可能性。因此斯宾诺莎的哲学不是封闭的,不是被密封着以防变化和发展;通过(读者的)接受,它参与到外部的历史当中并随之改变。然而,倘若整体和细部脱离而采取一种刻板的摘要形式,这样的动态理解是绝无可能的。

那些不再随时间发展的文化已变成了伪文化。它的组成元素对它毫无用处,只是一种装饰。**文化**因而也会随着文化商品的增长而退化。**文化**,只有抵抗封闭并保持批判性的开放,才能逃脱变成"文化商品"的命运。对那些有关世界的知识来源于文摘或伪文化的个体,是谈不上真正的理解的,他们只是在一味服从那些自己并没有真正理解的论断。教育并不能解决**文化**的退化问题;教育自身也和**文化**一起在退化,因为它是**文化**的一个组成部分。然而,阿多诺坚持认为,那些不愿被管理世界同化的人,即便在社会剥夺了文化的根基后,仍在坚守着**文化**(作为动态理解),"因为,精神得以存活的唯一方式也许是对伪文化进行批判性的反思,在这个过程中,**文化**无疑是至关重要的"(TPC:33,译文有所改动)。

管理文化

现代社会已形成了这样的社会组织,其近似于开采物质及自然资源的技术理性机器。韦伯对手段-目的理性、祛魅及非人性化

---

1 参见埃米尔·涂尔干,《宗教生活的基本形式:宗教社会学研究》(*The Elementary Forms of the Religious Life: A Study in Religious Sociology*),1976 年。

的分析,启发了阿多诺对文化的广泛批判,尤其启发了他的《启蒙辩证法》。一个全面支配物质自然的体系,以及这个过程中人类精神遭到的阉割,可以从韦伯的形式管理及官僚制模式中延伸出来。

　　作为办公系统的官僚制建立在个人与职责分离的基础上;在韦伯官僚制的理想类型中,组织关系是形式化的、非人性的和工具性的。通过公开考试招聘,依照层级原则分配职责范围,不断激增的系统管理档案,这些因素一起使履行职务的公务人员——不再是一个主体,而变成了集体行政机关的对象。对物质资源不遗余力地攫取,通过技术理性的手段-目的,逐渐消灭了感性和非理性生活的一切因素,消灭了一切没有牢牢附着在这个被掌控的世界的精神生活。

　　马克思认为工人被剥夺了生产工具,然而,韦伯却认为现代社会的经济剥削只有一种类型。士兵被剥夺了作战工具,官吏被剥夺了行政工具。对主体的剥夺呈现出理性化的全面进军特征。[1]从作为代理人的主体那里拿走的东西被赋予了作为集体机关的组织机构。法律、道德和宗教——实际上一切文化领域——都受到了理性化的不断冲击,同时,伴随着这种冲击,它们也被纳入了这个世界的"祛魅"过程。

　　从这点看来,废除私有制的经济革命会奴役这个世界而不是解放这个世界,因为集体所有制需要技术化的经济管理,因而需要加强技术理性的权威,强化官僚制。(近期历史似乎证明了韦伯在这点上的正确性)在韦伯的理性化进军中,剥夺似乎会是全面化的,这个世界各个层面的精神都将面临被剥夺的危险。在文学层面,弗兰茨·卡夫卡在《城堡》和《审判》中,曾描绘出了一个噩梦,这个世界丧失了精神生活,丧失了主体性,空洞的形式充塞着历史

1　韦伯有关官僚化和主体的剥夺的观点,可参见《马克斯·韦伯社会学论文集》(*From Max Weber: Essays in Sociology*),1948 年,第 196-240 年。

的内核,存在的只是法律-理性,令人毛骨悚然。

在《启蒙辩证法》第一章中,阿多诺和霍克海默将启蒙**文化**与资产阶级社会的发展勾连了起来。启蒙**文化**声称通过尊崇科学和理性,已祛除了神话的愚昧和黑暗,他们的批判正是就此展开的。他们拒绝潜在的进步理论:启蒙文化及随之而来的社会,从野蛮和愚昧走向了个体的自由和启蒙。科学的确成功取代了神话,但科学和理性自身又导致了一个主体精神被边缘化的社会。通过消灭一切无法与客观世界认同的事物、一切无法掌控的事物,技术-理性社会将自身的诉求强加给了自然和客观世界。一个将主宰自然的社会,没有使自己得到解放,反而使自己陷入奴役之中;在一个精神堕落的世界,男人和女人都变成了自身的对象。

尽管阿多诺和霍克海默对启蒙文化的态度,显然与韦伯对理性在现代世界祛魅过程中扮演的角色的论述一致,但他们对现代世界史前史所持的态度却不同。韦伯对比了"法律-理性"社会与"传统"社会的不同特征。他并不比阿多诺更赞同进步理论,但与阿多诺不同的是,他也不赞同发展理论。阿多诺和霍克海默将用技术控制自然的原则变成了一个线性发展原则,根据这个原则,社会从原初发展到了 20 世纪。在《否定辩证法》中,阿多诺清楚地表达了这一点:

> 必须解释并否定世界史。在已发生的灾难还会发生的情况下,说一个有关更好的世界的规划已显现在历史中并将历史统一起来,无疑是令人怀疑的。然而,为此理由也不应否认那种把历史不连续的、混乱的、破裂的环节和阶段结合起来的统一体——那种统治自然、进而统治人类并最终统治人的内在天性的统一体。**世界史根本没有从野蛮走向人道主义,而只是从弹弓走向了百万吨级的核弹**……在奴役一切的同一性原则之下,任何不进入同一性的东西,任何逃避工具意义上的

理性规划的东西,都会受到可怕的惩罚,因为同一性会给非同
一性制造灾难。[1]

(*ND*: 320,强调后加)

　　阿多诺和霍克海默一开始就认为,文化旨在通过社会有机体
的自我规训来掌控自然。一种适应性的文化会被牢牢束缚在它的
物质环境中。早期的神话就具有这种冥顽不化的特征。科学声称
要打败神话(被当作错误观念),启蒙世界,然而实际上它却是神话
的继承者。它是掌控自然和社会的更完善或更完美的工具。神话
和启蒙并不是完全对立的。作为客观精神,二者有着相同的目标
和结构。无论是现代社会的理性管理文化,还是在遭遇塞壬时尤
利西斯船上的阶级统治文化,它们对控制他人劳动的专制手段都
拍手称赞。[2]

商品拜物教

　　也许《启蒙辩证法》中最著名也最容易理解的章节是《文化工
业》,在这章中,阿多诺和霍克海默对各种各样的流行文化展开了
持续的批判。对马克思来说,资本主义是一个商品生产体系。在
简单或传统的社会形态中,生产是为了满足当地人追求传统生活
方式的需要。我们可以想象,个体与共同体(政治、宗教及美学及
经济的)的生活-过程被反映在了社会物质文化中,它是共同体(政
治、宗教及美学及经济的)生活-过程的一个不可或缺的部分,共同
体用它充当自己的精神内核。然而,商品纯粹是为市场销售而生

1　参见阿多尔诺,《否定的辩证法》,张峰译,重庆:重庆出版社,1993 年 10 月,第
　　318-319 页。译文有所改动。——译注

2　就神话与启蒙之间关系的进一步讨论,可参见本书艾莉森·斯通所写章节(第
　　3 章)。

产。它们是缺乏精神内核的(经济)物品。

马克思断言,生产商品的工人与他们的劳动产品异化;商品不是劳动者的产品,没有表达其作为个体或共同体成员的生活-过程。工人也同他们的生产过程异化:他们受雇于资本主义体系,又在这个体系规定的条件下工作。最终,他们和同一生产过程中的其他人异化,生产过程将他们隔离开来,并使他们丧失了技能。[1] 例如,在泰勒制-福特制极端精细的劳动分工方式中,这种隔离达到了极限,工人完全在进行机械重复活动;行动的协调不再需要互动和合作;一切都由机械化的生产线决定。[2]

商品自身变成了拜物-对象。因为商品不是表达的结果,不是主体精神的产物,它以一种省略了生产过程的方式出现在人们的意识中,以至于它似乎不是人与人之间真实关系的产物,而属于一个独立的物的世界。任何脱离生活历史、不再发生变化的东西,都将自己呈现为一种独特的、自足的和完善的精神;从而变成拜物-对象。异化主体与商品化世界之间力量的悬殊,造成了依赖和自我-弱化;后者(商品化世界的力量)表现为商品自身的吸引力,以及保你满意的承诺产生的效力。商品王国是一个"幻影"。[3]

阿多诺将商品看作一切脱离了主体精神的客观精神形式。由于被抽空了历史,商品不参与生活关系。随着全球一体化经济的扩展,商品形式得寸进尺,侵入社会生活的所有领域,消灭一切它能发现的主体精神残余。就像一切不再具有历史性的关系那样,个体与商品的关系变成了一种专制服从关系。

1　马克思,《1844 年经济学哲学手稿》(*The Economic and Philosophic Manuscrips of 1844*),1964 年,第 106-116 页。

2　参见弗雷德里克·泰勒(Frederick Taylor),《科学管理》(*Scientific Management*),1947 年。

3　马克思,《资本论:政治经济批判》(*Capital: A Critique of Political Economy*),第一卷,1976 年,第 165-168 页。

上天

阿多诺善于调整概念。他打开了诸如商品这样的概念包含的可能性，并将它们与来自不同理论语境的其他概念相融合。因此，呈现为商品和官僚制的异化的生活方式，同时也是这个充满神经强迫症和偏执狂妄想的世界的特征，这个独裁主义的、充满非理性和极权主义恐怖的世界的特征。在现代世界，伴随着庞大的非人性化的管理结构和无穷无尽的商品生产，个体与社会之间的力量对比变得越来越悬殊。

在《星陨地球》中，阿多诺对卡罗尔·赖特[1]在《洛杉矶时报》（1952年9月—1953年2月）上所做的每日星座运势"星相预报"进行了解构性的分析，给人留下了深刻印象。他旨在揭露对这种特定的非理性形式的沉迷背后的社会病理。星相专栏声称代表了权威，星象的权威。但这种权威只是突出了在面对控制日常生活的社会集体力量时个体的依赖性和无力感。它假定，星象影响并造成了日常生活事件，同时为个体提供了可资利用的时机，只要他们适时而动就能利用这些时机。该专栏对成功学的推崇，将成功等同于专注个人特殊利益的行为。它并不是将个体性与自制力或对本能的克制相连，而是将个体意识提升为诸如"吸引力"或"魅力"这样的个人品质。它强调适应能力，强调个人在群体中安分守己，强调顺从。

星象似乎同既定生活方式及时代习俗和惯例完全达成了一致。专栏的效果在于重现了读者在日常生活现状中已形成的心态：它和伪文化都具有这一特征。文化工业的产品并不是无害的：一切都是为了确保个人在这个精神堕落的世界随波逐流。在阿多

172

1　卡罗尔·赖特（Carroll Righter，1900—1988），占星师。他为全球166家报纸撰写过专栏，同时又以罗纳德和里根的顾问的身份而抱得大名。——译注

诺的分析中,读者会感觉到,日常最普通的意识与社会生活最黑暗的非理性冲动产生了联系:

> 相信星相学的人,正如患上神经强迫症一样,他们不得不非常严格地遵守某些规则、要求和建议,却说不出为什么。与命令具有的势不可当的、可怕的力量相结合的正是这种盲目的遵从。由于在星相学中,星相被看作一个有关做与不做的错综复杂的体系,因而这个体系似乎是一个强制性体系自身的投影。[1]

流行音乐

通常意义上的流行音乐,特别是爵士乐,是阿多诺说到文化商品时最常举的例子,不仅因为它们是由文化工业——大的唱片公司、电影厂、广播媒体——生产的,而且因为它们像一切商品一样被大规模制造出来,只是为了实现市场交换价值。写歌是为了赚钱,为了捕获大批听众的注意力,为了销售唱片。写歌的人不是具有创造力的个体,他们之所以写歌并不是出于表达自己真实愿望的目的。文化工业不是将他们和有欣赏力的公众联系起来的唯一技术手段。成功的艺术家,包括最具天才的人,都属于文化工业,早在文化工业推出他们的商品以前就是如此(*DE*, C: 122; J: 96)。商品生产的经济关系并不是偶然的,而是进入了创作过程的方方面面,为它的产品打上了一切商品的烙印。为市场而进行的粗制滥造更是如此。

音乐是一种效应文化,由于预先知道什么会"吸引"听众,什么会"调动他们",这使文化生产商能获得一定程度的市场预测,这对这类投资来说是必要的。商品必须是可靠的刺激,必须和那些过

1　阿多诺,《星陨地球及其他论文化非理性的文章》(*The Stars Down to Earth and Other Essays on the Irrational in Culture*),1994年,第64页。

去曾引起歌迷和影迷轰动的东西足够相似。这件事做起来是相对容易的,因为现代社会不断重复的无意义的工作已麻痹了大众,大众只想逃离乏味和辛劳。他们响应一切最熟悉的东西;在商品化音乐形式无止境的重复中,他们体验的无非是生产过程残留的印象(*DE*, C:137;J:109)。

一切伪文化、一切文化工业产品的首要特征就是"标准化"。每一首新歌必须像其他所有歌(阿多诺讨论了这类因素,如 32 节拍的歌曲形式,音高限制在一个八度和一个音符上,音素的定位与变奏过渡相关,等等)一样以便能够被识别出来,这对听众来说是必要的。标准化商品是一种封闭的形式。它引起反响(效果)的力量来源于这种封闭性。它不会是一种表达的手段,因为要是这样的话,文化必须是开放的;它必须表达主体的生活-过程,在内部关系并通过接受也在外部关系中体现主体的(历史)发展。

表达性文化是历史的;伪文化却不是。商品是根据复制规律被生产出来的。它们提供的更多是相同的东西。文化商品的激增及其表面的变化,仅仅掩饰了这个事实:你得到的根本是同一首歌、同一部电视剧。诸多变化以及表面的新颖性和多样性是肤浅的;阿多诺将它们看作伪个性化的实例。流行音乐的标准化意味着,文化工业预先规定了听众的听力。然而,如果歌是相同的,她很快就会厌倦。因此,通过将标准化形式嫁接在与众不同的特征、朗朗上口的节奏和旋律乐句等上,伪个性化使每首歌听起来都像新的(*EM*:437-469)。

严肃音乐

音乐是阿多诺生活和工作的中心。他的很多著作都是研究音乐的,而结构是他考虑的首要因素。在阿多诺的文章中,欧洲音乐艺术的核心是贝多芬。奏鸣曲作为一种音乐形式在贝多芬的中期达到了完美境地,当时,他正在创作大调交响曲。这些大调交响曲可以被看作大型的奏鸣曲。一首交响曲,例如像贝多芬《第五交响曲》那样,在于若干基本元素或主题曲以不同的方式重复和变化:如节奏上、和声上,通过并置、倒置、变调、旋律装饰、音色变化等等。通过这些主题曲的重复和变化,作为整体的乐曲因而在主题上不断发展(AT: 100-101)。在阿多诺的分析中,这种发展过程似乎自然而然地任意向前推进,仿佛由本身内在的次一级因素(而不是超越性的上一级因素)决定的一样;也就是说,乐曲似乎是诸多因素自身自由运动的结果。

因为贝多芬交响曲的"主题元素"——主题曲——与它们的发展保持一致,因而它们变成了历史主角。在奏鸣曲形式和小说中,"主体"都以它的"历史性"为标志。我们或许会说,任何时刻,奏鸣曲或故事的"主体"都是凭借其"历史性"而存在;也就是说,凭借拥有一种发展、一种展开的传记或历史,在这种发展、传记或历史中,并通过它们,它的同一性才得以保存。同时,这种发展似乎是出于主体在"文本"中的关系和遭遇而有机地向前推进,而且似乎必然会像预想的那样完成主体的发展。在中期作品中,贝多芬的快板奏鸣曲达到了资产阶级试图通过艺术调和个体自由和集体限制的顶峰。

这种发展中的变化原则最鲜明地体现在快板奏鸣曲的发展和重复中,阿多诺认为这种结构本身与贝多芬第二时期的风格相同。发展是一个过程,在这个过程中,音乐的主体展现了它的自发力量,在辩证意义上,它走出自身,进入普遍的他者或对象世界,换言之,通过这种方式,它表明自己在客观现实面前是自由的。在贝多芬的主题重复中,对自我的不断强调是同样重要的。通过这种重复,主体似乎不仅将动态发展(历史变化)原则和恒定秩序(不变的同一性)原则结合在自身内部,而且实际上它似乎就来源于这两种内在的原则,同时将这两种原则合成了一种更高水平的现实。[1]

　　阿多诺论贝多芬、瓦格纳、勋伯格、贝尔格、韦伯恩、马勒及其他作曲家的音乐的著作,无论在数量上,还是在对具体作品的音乐分析及讨论的深度上,都远远超过了讨论爵士乐和流行音乐的文章。从早期的《音乐的社会情境》(*EM*),到后来的文章,[2] 阿多诺的分析主要集中在作曲家对现代世界音乐异化状态的回应。他反对这一类作曲家,他们虽意识到,个体无法在这个世界中完成是异化产生的原因,但他们却试图通过完全消灭表达性的个体并退回到一个实体性的纯音乐领域,从而消除异化。在将这种现代音乐方法和新古典主义作曲家,尤其是伊戈尔·斯特拉文斯基和保罗·辛德米特[3] 联系起来时,他也将它同现象学和存在主义的变种联系了起来,现象学和存在主义的变种试图通过退回到纯粹主体性的领域来回应现代文化的危机。[4] 在音乐和现象学中,阿多诺认为,所谓的纯粹主体性和纯音乐实际上是空洞的。我们会发现,它的结构与专制主义的服从、法西斯主义以及一切形式的伪文化相关。这种音乐是清除了历史和表达的效应音乐;是文化工业产品的变种。

1　罗斯·苏博特里克(Rose Subotnik),《阿多诺对贝多芬晚期风格的诊断:一种致命状况的早期症候》(Adorno's Diagnosis of Beethoven's Late Style: Early Symptoms of a Fatal Condition),《美国音乐学会杂志》(*Journal of the American Musicological Society*) 29(2),1976 年,第 249 页。

2　例如,参见阿多诺,《如梦如幻:现代音乐随笔》(*Quasi Una Fantasia*: *Essays on Modern Music*),1992 年。

3　保罗·辛德米特(Paul Hindemith, 1895—1963),是一位多才多艺的德国音乐家,他在作曲、理论、演奏、教学、指挥等多个领域都有所建树。他早期创作的钢琴作品与其他体裁的作品一样,以浓重的不协和和弦及厚密的对位线条为特征,如钢琴组曲《1922》。从 20 世纪 20 年代中期,他的创作表现出强烈的新古典主义倾向,反对感情夸张冲动的晚期浪漫主义,试图将巴赫或更古时代的音乐特点融于现代的风格之中。代表作品有《葬礼音乐》、《韦伯主题的交响变奏曲》、《八重唱》。——译注

4　阿多诺,《新音乐哲学》(*Philosophy of New Music*),2006 年,107f。

阿多诺致力于主体和世界之间的持续关系——尽管是一种否定性的关系——同时也致力于二者达成和解的希望(ND：149)。为此,音乐必须是表达性的和动态的;它必须克服异化,但消除异化的手段不是将主体和对象分离,而是充分表达音乐同外部的异化。勋伯格、贝尔格及第二维也纳乐派的作曲家在此充当了他的模特。然而,即使对这些作曲家,阿多诺的赞同也不是毫无保留的。他专注于研究勋伯格 1910 年左右在无调音乐上的革命,因为它对一种完全进入历史的苦难音乐提供了例证,但就勋伯格后期对十二音程音乐的发展,他的态度变得十分矛盾,尽管他自己在创作中用到了它。十二音程是每首乐曲的基本构造单位,它不变的秩序具有明显的封闭性,这似乎是将本属于历史的东西交给了数学。在勋伯格的许多追随者那里,音乐不再直面历史,就像斯特拉文斯基的音乐和爵士乐一样。

176

其他文化批评家

阿多诺同时代还有其他一些作家,他们也对现代文化展开了激烈的批判,而且他们的思想比阿多诺的要更为知名。这包括写出了《美丽新世界》和《1984》这样反乌托邦文学的作家。当阿多诺和霍克海默写完《启蒙辩证法》后,他们请教了他们的朋友利奥·洛文塔尔,可能是因为需要他帮忙出版这本书。洛文塔尔风趣地回复道:"据我所知,赫胥黎不读德文,而乔伊斯也已去世。"[1] 这无疑确认,在《启蒙辩证法》中,能够清晰地听到《美丽新世界》的回

---

1 霍克海默,《文集 17》(*Gesammelte Schriften* 17),1996 年,第 571 页。引自詹姆斯·施密特(James Schmidt),《语言、神话与启蒙:关于霍克海默与阿多诺〈启蒙辩证法〉的历史笔记》(Language, Mythology, and Enlightenment: Historical Notes on Horkheimer's and Adorno's *Dialectic of Enlightenment*),《社会研究》(*Social Research* 65(4),1998 年冬,第 808 页。

声,也能清楚地辨认出《芬尼根的守灵夜》晦涩难懂的语言风格的影响。《多棱镜》里收录了一篇讨论卡夫卡的文章,而卡夫卡的《城堡》和《审判》也可以被看作反乌托邦作品;还收录了一篇讨论赫胥黎的文章,在这篇文章中,他对《美丽新世界》展开了完全批判性的讨论。

　　另外一些批评家也强烈谴责现代世界商业性的大众文化。彼得·霍恩达尔 [1] 将人们的注意力引向 20 世纪 40、50 年代美国的自由主义者,随着新政的实施,他们从关注政治经济前沿转而关注现代文化批判,例如,丹尼尔·布尔斯廷 [2]、玛丽·麦卡锡 [3]、大卫·里斯曼及其他人。[4] 对大众文化世界末日般的恐惧也在学院中扎下了根。在英国,马修·阿诺德在《文化与无政府状态》中,将文化描述为"这个世界上最好的东西"[5],而文学批评家 F. R. 利维斯(F. R. Leavis)则从阿诺德的观点出发,描绘了如今已变得与现代任何文明概念都不相容的文化的"黯淡前景"[6]。

　　对大众文化的第三种批判来源于克莱门特·格林伯格,他无

1　彼得·霍恩达尔(Peter Hohendahl),德国学者,其教学和研究兴趣包括 18—20 世纪德国文学,尤其是启蒙、现代主义文学;知识分子历史;文学、政治和社会理论,尤其是批判理论(阿多诺、本雅明和哈贝马斯)。——译注

2　丹尼尔·布尔斯廷(Daniel Boorstin,1914—2004),美国历史学家、博物学家和前国会图书馆馆长,一生中出版过 20 多本著作,其中最重要和最有影响的是《美国人》三部曲和《人类文明史》三部曲。——译注

3　玛丽·麦卡锡(Mary McCarthy,1912—1989),美国当代文学界享有颇高声誉的作家。她擅长对婚姻、两性关系、知识分子以及女性角色进行辛辣评论,作品备受社会各界关注。早年曾做过编辑、大学教师以及《新共和》和《党派评论》等杂志的书评人和戏剧批评家,后逐渐步入文坛。著有小说《她所结识的人》、《群体》等。——译注

4　彼得·霍恩达尔,《棱镜思想:西奥多·阿多诺》(*Prismatic Thought: Theodor W. Adorno*),1995 年,28f。

5　马修·阿诺德(Matthew Arnord),《文化与无政府状态》(*Culture and Anarchy, and Other Writings*),1993 年,79f。

6　参见 F. R. 利维斯(F. R. Leavis),《大众文明与少数人文化》(*Mass Civilisation and Minority Culture*),1930 年。

疑是 20 世纪美国最重要的文化批评家。1938 年,大约在《启蒙辩证法》发表九年前,格林伯格在《党派评论》上发表他最著名的文章《前卫与庸俗》[1]。在这篇文章中,他预先提出了很多后来出现在阿多诺和霍克海默论文化工业章节中的观点。像阿多诺一样,格林伯格意识到,大众文化用传统艺术的残余物作为自己的材料,威胁到严肃艺术家的自主性和独立性,也进而威胁到与现代社会建立一种批判关系的可能性。像阿多诺一样,他坚信,批判性的文化面临着被庸俗大众文化消除的危险。上面提到的三种批判来源中,格林伯格在论艺术的文章中的分析,在很多重要方面都与阿多诺的批判产生了共鸣。

177

将阿多诺的文化批判和文化批判主义等同是一个误会,尽管后者采用了与前者看似相同的结论。阿多诺尤其批判了那些将文化看作一种价值的人,那些哀恸严肃音乐的衰落并悲叹其被粗俗的大众文化取代的人;这是一种旨在怀旧的批判。对阿多诺来说,这种批判默然接受了这个世界,它虽然对这个世界有所抱怨,但却没有表达出任何真正的反抗性,它实际上参与了现状的复制过程(P:22-23)。

"文化批评家"自认为高于他所批判的世界,然而实际上,通过他的批判对象,通过他批判的文化,他间接抵达了这个世界的核心。因为他没有真正抵抗现状的复制,甚至在思想层面上,他还加固了它:"只要哪怕一丁点儿思想参与了生活的复制过程,它就仍是它忠心耿耿的奴隶"(P:26)。阿多诺认为,很多所谓的文化批评家,都只是他们声称要批判的东西的辩护者;他们的批判只是反映了脑力劳动与体力劳动的分离赋予他们的特权。这些作品体现

1　克莱门特·格林伯格(Clement Greenberg),《前卫与庸俗》(Avant-Garde and Kitsh),《艺术理论:1900—1990 年》(*Art in Theory*:1900-1990),1992 年。

出的优越性是统治阶级的优越性,他们自认为拥有更高的精神价值,自认为拥有文化所缺乏的**文化**。阿多诺文化哲学的重要之处,不在于他独特的结论,而在于持续紧张的理论动态,在这种动态中并通过这种动态,这些结论对不断变化的条件做出回应,从而呈现出了(新的)意义,由此自身也得到了发展。

历史哲学

⊙ 布莱恩·奥康纳

导言

现代德国哲学时期,历史概念在很多方面得到了发展。历史涵盖的范围,大到对文明进程的宏观分析,小到对特定社会个人经验的描述,从本质上来讲,历史是一个批判性的概念,其试图揭露这个天真的观念,即文化及生活在其中的个人具有固定不变的特性。阿多诺属于这个批判性的历史哲学传统。他的历史哲学留下了黑格尔、马克思、尼采和解释学的诸多观念的强烈印记。

阿多诺对历史观念的关注很早时期就开始了。从他的授课资格论文(1931 年)直到《美学理论》(1969 年辞世时还未完成该书),这个问题一直是他的核心关切。若要全面了解阿多诺的历史概念的多样性及影响范围,需要对他的全部作品进行批判性的分析。本章只限于阐述阿多诺在所谓的"历史理论"方面的建树。我们将要考察的主题包括:阿多诺对(1)普遍历史与(2)进步观念的批判;(3)他对自然史概念的批判性解读;及(4)他对总体在历史生产中角色的评价。

180　普遍历史

德国唯心主义历史哲学,本质上是有关进步的哲学。这些理论很大程度上依赖这个假设,即存在一些集体现象——人类、文明或人类精神——它们会被认为随着时间不断得到改善。这个改善的过程可以通过"普遍历史"而得到解释,"普遍历史"是一种囊括所有历史时期并以某种方式将它们统一起来的叙述。成熟、完善及实现等术语对这种叙述来说至关重要。

唯心主义历史理论,会因天真的乐观主义和形而上学的假设而被很快摒弃。阿多诺意识到了这种普遍历史理论的根本难题。然而,正是通过对该理论的批判性接受,阿多诺获得了一种有关历史和进步概念的不同表述。正如他提纲挈领宣称的那样:"如果关于这种总体史的理论想说点什么,你必须首先进入对普遍历史构造的讨论中。"(HF: 81)

意识到阿多诺对普遍历史的挑战在其生涯的不同阶段采取了不同的形式是重要的。20世纪30年代设定的立场,随后就被哲学显现出来的危机感所修正,这种危机感源于大屠杀的历史经验。"二战"前,阿多诺对历史概念的处理可以被理解为一种激进的解释学,这种解释学试图表明,自称从总体上把握了世界的哲学实际上失败了。在1931年一次演讲中,阿多诺讲道:"今天想以哲学为业的人,必须首先破除这个幻觉,即以思想的权力为开端的哲学规划足以理解这个真实的总体。"[1]

1　阿多诺,《哲学的现实性》(The Actuality of Philosophy),本雅明·斯诺(Benjamin Snow)译,布莱恩·奥康纳编,《阿多诺读本》(The Adorno Reader),2000年,第24页。

　　自《启蒙辩证法》以来形成的立场也包含了这个观点,但并非完全相同。它的特征在于努力探察现代毁灭性的发展,尤为关注导致经验可能性减少的动态关系,因为正是经验可能性的减少推动了大屠杀的发生。阿多诺和霍克海默写道:"我们仅仅是为了揭示人类为什么没有进入真正的人的状态,而是陷入了一种新的野蛮。"(*DE*, C: xi; J: xiv)战前和战后形成的立场在很多重要的地方都有所重叠,但也给阿多诺的历史理论造成了诸多张力,这种张力尤其体现在他对普遍历史观念的批判中。一旦阐明阿多诺的根本任务,这种张力的作用会变得十分清楚。

181

　　乍看上去,阿多诺占据的简直是衰落论者的立场。衰落主义认为,先前令人满意的状态已被这个确定无疑的、无法改变的和必然的历史过程所侵蚀。阿多诺显然持有这种看法,因为他在《否定辩证法》中写道:"普遍历史根本没有从野蛮走向人道主义,而只是从弹弓走向了百万吨级的核弹。"(*ND*: 320)这是阿多诺最常被引用的一段话,但这段话需要谨慎的解释,因为它似乎提出了一个单向度的毁灭轨迹,与唯心主义普遍历史观念体现的进步叙述截然相反。

　　尽管阿多诺对康德的历史理论投入了颇多心力,但他最为关注的是黑格尔的普遍历史观念。[1] 黑格尔历史哲学存在的问题众所周知:个体自由从属于绝对精神的展开过程;令人恐惧的历史阶段会因促进绝对精神的成熟而被认为是合理的;绝对精神是现代哲学最无根由的形而上学命题之一。黑格尔的理论,尽管令人困扰,但却强有力地奠定了如下信念,现代性时期是不同的、更高级的,在它之前的所有历史都以某种方式为它作着准备。阿多诺认为黑格尔的立场"貌似荒诞——巧妙地荒诞"(*HF*: 84)。因为它——不像此前或此后的理论——完全解决了现代性最为根本的假设——进步的连续性:普遍历史。

　　普遍历史观念预先假定,时间有一种特殊的结构。阿多诺和

1　尤其参见《否定辩证法》(*ND*),第 300-360 页。

霍克海默注意到,普遍历史观念需要一个确定的开端——过去的某个点——作为基础,由这个开端出发,后来的所有事件会逐步展开。然而,这不仅是一个合理的理论需求。正是这个命题使当下形态具有了权威性:"通过建立一个独一无二的过去,循环呈现出必然性……从而使新的阶段会像预期的那样出现。"(*DE*,C:27;J:21)当下是合理的因为它是必然的;它的必然性之所以得到解释,是因为它产生于过去某个确定的点。

182　　　阿多诺对这个命题的回应不是简单地将其颠覆。他宣称,历史事实不是非连续的,历史事件也不是毫无关联的。正如西蒙·贾维斯注意到的那样,阿多诺"不满于将历史呈现为完全非连续的,好像不同的'时代'之间没有任何关联似的"。[1] 认为历史本质上是非连续的,是相互毫无联系的事件非结构化的集合体,这实际上一种实证论的观点,阿多诺摒弃了这个观点,因为它会使人们误以为"纯粹的真实性是我们唯一能够认识并因而接受的东西"(*ND*:319-320)。而且,黑格尔那个"巧妙地荒诞"的系统已将现代主义的连续性观念完美而有效地呈现了出来。拒绝它,就像实证论者所做的那样,就会不加反思地拒绝这个本身已是现代性自我理解的一部分的信念。

　　然而,我们不能赞同普遍历史表达出的这个历史连续性的观念,因为这样的表达建立在歪曲历史事实的基础上,从而使其变成了一种脱离物质现实的形而上学。阿多诺试图调整连续性这个命题,将其置于与历史非连续性的辩证张力中。非连续性被设定为历史的一个特征,而不是一种替代性的历史理论。非连续性,作为历史的基本状态,将会妨碍实证主义者意识到历史参与者往往没有意识到的模式或力量的存在。

　　非连续性概念试图捕获这个观点,事件或行动仅作为某个时刻,也就是说,仅作为过去和未来这段时间内变化的时间点,将是

1　西蒙·贾维斯,《阿多诺:一个批判性的介绍》,1998年,第37页。

难以理解的。事件拥有一种意义———一种结构——但如果将它们解读为先前事件的阐释或发展,或解读为此后事件的胚胎形式,它们仍是不可理解的:"历史不是一个方程式,一种解析判断。这样想会从一开始就排除所有性质不同的事物的可能性。"(*P*:66)阿多诺坚持认为,与一切普遍叙述相反,性质不同的事物贯穿整个历史。在1932年论"自然史"的文章中,阿多诺陈述了他的分析框架:"历史,就像我们未出现前一样,将自己呈现为完全非连续的,这不仅因为它包含了迥然不同的情况和事实,而且因为它包含了结构性的差异。"(INH:266)这些事件是分裂性的,因为我们会说,它们生成了独一无二的生命形式,这种形式不能被理解为原有事物逐渐展开的形式。正是这个事实促成了解释工作或作为解释的哲学。[1]

民主的例子说明了这种困难。我们通常认为希腊人是民主制 183
度的祖先。不过,也应该看到,他们的民主不仅不同于今天的民主,而且包含了很多令我们的民主观念厌弃的因素。尽管如此,这两种民主形式的很多地方被前后勾连了起来,明显的不可通约性被当作完全偶然的东西掩盖了。普遍历史观念包含的恰恰是这种思想。阿多诺摒弃了这种思想,因为差异不能被当作偶然的东西打发掉。在早期的文章中,阿多诺写道:

> 实际上,当传统观念将诸多事实嵌入时间流时,这些事实本身的确拥有了时间核,它们将时间凝结在自身内。那些我们能称之为观念的东西是时间核在个体内部的结晶现象,是某种只能通过解释加以破解的东西。与此相应,我们可以说,在将始终分裂的生活再现出来的意义上,它是非连续的。
>
> (*HF*:91)

阿多诺对这种分裂性的历史观念的支持,体现在对审美现象的讨论中。他认为,艺术是历史构成的现象,而不是非时间性的美

1　这是《哲学的现实性》(The Actuality of Philosophy)的核心论点,在此,科学事务显然不同于科学实践。

学规则实体化的结果。他赞同黑格尔的观点,写到"对艺术可能消亡的预见,符合艺术是历史产物这个事实"(*AT*: 3)。艺术的历史本质包含在真正的艺术中:"真正的艺术品会将自身毫无保留地交付给所在时代的历史本质"(*AT*: 182)。然而,这样一来,它们就成了分裂性的现象,因为它们是"结晶现象",是时间核。当阿多诺说"历史并不外在于作品"时,这是一个颇具争议性的论点。[1] 然而,倘若审美经验与艺术品产生于不同时代:"一个人亲身经历过的历史本质越多,他就越能真正地体验艺术品"(*AT*: 183),那么,作品内在的历史性会使审美经验成为问题。[2]

正如上文已提到的那样,阿多诺并未打算用非连续性概念替换普遍历史概念。他写道:"非连续性与普遍历史必须结合起来考虑。"(*ND*: 319)从这种综合的思想中产生的是"始终分裂的"历史观念。历史过程的连续性只能被理解为一系列的断裂。当阿多诺提出"历史是连续性与非连续性的统一体"(*ND*: 320)时,他表达的似乎就是这个观点。[3]

尽管如此,我们必须追问,统一的维度是什么。毕竟,我们不能牵强地说,将历史统一起来的东西本身不具有统一性。实际上,阿多诺想表明的是,"将历史非连续的、无序的、破碎的环节和阶段黏合起来的统一体"是"那个控制自然,进而统治人类,并最终统治

1　苏珊·巴克-莫尔斯(Susan Buck-Morss)在《否定辩证法的起源:西奥多·阿多诺、瓦尔特·本雅明与法兰克福研究所》(*The Origin of Negative Dialectics*: *Theodor W. Adorno*, *Walter Benjamin*, *and the Frankfurt Institute*)中援引了这句话,1977年,第43页。

2　这样的阐释需要的不仅仅是对历史经验的解释。阿多诺反对威廉·狄尔泰(Wilhelm Dilthey),认为他"没有足够严肃地对待真实性;他停留在智识史领域,采用一种暧昧的思想范畴形式,完全没有抓住物质现实"(*INH*: 265)。

3　莫罗·博塞蒂(Mauro Bozzetti)表明,连续性与非连续性的对立导致"历史必须被同时看作进步和退化、人道和野蛮"。参见博塞蒂,《黑格尔和阿多诺:哲学体系的批判功能》(*Hegel und Adorno*: *Die Kritische Funktion des philosophischen Systems*),1996年,第208页。

人的内在自然的统一体"（*ND*：320）。就阿多诺的立场来说，这并不是没有问题的，因为那种有关持续控制自然的叙述并不是非连续的：就它们都具有控制的维度来说，"时间结晶"（我们在阿多诺的阐释语境中会看到）的周期是可度量的。最终，阿多诺表达了一种辩证的历史结构，在此，连续性与非连续性彼此牵引、相互制约，这似乎支持了一种——就历史特殊性而言——有着清晰轨迹的叙述。阿多诺激进的解释学与针对野蛮问题的批判理论相冲突。后者更为著名，但这种著名却剥夺了阿多诺试图用来安放这个连续性与非连续性的统一体的空间。尽管他在理论上致力于非连续性的一面——"结晶现象"——但在实践中却认为历史事件可以从破坏自然的角度加以理解，从而再次打开了他致力于一种衰落主义普遍历史的可能性。

对此，从《最低限度的道德》体现的思想中，我们或许能够找到一种可能的辩护。在此，阿多诺写道：

> 如果本雅明说历史迄今为止一直是从胜利者的立场书写出来的，因此需要从失败者的立场加以书写时，我们或许可以补充道，知识的确应该呈现出胜利和失败宿命般的直线演替过程，但也应该处理那些没有被这种动态包含的事物，那些被抛到了一边的事物——它们或许可以称作逃脱了这种辩证法的废物和盲点。
>
> （*MM*：151）

这段富有深意的话指出了统治的连续性（"胜利和失败宿命般的直线演替"），同时也包含了非连续性（"废物和盲点"，不能被囊括进宏大叙事中的非同一性因素[1]）。也许，同样值得注意的是阿多诺

---

[1] 顺带提一句："辩证法的唯物主义转向，强调对非连续性的洞察，令人欣慰的是，这种非连续性没有被任何精神（黑格尔的概念）和概念统一体结合起来。"（*ND*：319）

对奥托·斯宾格勒的衰落主义的看法。他摒弃了"植物似的生长与文化的衰落"（P: 54）必然具有的机械性,批评斯宾格勒致力于一种无可避免的统治史:

> 他对历史的全部想象可以用统治理想来加以衡量。对这种理想的青睐,使他在处理统治如何可能的问题时极富洞见,但一旦遇到超出了此前一切统治史的冲力时,对这种理想的青睐就会恶意蒙蔽他的视线。
>
> （P: 61）

在这种统治史——连续性历史——中有许多不符合这种叙述的环节,这类环节最终需要阿多诺的解释学为其提供历史解释。然而,这种非连续性的状态——虽不符合普遍历史叙述——但其基本含义却从属于连续性历史。

进步

借由非连续性这个论题,对进步的诉求在阿多诺的哲学中遭到了批判。历史的破坏性阶段否定了现代性叙述,否定了其不断改善的可能性。然而,重要的是,批判理论必须以某种形式保留进步概念。通过对社会的批判,批判理论自认为有助于社会改良过程,比如,物化会在这个过程中被消除。作为一个过程,这种由批判促成的进步的可能性,无法通过修正现代主义目的论,也就是说,无法通过打破当下的正当性并将历史终极目的或目标推向未来某个更远的时间点,从而得到解释。这样的修正本质上是普遍历史叙述的一种延伸。显然,需要形成一种表达进步概念的新框架。

形成这种框架应考虑什么,阿多诺对这个问题的思考受到了瓦尔特·本雅明的强烈影响。受本雅明的启发,阿多诺深入评估

了历史本质的传统预设涉及的因素,因为这些预设参与了进步论 186
题。本雅明论历史哲学的第十三个论题这样写道:

> 社会民主主义的理论和实践都是围绕着"进步"概念形成
> 的。但这个概念本身并不依据现实,而是创造出一些教条主
> 义的宣传。社会民主党人心中描绘的进步首先是人类自身的
> 进步(而不仅是人的能力和知识的增进)。其次,它是一种无
> 止境的事物,与人类无限的完美性相一致。再次,它是不可抗
> 拒的,它自动开辟一条直线的或螺旋的进程。所有这些论断
> 都引起了争吵,招来了批评。[1]

在此,本雅明为阿多诺思考进步的位置或进步与时间的关系
奠定了基础。对阿多诺来说,进步概念面临这样一个困境:(a)进
步不能位于时间之外,只有当历史以某种方式被克服时才能获得
进步;[2]然而,(b)表达内在于历史的进步就是假设一种进步的普
遍历史轨迹,这种轨迹将进步看作对自身的不断超越。正如阿多
诺写道:

> 如果进步等同于本身作为超验干预的救赎,那么随着时
> 间的流逝,它会丧失可理解的意义,变成历史神学。但如果进
> 步需要历史的中介,那么对历史的盲目崇拜又会时刻伴随着
> 它并对它造成威胁……结果就会出现这样的谬论,正是进步
> 本身阻止了进步。

(*CM*: 147)

---

1 本雅明,《历史哲学论纲》(Theses on the Philosophy of History),《启迪》
   (*Illuminations*),1973 年,第 262-263 页。(译按:中译参见本雅明,《历史哲学论
   纲》,《启迪:本雅明文选》,汉娜·阿伦特编,张旭东译,北京:三联书店,2008
   年,第 273 页。——译注

2 这是一个非常基本的承诺,可以用来反驳那些认为阿多诺对历史的解释与神学
   或弥赛亚的历史解释毫无二致的看法。对此可参见罗尔夫·魏格豪斯(Rolf
   Wiggershaus),《西奥多·W. 阿多诺》(*Theodor W. Adorno*),1987 年,第 31-32 页。

进步的可能性必须放在时间性中,但不能放在普遍历史的叙述中。[1] 它需要一种经验的转变,而不是弥赛亚式的时间转变。

阿多诺提出了超越这种困境的方式,我们可以将其称作否定性的进步理论。他表达得非常具体:"人类是否能够阻止灾难的发生"(*CM*: 144)。他解释道:"我相信,我们应该从进步意味着非常简单的事情出发:如果人类不再感到恐惧:如果没有灾难即将来临,就会更好些……因为进步在今天的确只是意味着防止和避免大灾难。"(*HF*: 143)这种灾难是由所谓进步性的社会整合带来的,而实现这种整合则要靠生活世界的技术化。这种整合的结果典型地体现在大屠杀期间对数以百万人的杀戮:"种族灭绝是绝对的整合。"(*ND*: 362)进步可能性的问题被放在了历史中,然而它并不属于那种逐步改善或进步的叙述。只有当进步是对灾难的阻止时,进步才是可理解的,在这种意义上,它是否定性的。

阿多诺坚持认为,要想获得这种替代性的进步概念,首先需要抛弃一个基本的假设。这个假设——如我们前面所见——被本雅明指了出来:"进步……首先是人类自身的进步。"如本雅明所说,这种传统的假设招来了批评,但正是阿多诺推进了这种批评。他写道:

> 我们不应该做出这样的假设:进步意味着人类总体已经存在因而会不断进步。毋宁说,进步最初是人类的创造……普遍历史概念不能保留下来;它的貌似合理只是为了让人相信这个幻觉:已然存在的人类,黏合在一起并作为一个统一体不断前进。

> (*CM*: 145)

阿多诺在此声称,进步的概念假设了一个进步得以开始的点。但

---

1 阿多诺对克尔凯郭尔的"信仰的飞跃"的批判采取了同样的方式:这种飞跃体现了对历史环节的舍弃:"然而,'飞跃'的首次出现恰恰是抽象的、远离了历史连续性的;它只是建立一个新领域的手段。"阿多诺,《克尔凯郭尔:审美对象的建构》(*Kierkegaard: Construction of the Aesthetic*),1989 年,第 34 页。

我们还没有处于某个历史连续体中,因而我们不能说这样的进步似乎很有道理。这种思想导致了这个否定性的观点,进步的过程尚未开始(通过避免历史造成的威胁)。进步因而不是连续性的,而是对先前历史状态的否定:进步是"抵制不断复发的危险"(*CM*:160)。基于此,阿多诺认为进步包含着"救赎的一面"(*CM*:148),尽管由于上述原因,这种救赎是一种非神学意义上的救赎。

正是用这种方式,进步的困境得到了应对。进步既不是一个非时间化的行为,因为只有作为对历史经验的回应它才是可理解的;它也不只是历史连续体的一部分,因为它体现了这个过程的断裂。摆脱这种困境,需要我们打破阿多诺所说的进步的"魔咒",现代性的信仰,例如相信所有新的制度都是对先前制度的不断改善(*CM*:150)。只要我们还未意识到那个向我们保证进步会实现的"魔咒",我们就仍会受到灾难的威胁。正如本雅明所说,我们必须批判这个看法,进步是"不可抗拒的,它自动开辟一条直线的或螺旋的进程"。这种看法正是阿多诺辩证地以进步的名义拒绝的魔咒:"可以说,进步发生在它终结的地方。"(*CM*:150)

188

自然史

阿多诺的"自然史"是一个批判性的概念。它明确质疑将人类经验二元化为自然和历史的做法。阿多诺试图消除这种二元论,他指出,被看作自然的东西具有历史的维度,而同时看上去是历史的东西也有自然的根基。

阿多诺将他的批判路径描述如下:"我们应该尝试着去关注万事万物,无论它们是自然也好,还是历史也好。"(*HF*:124)这涉及对自然概念的分析,阿多诺将其比作"神话概念"(INH:253)。神话经验包含了一些人类无法掌控也无法改变的力量。然而,神话当然是人类文化的产物。消除神话——让自然退出历史——是阿多诺批判理论"提高自我意识"规范的基本任务之一。这项规划典型地体现在下面这句话中:"世间的人们对自己不断创造出来的现状神话般的、科学般的尊奉,最终变成了一个确凿的事实"(*DE*, C: 41; J: 33)。[1]

社会如何发展,如何证明自然概念是我们的社会实践创造出来的,对这些问题的论述不是价值中立的。[2] 使我们的自然概念得以产生的历史过程是我们侵占自然的过程,对阿多诺来说,这种侵占是破坏性的。这种侵占历史开始于人类试图摆脱自然,"用尽全力试图远离纯粹的自然状态"时(*DE*, C: 31; J: 24)。实际上,这是主体性的原初历史,是主体性出现的历史。(这种原初历史已受到了严厉的批判,因为它倾向于使一种特殊的主体性形式及其明显的越界行为永恒化。[3])

189　　然而,主体性的出现是一个"双面的过程",它同样采取了统治自然的方式。[4] 君特·罗尔莫泽[5]这样表达道:"如果不征服自然进而掌控自然,人类是无法摆脱自然状态的。"[6] 阿多诺将其描述

1　参见霍克海默、阿道尔诺,《启蒙辩证法:哲学断片》,渠敬东、曹卫东译,上海:上海人民出版社,2006年,第33页。译文稍有改动。——译注

2　阿多诺提醒自己注意这一点:"不能从字面来理解自然法则,也不能将其本体化。换言之,自然法则是可以取消的。"(HF: 115)

3　参见尤尔根·哈贝马斯,《交往行为理论》(*The Theory of Communicative Action*),第一卷,1984年,第380页。豪克·布鲁克霍斯特(Hauke Brunkhorst),《阿多诺与批判理论》(*Adorno and Critical Theory*),1999年,第73页。

4　"阿多诺和霍克海默的思想主旨是,文明进程从一开始就打上了毁灭性的辩证法的标记,因为摆脱匮乏、不再屈服于自然力及自身的本能欲望,这些目标是通过一个双面的过程达成的,一方面是解放和自由的凯旋,另一方面是必不可免的统治和压抑。"斯特凡·培楚西雅尼(Stefano Petrucciani),《阿多诺导论》(*Introduzione a Adorno*),2007年,第53页。

5　君特·罗尔莫泽(Günter Rohrmoser,1927—2008),德国社会哲学家和政治哲学家,里德学派(Ritter-Schule)的主要代表人物,曾任教于科隆大学、霍恩海姆大学、斯图加特大学,其研究涉及哲学、神学、国民经济学、历史学等多个领域,著有《批判理论的贫困》(*Das Elend der kritischen Theorie*,1970)、《政治文化的危机》(*Krise der politischen Kultur*,1983)、《解放或自由》(*Emanzipation oder Freiheit*,1995)等书。

6　罗尔莫泽,《批判理论的贫困》(*Das Elend der kritischen Theorie*),1970年,第14页。

为"归谬反证法"(reductio ad hominem)[1],一个操纵过程,在这个过程中,人类不自觉地按照自身需求界定自然:"人们想从自然那里学到的,就是如何利用自然,以便完全地统治自然和他人"[2](*DE*,C:4;J:2),[3]在此我们并不知道我们对自然的侵占已到了什么样的程度。我们也没有意识到,自然是某种不同于我们的东西,我们的自然概念是我们努力挣脱它的历史的产物。相反,我们继续"神话"自然,将其想象为一种没有历史的存在物。

阿多诺试图表明,正如自然具有历史一样,历史也和自然有着某种联系。一方面,辩证的自然史概念对将人类的历史与功绩实体化的做法展开了批判。启蒙哲学对理性功绩的声张——最为有力地当属康德——误以为理性是某种高于自然的东西。阿多诺反驳了这一点,他认为,理性实际上是自然史的一部分。在这个意义上,阿多诺讨论了先验思想——某种非时间性的经验状态——观念,并将其看作自我保存这件自然的事情得以展开的手段:

> 将先验事物界定为必需的东西,这种为先验事物增添了功能性和普遍性的界定,表达了物种自我-保存的原则。它为抽象提供了一种合法的基础,没有抽象,我们什么也不能做,因为抽象是自我-保存的理性的中介。

> (*ND*:179)[4]

---

1 阿多诺与其他人合著,《德国社会学的实证主义论辩》(The Positivist Dispute in German Sociology),1976年,第6页。

2 参见霍克海默、阿道尔诺,《启蒙辩证法:哲学断片》,渠敬东、曹卫东译,上海:上海人民出版社,2006年,正文第2页。——译注

3 正如艾莉森·斯通指出的那样,"阿多诺宣称自然是历史的,但是以一种全然不同的方式。塑造了自然物的历史,对阿多诺来说,是人类努力控制它们,进而按照人类的目的来铸造它们,否定其自然存在方式的历史。"参见斯通,《阿多诺与自然的去魅》(Adorno and the Disenchantment of Nature),《哲学与社会批判》(Philosophy and Social Criticism),32(2),2006年,第242页。

4 参见阿多尔诺,《否定的辩证法》,张峰译,重庆:重庆出版社,1993年,第176-177页。译文有所改动。——译注

作为一种自我-保存方式的哲学表达,理性必须被追根溯源到自然的驱动力。正如黛博拉·库克所写的那样,"绘制理性的历史进程,必须考虑到它与具体的主体之间的关系及它的驱动力"。[1]

带着特定的政治意图,阿多诺将消除自然与历史二元论的观点运用到了他仿效卢卡奇称之为第二自然的东西上,"这是人类创造又毁坏的物的世界,习俗的世界"(INH:259-260)。阿多诺常常试图揭示"貌似自然的事物"具有的历史面向(HF:121),这最集中地体现在这个观点中,资本主义,貌似自然的社会组织形式,实际却是一种意识形态。的确,我们或许可以将阿多诺的《意识形态批判》看作对"第二自然"批判性的考察和揭示。普遍历史叙述,作为"第二自然"的叙述,也应受到批判。沿着同一思路,阿多诺断言,黑格尔的"世界-精神"概念"是自然史的意识形态"(ND:365),因为它将这个统治过程呈现为普遍历史的必然展开过程。将经验领域本体化——使其超出人类史的范围,无法被改变——的哲学动力也是第二自然的一种创造。在这个意义上,阿多诺以现代哲学的数学方法为例,认为它"魔术般地将逻辑转变为一种第二自然,为其赋予了理想存在物的光芒"(AE:65)。[2]

在大量有关自然史观念的讨论中,阿多诺因反对海德格尔而使自己处在了一个非常尖锐的立场上,海德格尔的本体论提供了一种有关历史与自然关系的另类叙述。海德格尔有关历史经验——阿多诺将其描述为一种"非历史的历史概念"(ND:358)——的观点未意识到自然与历史的彼此纠缠。这种纠缠是一种"痛苦的对立"(ND:359),因为这是一个被统治过程打上了烙印的故事。在对历史性——对人类历史经验——的叙述中,海德

1　黛博拉·库克,《阿多诺、哈贝马斯与理性社会的探索》(Adorno, Habermas, and the Search for a Rational Society),2004年,第91页。

2　在《认识论的元批判》(Against Epistemology)中,阿多诺批判了胡塞尔的"逻辑绝对性";他竭力表明,逻辑远非"绝对的",逻辑获得合法性,是因为其有助于完成自我保存及社会化的任务。

格尔将历史简化为一种人类存在方式(INH: 256)。这相当于是将历史本体化，因为它是一种"抽离了历史经验的历史性"(ND: 358-359)。换言之，它假定了一种能力———一种历史能力——而没有意识到历史经验与人类摆脱自然状态的努力密切相关。海德格尔的历史性概念强调此在的"规划"，因而未察觉到历史与自然之间的对抗性关系。

总体

历史在阿多诺称之为"社会总体"的动态中，走向了一个独特的方向。他认为，社会总体决定了内在于它的个体，并越来越决定社会生活的所有特征。因为这种不懈的整合过程与批判意识水火不容，因而有将我们带向灾难的危险。与此同时，在几乎没有希望的可能性下，只有集体性的主体才有能力抵抗灾难的发生。

阿多诺的总体概念是对黑格尔的精神概念的复杂的批判性重构。在黑格尔对进步的叙述中，正如上文讨论的那样，历史动力——因而历史进步及连续性的源泉及主体——是精神。在对黑格尔唯物主义的重构中，阿多诺将精神的动态过程解读为社会总体的动态过程："世界精神存在;但它不是一种精神"。(ND: 304)[1] 他通过批判试图表明，世界精神毋宁说是人格化的历史-社会过程，在这个过程中，个体力量被纳入了自我-再生产的总体中。对这种一体化的动态过程的理解，构成了阿多诺历史哲学的关键部分。

阿多诺的论点是，社会是一个总体——也就是说，是一种高于诸多分散个体与机构的现象——因为它的凝聚力是由一个独特的

191

---

[1] 参见迈克·罗森(Michael Rosen)，《黑格尔的辩证及其批判主义》(Hegel's Dialectic and its Criticism)，1982年。该书第五章详细讨论了阿多诺对黑格尔的唯物主义改造。

经济活动体系产生的。这个体系,在阿多诺看来,越来越决定一切社会现象。他写道:"使社会真正成为一个社会统一体的东西,在概念中和实际中构成它的东西,是交换关系,事实上,它将社会中的所有人都黏合在了一起。"(IS: 31)这种黏合,并不像那种天真的看法认为的那样,是商业所必需的,只不过在当前形式下,它无辜地卷入了财政交换。毋宁说,正是财政交换活动决定了社会现实的根本意义。它反映并巩固了一种现代理性原则,即等价原则。在这种语境中的等价意味着,任何给定的现象——一个对象,一种产品,一个过程——都可以与其他现象发生联系,只要将它们都转换为财政价值。正如阿多诺所说的那样,"资产阶级社会被等价原则所统治。通过将不同的东西简化为抽象的数量,它让它们具有了可比较性"(ND: 7)。

　　交换有效运转所需的理性是普遍的社会理性。对阿多诺来说,交换逻辑——资本主义的基本工具——预示的正是社会化过程。的确,他声称,"交换过程"是"最为根本的社会事实,正是通过这个事实,社会化最初才得以产生"(IS: 31)。在这种背景下,认为社会仅仅是生活在其中的个体的总和,这个观点显然无视了这个事实:个体意识某种程度上是被外在于他们的力量,被"他们形成的总体"所塑造(S: 145)。这个过程最终是一个强制性的社会过程,在此过程中,个体被加以整合从而满足总体的需求。而且,交换体系的不断扩展是促进这种整合的观念因素:"以交换原则的形式,资产阶级的比率实际上接近这个使一切东西都与自身相符、一致的体系——它越来越成功地这样做,即使有潜在的嗜杀倾向也在所不惜。结果留在这个体系之外的东西越来越少。"(ND: 23,译文有所改动)1

───────────

1　参见阿多尔诺,《否定的辩证法》,张峰译,重庆:重庆出版社,1993年,第22页。译文有所改动。——译注这个整合过程给予了现代历史——资产阶级时代——一种独特的轨迹。由于交换体系不断进入生活的方方面面,它使性质不同的事物越来越接近:

> 交换关系很大程度上赋予了这个体系一种机械特征。它被客观地强加到它的组成要素上,就像有机体这个概念表明的那样——其类似于一种天体目的论,每一个器官都接受它在整体中担负的功能,并从后者中获得意义。使生活永恒化的境况同时也破坏了生活,因此自身已包含了致命的冲动,而它正被推向这种冲动。[1]

在讨论康德的《世界公民观点之下的普遍历史观念》时,阿多诺认为,现代性可以看作总体意识的不断增加,在这种意义上,进步概念是可理解的:康德将进步概念表述为人类整体理性的不断增长。然而,这种被视为进步的总体意识,问题在于,它让人类变成了追求同一理想的集体化主体。这种集体化决定了历史必须沿着一条特定的道路前进:"但进步对总体的依赖会反噬进步"。对阿多诺而言,历史的整合状态,将进步理解为总体的发展,这根本算不上进步:"如果人类陷入了自己所形成的总体的陷阱,那么就像卡夫卡所说的那样,进步根本就没有发生,只不过总体让进步保持在思想中。"(CM: 145)

阿多诺对这个由社会总体推动的动态过程的描述,似乎是一个形而上学式的论题,它仿照黑格尔的方式设定了一个高于人类的自动的进化过程。然而,批判理论的规划不可能接受一种将人类只看作质料因的历史过程。阿多诺承认,人类——尽管在当下时代遭到了扭曲——是这个过程中真正起作用的力量:"社会是一

---

1 阿多诺与其他人合著,《德国社会学的实证主义论辩》(*The Positivist Dispute in German Sociology*) ,1976 年,第 37-38 页。

193 个总体过程,在这个过程中,人类被客观性所包围,并受其支配及塑造,但反过来,它又反作用于社会。"[1] 或者说,

> 社会总体并没有使自己的生命高于它统一的东西,反过来也没有高于组成它的要素。它通过个体环节生产和再生产自身……系统和个体是互相作用的,而且它们也只有在这种相互性中才能加以理解。[2]

当然,批判理论的任务,在于思考个体意识到自身能动性进而颠覆这种具有破坏性的总体状态的条件,颠覆这种第二自然现象的条件。

阿多诺对社会总体的批判——认为总体侵犯了生活进程进而决定了这个进程——似乎相当于支持个体环节的优先性。然而,社会总体——如我们刚看到的那样——也包含了集体化主体将促进现实改良的承诺。基于此,阿多诺会否认他是一个激进多元论者,因为他并没有像后者那样反对总体,支持自由、自我决断的个体。他注意到:

> 倘若你认为,在我所谓的塑造总体进而将总体卷入其中的历史过程或世界精神中,独特的个体是对的……而总体是错的,就太过简单了。

(HF: 95)

阿多诺提出,只有集体行动才是"救赎"的力量,但对这种可能性,他还没有完全的把握,因而没有展开系统的阐述。个体,作为一个自觉的总体的组成部分——与没有意识到社会决定的基本维度的个人主义者不同——会是"救赎"力量的组成部分:"如果一个自觉的全球性主体没有形成并介入的话,人类创造的全球社会结构将

---

1 阿多诺与其他人合著,《德国社会学的实证主义论辩》,1976 年,第 119 页。
2 同上,第 107 页。

会威胁自己的生命。"

进步理论引发争议的地方在于,进步——远离灾难的步伐——只有当集体化主体形成时才能发生。因此,我们看到,从总体获得解放的可能性存在于总体内部:历史整合过程虽然创造了一个强制性的总体,但也为主体采取行动抵抗这个整合性的历史过程创造了充足的条件。

阿多诺在此作出的论断与他对进步的困境,对历史终结的困境或者说对作为普遍历史连续性的进步的回应一致。"一个自觉的全球性主体"的形成,的确会是"人类的创造"。阿多诺对此最重要的贡献在于,对总体化过程的自然主义矫饰展开了批判。

194

生平年表

1903年9月11日	生于德国美茵河畔法兰克福。
1917年	结识齐格弗里德·克拉考尔。
1921—1924年	在法兰克福大学学习哲学;在汉斯·孔内利乌斯的指导下,完成博士论文,《胡塞尔现象学对对象与意识的超越》。
1923年	结识瓦尔特·本雅明。
1924年	结识马克斯·霍克海默与弗里德里希·波洛克。
1925年	在维也纳跟随阿尔班·贝格学习作曲。
1926—1927年	在法兰克福大学汉斯·孔内利乌斯的指导下,撰写他的第一篇授课资格论文《先验心灵学说的潜意识概念》(这篇论文随后被撤回)。
1929—1931年	在法兰克福大学神学家保尔·蒂利希的指导下,撰写第二篇授课资格论文《克尔凯郭尔:审美对象的建构》。
1931—1933年	任教于法兰克福大学。

1933 年	盖世太保于 3 月 13 日查封社会研究所;4 月 7 日,阿多诺的授课权被科学、艺术与教育部撤销。
1934—1937 年	进修于牛津大学,在吉尔伯特·赖尔的指导下撰写论胡塞尔的博士论文。
1935 年	成为社会研究所的正式成员。
1938 年	与新婚妻子格蕾特·卡普露斯移居纽约。
1939—1940 年	与普林斯顿大学的保罗·拉扎斯菲尔德一起从事一项由洛克菲勒基金会资助的电台研究计划。
1941 年	与马克斯·霍克海默及其他研究所成员一起迁到加州太平洋帕利塞德。
1949 年	返回战后德国,再次任教于法兰克福大学。
1950 年	在法兰克福(直到今天)重建社会研究所。
1956 年	获得法兰克福大学全职教授资格。
1958—1969 年	任社会研究所所长。
1969 年 8 月 6 日	在瑞士策马特度假时心脏病突发去世。

参考文献

西奥多·W. 阿多诺的著作

本书征引的阿多诺的著作按英文出版时间列出。在英文参考文献后列出的是德文或英文初版文献(只有英文参考文献的地方,则该著作本身就是初版)。

Adorno, Theodor W. (with Else Frenkel-Brunswik, Daniel J. Levison & R. Nevitt Sanford) 1950. *The Authoritarian Personality*, Max Horkheimer & Samuel H. Flowerman (eds). New York: Harper & Brothers.

Adorno, Theodor W. 1957. "Television and the Patterns of Mass Culture". In *Mass Culture: The Popular Arts in America*, Bernard Rosenberg & David Manning White (eds). London: Collier Macmillan.

Adorno, Theodor W. 1967. *Prisms*, Samuel & Shierry Weber (trans.). Cambridge, MA: MIT Press. [Originally published as *Prismen: Kulturkritik und Gesellschaft* (Berlin: Suhrkamp, 1955).]

Adorno, Theodor W. 1968. "Sociology and Psychology", Irving N. Wohlfarth (trans.), *New Left Review* 47. [Originally published as "Zum

Verhältnis von Soziologie und Psychologie". *Sociologica I. Aufsätze, Max Horkheimer zum sechzigsten Geburtstag gewidmet* (Frankfurt: Europäische Verlags-Anstalt, 1955).]

Adorno, Theodor W. 1969-70. "Society", Fredric Jameson (trans.), *Salmagundi* 3 (10-11), (Fall-Winter). [Originally published as "Stichwort Gesellschaft", *Evangelisches Staatslexikon* (Stuttgart: publisher unknown, 1967).]

Adorno, Theodor W. (with Max Horkheimer) 1972. *Dialectic of Enlightenment*, John Cumming (trans.). New York: Continuum. [Originally published as *Dialektik der Aufklärung: Philosophische Fragmente* (Amsterdam: Querido Verlag, 1947).]

Adorno, Theodor W. 1972. "Individuum und Organisation". *Gesammelte Schriften* 8. Frankfurt: Suhrkamp.

Adorno, Theodor W. 1972. "Die Revidierte Psychoanalyse", Rainer Koehne (trans.). *Gesammelte Schriften* 8. Frankfurt: Suhrkamp. [Originally published as "Revised Psychoanalysis", *Psyche* VI(1), 1952.]

Adorno, Theodor W. 1973. *Negative Dialectics*, E. B. Ashton (trans.). London: Routledge. [Originally published as *Negative Dialektik* (Frankfurt: Suhrkamp, 1966).]

Adorno, Theodor W. 1973. *The Jargon of Authenticity*, K. Tarnowski & F. Will (trans.). London: Kegan & Paul. [Originally published as *Jargon der Eigentlichkeit: Zur Deutsche Ideologie* (Frankfurt: Suhrkamp, 1964).]

Adorno, Theodor W. 1974. *Minima Moralia: Reflections from Damaged Life*, E. F. N. Jephcott (trans.). London: New Left Books. [Originally published as *Minima Moralia: Reflexionen aus dem beschädigten Leben* (Berlin: Suhrkamp, 1951).]

Adorno, Theodor W. 1974. *Philosophische Terminologie zur Einleitung*, Vol. 2. Frankfurt: Suhrkamp.

Adorno, Theodor W. (with Hans Albert, Ralf Dahrendorf, Jürgen Habermas, Harald Pilot & Karl Popper) 1976. *The Positivist Dispute in German Sociology*, Glyn Adley & David Frisby (trans.). London: Heinemann. [Originally published as *Der Positivismusstreit in der deutschen Soziologie* (Neuwied and Berlin: Leuchterhand, 1969).]

Adorno, Theodor W. 1983. *Against Epistemology: A Metacritique. Studies in Husserl and the Phenomenological Antinomies*, Willis Domingo (trans.).

Cambridge, MA: MIT Press. [Originally published as *Zur Metakritik der Erkenntnistheorie: Studien über Husserl und die phänomenologischen Antinomien* (Stuttgart: Kohlhammer, 1956).]

Adorno, Theodor W. 1986. "Individuum und Staat". *Gesammelte Schriften* 20.1, Rolf Tiedemann (ed.). Frankfurt: Suhrkamp.

Adorno, Theodor W. (with Max Horkheimer) 1986. "Democratic Leadership and Mass Manipulation". *Gesammelte Schriften* 20.1, Rolf Tiedemann (ed.). Frankfurt: Suhrkamp.

Adorno, Theodor W. 1989. *Kierkegaard: Construction of the Aesthetic*, Robert Hullot-Kentor (trans.). Minneapolis, MN: University of Minnesota Press. [Originally published as *Kierkegaard: Konstruktion des Ästhetischen. Gesammelte Schriften* 2 (Frankfurt: Suhrkamp, 1979).]

Adorno, Theodor W. 1991. *Notes to Literature*, vol. I, Shierry Weber Nicholsen (trans.), Rolf Tiedemann (ed.). New York: Columbia University Press. [Originally published as *Noten zur Literatur* I (Berlin: Suhrkamp, 1957).]

Adorno, Theodor W. 1992. *Notes to Literature*, vol. II, Shierry Weber Nicholsen (trans.), Rolf Tiedemann (ed.). New York: Columbia University Press. [Originally published as *Noten zur Literatur* II (Frankfurt: Suhrkamp, 1961).]

Adorno, Theodor W. 1992. *Quasi Una Fantasia: Essays on Modern Music*, Rodney Livingstone (trans.). London: Verso. [Originally published as *Quasi una Fantasia. Musikalische Schriften* II (Frankfurt: Suhrkamp, 1978).]

Adorno, Theodor W. 1993. *Hegel: Three Studies*, Shierry Weber Nicholsen (trans.). Cambridge, MA: MIT Press. [Originally published as *Drei Studien zu Hegel* (Frankfurt: Suhrkamp, 1963).]

Adorno, Theodor W. 1993. "Theory of Pseudo-Culture", Deborah Cook (trans.), Telos no. 95 (Spring). [Originally published as "Theorie der Halbbildung", *Der Monat*, no. 152, 1959.]

Adorno, Theodor W. 1994. *The Stars Down to Earth and Other Essays on the Irrational in Culture*, Stephen Crook (ed.). New York: Routledge. [Originally published as "The Stars Down to Earth: the Los Angeles Times Astrology Column-A Study in Secondary Superstition", *Jahrbuch für Amerikastudien* 2 (1957: title essay).]

Adorno, Theodor W. 1997 *Aesthetic Theory*, Robert Hullot-Kentor (trans.).

Minneapolis, MN: University of Minnesota Press. [Originally published as *Äesthetische Theorie*, Gretel Adorno & Rolf Tiedemann (eds) (Frankfurt: Suhrkamp, 1970).]

Adorno, Theodor W. 1998. "Husserl and the Problem of Idealism". *Gesammelte Schriften* 20.1. Frankfurt: Suhrkamp. [Originally published as "Husserl and the Problem of Idealism", *Journal of Philosophy* 37, 1940.]

Adorno, Theodor W. 1998. "Zur Philosophie Husserls", *Gesammelte Schriften* 20.1. Frankfurt: Suhrkamp.

Adorno, Theodor W. 1998. *Critical Models: Interventions and Catchwords*, Henry W. Pickford (trans.). New York: Columbia University Press. [Most of the essays in this volume were published in two collections: *Eingriffe: Neun Kritische Modelle* (Frankfurt: Suhrkamp, 1963) and *Stichworte: Kritische Modelle* 2 (Frankfurt: Suhrkamp, 1969).]

Adorno, Theodor W. 2000. *Introduction to Sociology*, Edmund Jephcott (trans.). Stanford, CA: Stanford University Press. [Originally published as *Vorlesung zur Einleitung in die Soziologie* (Frankfurt: Junius-Drucke, 1973).]

Adorno, Theodor W. *Problems of Moral Philosophy*, Rodney Livingstone (trans.). Stanford, CA: Stanford University Press. [Originally published as *Probleme der Moralphilosophie* (Frankfurt: Suhrkamp, 1996).]

Adorno, Theodor W. 2000. "The Actuality of Philosophy", Benjamin Snow (trans.). In *The Adorno Reader*, Brian O'Connor (ed.). Oxford: Blackwell. [Originally published as "Die Aktualität der Philosophie". *Gesammelte Schriften* 1 (Frankfurt: Suhrkamp, 1973).]

Adorno, Theodor W. 2001. *Metaphysics: Concept and Problems*, Edmund Jephcott (trans.). Stanford, CA: Stanford University Press. [Originally published as *Metaphysik: Begriff und Probleme* (Frankfurt: Suhrkamp, 1998).]

Adorno, Theodor W. 2001. *Kant's "Critique of Pure Reason"*, Rodney Livingstone (trans.). Stanford, CA: Stanford University Press. [Originally published as *Kants "Kritik der Reinen Vernunft"* (Frankfurt: Suhrkamp, 1995).]

Adorno, Theodor W. 2002. *Essays on Music: Theodor W. Adorno*, Susan H. Gillespie (trans.), Richard Leppert (ed.). Berkeley, CA: University of California Press. [These essays span the course of Adorno's professional life as a philosopher and musicologist.]

Adorno, Theodor W. (with Max Horkheimer) 2002. *Dialectic of Enlightenment: Philosophical Fragments*, Edmund Jephcott (trans.). Stanford, CA: Stanford University Press. [Originally published as *Dialektik der Aufklärung: Philosophische Fragmente* (Amsterdam: Querido Verlag, 1947).]

Adorno, Theodor W. 2003. "Art and the Arts". In *Can One Live after Auschwitz? A Philosophical Reader*, Rodney Livingstone et al. (trans.). Stanford, CA: Stanford University Press. [Originally published as "Die Kunst und die Künste". *Gesammelte Schriften* 10.1 (Frankfurt: Suhrkamp, 1977).]

Adorno, Theodor W. 2003. "Reflections on Class Theory". In *Can One Live after Auschwitz? A Philosophical Reader*, Rodney Livingstone et al. (trans.). Stanford, CA: Stanford University Press. [Originally published as "Reflexionen zur Klassentheorie". *Gesammelte Schriften* 8 (Frankfurt: Suhrkamp, 1972).]

Adorno, Theodor W. 2006. *Philosophy of New Music*, Robert Hullot-Kentor (trans. and ed.). Minneapolis, MN: University of Minnesota Press. [Originally published as *Philosophie der neuen Musik* (Tübingen: Mohr, 1949).]

Adorno, Theodor W. 2006. "The Idea of Natural History". In *Things Beyond Resemblance: Collected Essays on Theodor W. Adorno*, Robert Hullot-Kentor (trans.). New York: Columbia University Press. [Originally published as "Die Idee der Naturgeschichte". *Gesammelte Schriften* 1 (Frankfurt: Suhrkamp, 1973).]

Adorno, Theodor W. 2006. *History and Freedom: Lectures 1964-65*, Rodney Livingstone (trans.), Rolf Tiedemann (ed.). Cambridge: Polity. [Originally published as *Zur Lehre von der Geschichte und von der Freiheit* (1964/65) (Frankfurt: Suhrkamp, 2001).]

其他人的著作

本书征引的其他作者的著作,其完整书目信息(按作者姓氏字母顺序编排)如下:

Arnold, Matthew 1993. *Culture and Anarchy, and Other Writings*, Stefan Collini (ed.). Cambridge: Cambridge University Press.

Benhabib, Seyla 1986. *Critique, Norm, and Utopia: A Study of the Foundations of Critical Theory*. New York: Columbia University Press.

Benhabib, Seyla 1994. *The Reluctant Modernism of Hannah Arendt*. London: Sage.

Benjamin, Walter 1973. "Theses on the Philosophy of History", Harry Zohn (trans.). In *Illuminations*, Hannah Arendt (ed.). London: Fontana.

Benjamin, Walter 1977. *The Origin of German Tragic Drama*, J. Osborne (trans.). London: New Left Books.

Benjamin, Walter 1978. "On the Mimetic Faculty". In *Reflections: Essays, Aphorisms, Autobiographical Writings*, Edmund Jephcott (trans.). New York: Harcourt Brace Jovanovich.

Benjamin, Walter 1996. "On Language as Such and the Language of Man", Edmund Jephcott (trans.). In *Selected Writings*, vol. 1, Michael Jennings (ed.). Cambridge, MA: Belknap Press.

Benjamin, Walter 1996. "The Concept of Criticism in German Romanticism", David Lacterman, Howard Eiland & Ian Balfour (trans.). In *Selected Writings*, vol. 1, Michael Jennings (ed.). Cambridge, MA: Belknap Press.

Berman, Russell 2002. "Adorno's Politics". In *Adorno: A Critical Reader*, Nigel Gibson & Andrew Rubin (eds). Oxford: Blackwell.

Bernstein, J. M. 2001. *Adorno: Disenchantment and Ethics*. Cambridge: Cambridge University Press.

Bernstein, J. M. (ed.) 2003. *Classic and Romantic German Aesthetics*. Cambridge: Cambridge University Press.

Bozzetti, Mauro 1996. *Hegel und Adorno: Die Kritische Funktion des philosophischen Systems*. Freiburg: Karl Alber.

Brandom, Robert B. 1994. *Making it Explicit: Reasoning, Representing, and Discursive Commitment*. Cambridge, MA: Harvard University Press.

Brecht, Bertold 1964. "Shouldn't We Abolish Aesthetics?". In *Brecht on Theatre: The Development of an Aesthetic*, John Willett (trans. & ed.). London: Methuen.

Bristow, William F. 2007. *Hegel and the Transformation of Philosophical Critique*. Oxford: Oxford University Press.

Brumlik, Micha 1992. *Die Gnostiker: Der Traum von Selbsterlösung des Menschen*. Frankfurt: Eichborn.

Brunkhorst, Hauke 1999. *Adorno and Critical Theory*. Cardiff: University of Wales Press.

Buck-Morss, Susan 1977. *The Origin of Negative Dialectics: Theodor W. Adorno, Walter Benjamin, and the Frankfurt Institute*. Brighton: Harvester.

Cartwright, Nancy 1999. *The Dappled World*. Cambridge: Cambridge University Press.

Cassirer, Ernst 2004. *Gesammelte Werke*, Vol. 17. Darmstadt: Wissenschaftliche Buchgesellschaft.

Cook, Deborah 2004. *Adorno, Habermas, and the Search for a Rational Society*. London: Routledge.

Demmerling, Christoph 1994. *Sprache und Verdinglichung*. Frankfurt: Suhrkamp.

Dews, Peter 1987. *Logics of Disintegration: Poststructuralist Thought and the Claims of Critical Theory*. London: Verso.

Durkheim, Emile 1976. *The Elementary Forms of the Religious Life: A Study in Religious Sociology*, Joseph Ward Swain (trans.). London: Allen & Unwin.

Ette, Wolfram, Günter Figal, Richard Klein & Günter Peters (eds) 2004. *Adorno im Widerstreit*. Munich: Karl Alber.

Figal, Günter 2006. *Gegenständlichkeit*. Tübingen: Mohr Siebeck.

Finlayson, J. Gordon 2002. "Adorno on the Ethical and the Ineffable", *Journal of European Philosophy* 10(1).

Franco, Paul 1999. *Hegel's Philosophy of Freedom*. New Haven, CT: Yale University Press.

Frankfurt Institute for Social Research 1972. *Aspects of Sociology*, John Viertel (trans.). Boston, MA: Beacon.

Freud, Sigmund 1975. *Civilization and its Discontents*, Joan Riviere (trans.). London: Hogarth Press.

Freud, Sigmund 1985. "Group Psychology and the Analysis of the Ego". *The Penguin Freud Library*, vol. 12: *Civilization, Society and Religion*, James Strachey (trans.). Harmondsworth: Penguin.

Freyenhagen, Fabian 2006. "Adorno's Negative Dialectics of Freedom", *Philosophy and Social Criticism* 32(2).

Fricke, Stefan. "Helms, Hans G(ünter)", *Grove Music Online*, http://www.grovemusic.com.

Fromm, Erich 1978. "The Method and Function of an Analytic Social Psychology". In *The Essential Frankfurt School Reader*, Andrew Arato & Eike Gebhardt (eds). Oxford: Blackwell.

Gadamer, Hans-Georg 1975. *Truth and Method*, Garrett Barden & John Cumming (trans.). New York: Continuum.

Geuss, Raymond 2005. *Outside Ethics*. Princeton, NJ: Princeton University Press.

Greenberg, Clement 1992. "Avant-Garde and Kitsch". In *Art in Theory*: 1900-1990, C. Harrison & P. Wood (eds). Oxford: Blackwell.

Grumley, J. E. 1989. *History and Totality: Radical Historicism from Hegel to Foucault*. London: Routledge.

Habermas, Jürgen 1982. "The Entwinement of Myth and Enlightenment: Rereading 'Dialectic of Enlightenment'", Thomas Y. Levin (trans.). In *New German Critique* 26.

Habermas, Jürgen 1983. "Theodor Adorno: The Primal History of Subjectivity: Self-Affirmation Gone Wild". In *Philosophical-Political Profiles*, F. G. Lawrence (trans.). London: Heinemann.

Habermas, Jürgen 1984. *The Theory of Communicative Action*, vol. I: *Reason and the Rationalization of Society*, Thomas McCarthy (trans.). Boston, MA: Beacon.

Habermas, Jürgen 1987. *The Theory of Communicative Action*, vol. II: *Lifeworld and System: A Critique of Functionalist Reason*, Thomas McCarthy (trans.). Boston, MA: Beacon.

Habermas, Jürgen 1993. "Morality, Society, and Ethics: An Interview with Torben Hviid Nielsen". In *Justification and Application: Remarks on Discourse Ethics*, Ciaran P. Cronin (trans.). Cambridge, MA: MIT Press.

Habermas, Jürgen 1993. *Postmetaphysical Thinking: Philosophical Essays*, William Mark Hohengarten (trans.). Cambridge, MA: MIT Press.

Habermas, Jürgen 1996. *Between Facts and Norms: Contributions to a Discourse Theory of Law and Democracy*, William Rehg (trans.). Cambridge, MA: MIT Press.

Habermas, Jürgen 1996. "Georg Simmel on Philosophy and Culture: Postscript to a Collection of Essays", Mathieu Deflem (trans.), *Critical Inquiry* 22(3): Spring.

Hammer, Espen 2006. *Adorno and the Political*. London: Routledge.

Hegel, G. W. F. 1969. *Science of Logic*, A. V. Miller (trans.). Atlantic Highlands, NJ: Humanities Press.

Hegel, G. W. F. 1970. *Philosophy of Nature*, vol. 1, M. J. Petry (trans.). London: Allen & Unwin.

Hegel, G. W. F. 1975. *Aesthetics: Lectures on Fine Art*, T. M. Knox (trans.). Oxford: Clarendon Press.

Hegel, G. W. F. 1991. *Elements of a Philosophy of Right*, H. B. Nisbet (trans.), A. Wood (ed.). Cambridge: Cambridge University Press.

Hegel, G. W. F. 1991. *Encyclopedia Logic*, T. F. Geraets, W. A. Suchting & H. S. Harris (trans.). Indianapolis, IN: Hackett.

Heidegger, Martin 1971. "The Origin of the Work of Art". In *Poetry, Language, Thought*, Albert Hofstadter (trans.). New York: Harper & Row.

Herman, B. 1993. *The Practice of Moral Judgment*. Cambridge, MA: Harvard University Press.

Hohendahl, Peter Uwe 1995. *Prismatic Thought: Theodor W. Adorno*. Lincoln, NE: University of Nebraska Press.

Honneth, Axel 1991. *Critique of Power: Reflective Stages in a Critical Social Theory*, K. Baynes (trans.). Cambridge, MA: MIT Press.

Honneth, Axel 2005. "A Physiognomy of the Capitalist Form of Life: A Sketch of Adorno's Social Theory", James Ingram (trans.), *Constellations: An International Journal of Critical and Democratic Theory* 12(1): March.

Horkheimer, Max 1939. "Die Juden und Europa". *Zeitschrift für Sozialforschung* 8(1-2).

Horkheimer, Max 1972. "Traditional and Critical Theory". In *Critical Theory: Selected Essays*, Matthew J. O'Connell (trans.). New York: Herder & Herder.

Horkheimer, Max 1974. *Eclipse of Reason*. New York: Continuum.

Horkheimer, Max 1978. "The Authoritarian State". In *The Essential Frankfurt School Reader*, Andrew Arato & Eike Gebhardt (eds). Oxford: Blackwell.

Horkheimer, Max 1993. "The Present Situation of Social Philosophy and the Tasks of an Institute for Social Research". In *Between Philosophy and Social Science: Selected Early Writings*, G. Frederick Hunter, Matthew S. Kramer & John Torpey (trans.). Cambridge, MA: MIT Press.

Horkheimer, Max 1996. *Gesammelte Schriften*, vol. 17: *Briefwechsel* 1941-1948, Gunzelin Schmid Noerr (ed.). Frankfurt: Fischer.

Husserl, Edmund 1969. *Ideas: General Introduction to Pure Phenomenology*, W. R. Boyce Gibson (trans.). New York: Humanities Press (Ideas I).

Husserl, Edmund 1970. *The Crisis of European Science and Transcendental Phenomenology: An Introduction to Phenomenological Philosophy*, David Carr (trans.). Evanston, IL: Northwestern University Press.

Husserl, Edmund 1970. *Logical Investigations*, vol. 1, J. N. Findlay (trans.). London: Routledge & Kegan Paul.

Husserl, Edmund 1989. *Ideas Pertaining to a Pure Phenomenology and to a Phenomenological Philosophy. Second Book: Studies in the Phenomenology of Constitution*, R. Rojcewicz & A. Schuwer (trans.). Dordrecht: Kluwer (Ideas II).

Husserl, Edmund 2001. *Natur und Geist*. Dordrecht: Kluwer.

Ingarden, Roman 1992. *Einführung in die Phänomenologie Edmund Husserls-Osloer Vorlesungen 1967*, Gregor Haefiger (ed.). Tübingen: Niemeyer.

Jaeggi, Rahel 2005. "'No Individual Can Resist': Minima Moralia as Critique of Forms of Life", James Ingram (trans.), *Constellations: An International Journal of Critical and Democratic Theory* 12(1): March.

Jarvis, Simon 1998. *Adorno: A Critical Introduction*. Cambridge: Polity.

Jarvis, Simon 2004. "Adorno, Marx, Materialism". In *The Cambridge Companion to Adorno*, Tom Huhn (ed.). Cambridge: Cambridge University Press.

Jay, Martin 1973. *Dialectical Imagination: A History of the Frankfurt School and the Institute for Social Research*, 1923-1950. Boston, MA: Little, Brown.

Jay, Martin 1984. *Adorno*. London: Fontana.

Kant, Immanuel 1929. *Critique of Pure Reason*, Norman Kemp Smith (trans.). Basingstoke: Macmillan.

Kant, Immanuel 1959. "What is Enlightenment?". In *Foundations of the Metaphysics of Morals*, Lewis White Beck (trans. & ed.). Indianapolis, IN: Bobbs Merrill.

Kant, Immanuel 1971. "Idea for a Universal History with a Cosmopolitan Purpose". In *Kant's Political Writings*, H. B. Nisbet (trans.), Hans Reiss (ed.). Cambridge: Cambridge University Press.

Kant, Immanuel 1996. *Practical Philosophy*, M. J. Gregor (trans. & ed.). Cambridge: Cambridge University Press.

Kant, Immanuel 2000. *Critique of the Power of Judgment*, Paul Guyer & Eric Matthews (trans.), Paul Guyer (ed.). Cambridge: Cambridge University Press.

Kaufman, Robert 2004. "Adorno's Social Lyric, and Literary Criticism Today: Poetics, Aesthetics, Modernity". In *The Cambridge Companion to Adorno*, Tom Huhn (ed.). Cambridge: Cambridge University Press.

Kern, Iso 1964. *Kant and Husserl*. The Hague: Martinus Nijhoff.

Kracauer, Siegfried 1995. "Georg Simmel". In *The Mass Ornament: Weimar Essays*, Thomas Y. Levin (trans.). Cambridge MA: Harvard University Press.

Kraushaar, Wolfgang (ed.) 1998. *Frankfurter Schule und Studentenbewegung. Von der Flaschenpost zum Molotowcocktail 1964-95*, 3 vols. Hamburg: Rogner & Bernhard.

Leavis, F. R. 1930. *Mass Civilisation and Minority Culture*. Cambridge: Minority Press.

Lepenies, Wolf 1992. *Melancholy and Society*, Jeremy Gaines & Doris Jones (trans.). Cambridge, MA: Harvard University Press.

MacIntyre, A. 1985. *After Virtue*, 2nd edn. London: Duckworth.

Marx, Karl 1964. *The Economic and Philosophic Manuscripts of 1844*, Martin Milligan (trans.). New York: International Publishers.

Marx, Karl 1976. *Capital: A Critique of Political Economy*, vol. 1, Ben Fowkes (trans.). London: Vintage.

McDowell, John 1994. *Mind and World*. Cambridge, MA: Harvard University Press.

Menke, C. 2005. "Virtue and Reflection: The 'Antinomies of Moral Philosophy'", James Ingram (trans.), *Constellations: An International Journal of Critical and Democratic Theory* 12(1): March.

Müller-Doohm, Stefan 2005. *Adorno: A Biography*, Rodney Livingstone (trans.). Cambridge: Polity.

O'Connor, Brian 2004. *Adorno's Negative Dialectic: Philosophy and the*

Possibility of Critical Rationality. Cambridge, MA: MIT Press.

Paddison, Max 2004. "Authenticity and Failure in Adorno's Aesthetics of Music". In *The Cambridge Companion to Adorno*, Tom Huhn (ed.). Cambridge: Cambridge University Press.

Parsons, Talcott & Robert F. Bales, with James Olds, Philip Slater & Morris Zelditch 1955. *Family, Socialization and Interaction Process*. Glencoe, IL: The Free Press.

Passmore, John 1995. "Attitudes to Nature". In *Environmental Ethics*, Robert Elliot (ed.). Oxford: Oxford University Press.

Pauen, Michael 1994. *Dithyrambiker des Untergangs: Gnostisches Denken in Philosophie und Ästhetik der Moderne*. Berlin: Akademie Verlag.

Petrucciani, Stefano 2007. *Introduzione a Adorno*. Rome: Editori Laterza.

Pippin, Robert 1989. *Hegel's Idealism: The Satisfactions of Self-Consciousness*. Cambridge: Cambridge University Press.

Pippin, Robert 1990. *Modernism as a Philosophical Problem*. Oxford: Blackwell.

Pippin, Robert 2005. *The Persistence of Subjectivity*. Cambridge: Cambridge University Press.

Pollock, Friedrich (ed.) 1955. *Gruppenexperiment. Ein Studienbericht*. Frankfurt: Europäische Verlags-Anstalt.

Pollock, Friedrich 1978. "State Capitalism: Its Possibilities and Limitations". In *The Essential Frankfurt School Reader*, Andrew Arato & Eike Gebhardt (eds). Oxford: Blackwell.

Riesman, David (in collaboration with Reuel Denney & Nathan Glazer) 1950. *The Lonely Crowd: A Study of the Changing American Character*. New Haven, CT: Yale University Press.

Rohrmoser, Günter 1970. *Das Elend der kritischen Theorie*. Freiburg im Breisgau: Verlag Rombach.

Rosen, Michael 1982. *Hegel's Dialectic and its Criticism*. Cambridge: Cambridge University Press.

Sartre, Jean-Paul 1993. *What is Literature?* Bernard Frechtman (trans.). London: Routledge.

Schenker, Heinrich 2001. *New Musical Theories and Fantasies*, 3 vols,

Ernest Oster (trans.). Oxford: Pendragon Press.

Schmidt, Alfred 1971. *The Concept of Nature in Marx*, Ben Fowkes (trans.). London: New Left Books.

Schmidt, James 1998. "Language, Mythology, and Enlightenment: Historical Notes on Horkheimer's and Adorno's *Dialectic of Enlightenment*", *Social Research* 65(4): Winter.

Schnädelbach, H. 2000. "Phänomenologie und Sprachanalyse". *Philosophie in der modernen Kultur*. Frankfurt: Suhrkamp.

Seel, Martin 2006. *Adornos Philosophie der Kontemplation*. Frankfurt: Suhrkamp.

Sellars, Wilfrid 1980. *Pure Pragmatics and Possible Worlds: The Early Essays of Wilfrid Sellars*, Jeffrey F. Sicha (ed.). Atascadero, CA: Ridgeview.

Sellars, Wilfrid 1997. *Empiricism and the Philosophy of Mind*. Cambridge, MA: Harvard University Press.

Simmel, Georg 1990. *The Philosophy of Money*, T. Bottomore & D. Frisby (trans.), D. Frisby (ed.). London: Routledge.

Simmel, Georg 1997. *Simmel on Culture: Selected Writings*, D. Frisby *et al.* (trans.), D. Frisby & M. Featherstone (eds). London: Sage.

Snarrenberg, Robert 1997. *Schenker's Interpretive Practice*. Cambridge: Cambridge University Press.

Stern, Robert 2002. *Hegel and the Phenomenology of Spirit*. London: Routledge.

Stone, Alison 2004. *Petrified Intelligence: Nature in Hegel's Philosophy*. Albany, NY: SUNY Press.

Stone, Alison 2006. "Adorno and the Disenchantment of Nature", *Philosophy and Social Criticism* 32(2).

Subotnik, Rose 1976. "Adorno's Diagnosis of Beethoven's Late Style: Early Symptoms of a Fatal Condition", *Journal of the American Musicological Society* 29(2).

Tassone, G. 2005. "Amoral Adorno: Negative Dialectics Outside Ethics", *European Journal of Social Theory* 8(3).

Taylor, Charles 1995. "Overcoming Epistemology". In *Philosophical Arguments*. Cambridge, MA: Harvard University Press.

Taylor, Frederick 1947. *Scientific Management*. London: Harper & Row.

Weber, Max 1948. *From Max Weber: Essays in Sociology*, H. H. Gerth & C. Wright Mills (trans. and eds). London: Routledge & Kegan Paul.

Whitebook, Joel 1996. *Perversion and Utopia: A Study in Psychoanalysis and Critical Theory*. Cambridge, MA: MIT Press.

Wiggershaus, Rolf 1987. *Theodor W. Adorno*. Munich: C. H. Beck.

Wiggershaus, Rolf 1994. *The Frankfurt School: Its History, Theories, and Political Significance*, Michael Robertson (trans.). Cambridge, MA: MIT Press.

Wiggershaus, Rolf 2000. *Wittgenstein und Adorno*. Göttingen: Wallstein.

Wittgenstein, Ludwig 1953. *Philosophical Investigations*. Oxford: Blackwell.

Zuidervaart, Lambert 1991. *Adorno's Aesthetic Theory: The Redemption of Illusion*. Cambridge, MA: MIT Press.

索　引

阿伦特，H.　Arendt, H.　59

阿诺德，M.　Arnold, M.　176

爱　love　125-127；伦理的　ethical　126；罗曼蒂克的　romantic　126

《奥德赛》　*Odyssey*　5

奥康纳，B.　O'Connor, B.　36n1, 45-46

奥斯维辛　Auschwitz　43, 65-66, 75n1, 100, 109, 132-133；也可参见种族灭绝、大屠杀　*see also* genocide, Holocaust

奥威尔，G. Orwell, G.　176

巴克-莫尔斯，S.　Buck-Morss, S.　194n5

巴特，K.　Barth, K.　73

柏拉图　Plato　63-64, 66, 92, 96n38

拜物教　fetishism　8, 22, 170-171；也可参见商品化、商品、交换关系、物化　*see also* commodification, commodity, exchange relations, reification

鲍恩, M. Pauen, M. 75n5

悲观主义 pessimism 116, 124

贝多芬, L. Beethoven, L. 35, 152, 153, 166, 174, 175

贝尔曼, R. Berman, R. 145n1

贝格, A. Berg, A. 4, 162, 175

贝克特, S. Beckett, S. 72, 74

本哈比, S. Benhabib, S. 36n25, 62n26

本能 instinct 6, 16, 29, 30, 31, 51, 53；也可参见(内在)自然 *see also* nature (internal)

本体论 ontology 42, 77-94

本我 id 14, 30, 36n18, 71；也可参见自我、弗洛伊德、精神分析 *see also* ego, Freud, psychoanalysis

本雅明, W. Benjamin, W. 4, 21-22, 42, 62n25, 67-70, 150-151, 153-154, 184, 185-186, 187-188；也可参见光晕、星丛、命名、自然史 *see also* aura, constellation, naming, natural history

毕加索, P. Picasso, P. 148

辩证法 dialectics 47-61；否定的 negative 26, 47, 50-61；肯定的 positive 53-54；也可参见黑格尔 *see also* Hegel

标准化 standardization 122, 173

波德莱尔, C. Baudelaire, C. 148

波洛克, F. Pollock, F. 4, 7-8, 18n16, 119-120；也可参见(国家)资本主义 *see also* capitalism(state)

伯恩斯坦, J. M. Bernstein, J. M. 9, 113n21, 123, 126

伯克利民意研究小组 Berkeley Public Opinion Study Group 138

博塞蒂, M. Bozzetti, M. 194n7

布尔斯廷, D. Boorstin, D. 176

布莱希特，B.　Brecht, B.　22, 44, 156-157, 160n11

布兰顿，R. B.　Brandom, R.B.　95n20

布朗利克，M.　Brumlik, M.　75n5

布里斯托，W. F.　Bristow, W. F.　95n24

布鲁克霍斯特，H.　Brunkhorst, H.　194n13

布洛赫，E.　Bloch, E.　22, 71

成熟　maturity　9, 32, 44, 46, 114n27, 139, 180；也可参见自主
　　性、民主　*see also* autonomy, democracy

存在主义　existentialism　64, 107, 175；也可参见海德格尔、萨特
　　see also Heidegger, Sartre

大屠杀　Holocaust　42, 161, 180, 187；也可参见奥斯维辛、种族
　　灭绝　*see also* Auschwitz, genocide

道德哲学　moral philosophy　43, 73, 99-112；与结果　and
　　consequences　105-106, 113n16；的批判　critique of　104, 107；
　　与形式主义　and formalism　105, 112n12；与道德原则　and
　　moral principles　73, 104-105；与规范性　normativity　111, 123-
　　124；也可参见绝对命令、同情、伦理、自由、责任　*see also*
　　categorical imperative, compassion, ethics, free-dom, responsibility

德波，G.　Debord, G.　34

德谟克里特　Democritus　67

德默尔林，C.　Demmerling, C.　95n10

狄德罗，D.　Diderot, D.　67

狄尔泰，W.　Dilthey, W.　194n6

笛卡尔，R.　Descartes, R.　64

抵抗　resistance　14, 31, 44, 46, 74, 109-110, 113n24, 127, 133,

141, 144, 167, 177, 187, 190

电视　television　34, 120, 162

独裁主义　authoritarianism　6, 8, 34, 115, 122, 138, 171, 175

独特性　singularity　55-56, 58, 59-60, 68；也可参见个体(个人)、对象(客体)、特殊(的)　see also individual, object, particular

杜兰, M.　Dolan, M.　35

杜斯, P.　Dews, P.　95n19

对象(客体)　object　9-13, 22-23, 26, 42, 47-61, 65, 68, 70, 79-85, 87, 89-94, 151-153, 155；的历史特征　historical character of　59-60；的优先性　preponderance of　13, 26, 29, 42, 53, 86-89, 93；也可参见特殊(的)、普遍(的)、概念　see also particular, universal, concept

俄狄浦斯情结　Oedipus Complex　121, 125

二律背反　antinomy　23-26, 72, 101-102, 105, 112n2；也可参见康德　see also Kant

二元论　dualism　26, 36n11, 188

法西斯主义　fascism　5, 6, 131, 137, 138, 142, 175；也可参见奥斯维辛、盖世太保、国家社会主义、纳粹主义　see also Auschwitz, Gestapo, National Socialism, Nazism

反犹主义　anti-Semitism　4, 5, 31, 59, 138；也可参见偏见　see also prejudice

非同一性　non-identity　10-13, 23, 26-28, 42, 48, 54, 55-57, 74, 78, 86-88, 98-91, 144, 163

非同一性思维　non-identity thinking　9-13, 41, 46, 47, 56-57, 58-60；也可参见同一性思维　identity thinking

菲加尔，G. Figal, G. 96n38

费希特，G. Fichte, G. 70

芬克，S. Finke, S. 35n1, 42-43

芬里森，J. G. Finlayson, J.G. 62n21, 113n21, 114n31

弗朗哥，P. Franco, P. 96n29

弗里耶哈恩，F. Freyenhagen, F. 43, 62n28, 75n1, 114n31, 192n20

弗洛姆，E. Fromm, E. 115, 121

弗洛伊德，S. Freud, S. 6, 15, 29-30, 36n18, 60, 70, 106, 121；也可参见自我、群体心理学、本我、本能、精神分析 ego, group psychology, id, instinct, psychoanalysis

福利国家 welfare state 7

福瑞斯，S. Frith, S. 35

福特主义 Fordism 137, 170

盖伦，A. Gehlen, A. 75n6

盖世太保 Gestapo 3, 44, 131-132；也可参见国家社会主义、纳粹主义 see also National Socialism, Nazism

盖斯，R. Geuss, R. 112n9

概念 concept 10-13, 22-23, 26, 47-61, 84-85, 88-89；强有力的 emphatic 12-13；纯粹的 pure 48；也可参见普遍（的） see also universal

感性确定性 sense certainty 56；也可参见黑格尔 see also Hegel

格拉姆利，J. E. Grumley, J.E. 128n1

哥伦比亚大学 Columbia University 3

歌德，J. W. Goethe, J.W. 92；也可参见亲和性 see also affinity

革命 revolution 7, 113n24, 115, 133, 168

格林伯格，C. Greenberg, C. 176-177

个体(个人) individual 7, 13-16, 25-27, 29, 43, 55-56, 66, 71, 90, 94, 118-119, 120-121, 135-136, 137, 165-166, 171, 191-193; 也可参见特殊（的）、社会、主体 *see also* particular, society, subject

工人阶级,参见无产阶级 working class *see* proletariat

公共领域 public sphere 14-15

功利主义 utilitarianism 99

古恩伯格, F. Kürnberger, F. 112n5

管理社会 administered world 43-44, 116, 118, 121, 123, 127, 165

光晕 aura 67; 也可参见本雅明 *see also* Benjamin

广播电台 radio 4, 120, 162; 与普林斯顿广播电台研究计划 and Princeton Radio Research Project 4

规定的否定 determinate negation 11-12, 15

国家 state 115, 120, 128, 135-136

国家社会主义 National Socialism 5, 18n9, 145; 也可参见反犹主义、奥斯维辛、法西斯主义、盖世太保、纳粹主义 *see also* anti-Semitism, Auschwitz, fascism, Gestapo, Nazism

国家资本主义 state capitalism 7-8, 18n16, 119-120; 也可参见波洛克 *see also* Pollock

哈贝马斯, J. Habermas, J. 22, 31-33, 74, 114n30, 128, 163, 194n13

哈默, E. Hammer, E. 42, 96n36, 113n23, 146n1

海德格尔, M. Heidegger, M. 21, 71, 93-94, 97n40, 190; 也可参见存在主义 *see also* existentialism

好莱坞 Hollywood 5

和解 reconciliation 13, 17, 33, 42, 46, 52-54, 57, 61, 68-69,

71, 124, 175

赫尔曼, B. Herman, B. 12n14

赫尔姆斯, H. G. Helms, H.G. 155, 160n10

赫胥黎, A. Huxley, A. 176

黑格尔, G. W. F. Hegel, G. W. F. 12, 22, 24-26, 29, 41-42, 44-45, 47-50, 51-54, 55-56, 58, 61, 69, 78, 87-89, 93, 104, 106, 112n8, 134, 148, 151-152, 179, 181, 183, 190-192; 也可参见美学、辩证法、历史、唯心主义、逻辑、感性确定性、精神 *see also* aesthetics, dialectics, history, idealism, logic, sense certainty, spirit

胡塞尔, E. Hussel, E. 4, 18n6, 21, 42, 78, 79-86, 89-91, 195n19; 与审美经验 and aesthetic experience 80, 85; 与悬置 and *epoché* 80, 85; 与意识哲学 and philosophy of consciousness 79, 81, 84, 86; 也可参见意向性 *see also* intentionality

怀特布克, J. Whitebook, J. 36n18

绘画 painting 148; 也可参见艺术 *see also* art

霍布斯, T. Hobbes, T. 67

霍恩达尔, P. Hohendahl, P. 146n1, 176

霍尔巴赫, 巴龙·德 Holbach, Baron de 67

霍克海默, M. Horkheimer, M. 3-5, 74, 115-116, 138, 163, 169, 181

霍耐特, A. Honneth, A. 33-34, 113n19, 123

极权主义 totalitarianism 16, 27, 46, 59, 66, 68, 171; 也可参见资本主义、法西斯主义、国家社会主义、纳粹主义 *see also* capitalism, fascism, National Socialism, Nazism

集体行动 collective action 9, 139-142, 191-193；也可参见全球性主体、实践、团结 see also global subject, praxis, solidarity

家庭 family 14, 15, 34, 43, 121, 124-125

伽达默尔, H.-G. Gadamer, H.-G. 93

贾维斯, S. Javis, S. 16, 22, 50, 62n16, 112n15, 160n14, 182

交换关系 exchange relations 13-16, 25, 27, 118, 191-192；与同一性 and identity 13；也可参见资本主义、商品化、拜物教、物化 see also capitalism, commodification, commodity, fetishism, reification

教育 education 133, 144-145, 167

阶级 class 6-7, 43, 118, 136-137；也可参见资产阶级、无产阶级 see also bourgeoisie, proletariat

阶级斗争 class struggle 6-7, 118；也可参见革命 see also revolution

杰姆逊, F. Jameson, F. 35

杰西, R. Jaeggi, R. 125

杰伊, M. Jay, M. 5, 18n2, 21, 125

结果主义 consequentialism 106, 113n16；也可参见道德哲学 see also moral philosophy

解放 emancipation 5, 17, 116, 126, 128, 138, 193

解释学 hermeneutics 33-34, 64, 84-85, 179, 180, 182, 184, 194n6

进步, 参见历史 progress see history

经济, 参见资本主义 economy see capitalism

精神 spirit (Geist) 25, 181, 191；主观 subjective 162, 164-165, 169-171；客观 objective 163-164, 170-171；也可参见文化、历史 see also culture, history

精神分析　psychoanalysis　4，8，30-31，121，124；也可参见弗洛伊德　*see also* Freud

救赎　redemption　68，187，193

决定　determination　103，109；也可参见因果律（因果性）、决定论、自由　*see also* causality, determinism, freedom

决定论　determinism　24，110，112n7；也可参见因果律（因果性）、决定论、自由　*see also* causality, determination, freedom

绝对命令　categorical imperative　43，99，105-106，112n10，143；与新的绝对命令　and new categorical imperative　43，109，113n25；也可参见道德哲学　*see also* moral philosophy

爵士乐　jazz　18n7，172

卡茨，F.　Katz, E.　34

卡夫卡，F.　Kafka, F.　148，168，176，192

卡特莱特，N.　Cartwright, N.　97n41

卡西尔，E.　Cassirer, E.　96n37

康德，I.　Kant, I.　10，21-24，32，36n5，41-44，47-49，61，64-65，69-70，71-72，77-78，85-87，93，99，101-103，105-106，109，112n2，114n27，134，143-144，148-152，165，181，189，192；也可参见美学、二律背反、绝对命令、自由、唯心主义、判断、逻辑、趣味、物自体　*see also* aesthetics, antinomy, categorical imperative, freedom, idealism, judgement, logic, taste, things-in-themselves

康拉德-马蒂乌斯，H.　Conrad-Martius, H.　90

考夫曼，R.　Kaufman, R.　37n36，160n15

科恩，I.　Kern, I.　95n16

科学　science　55，69，169-170；也可参见因果律（因果性）、实证研究、社会科学　*see also* causality, empirical research, social science

科伊尔, M.　Coyle, M.　35

克尔凯郭尔, S.　Kierkegaard, S.　194n11

克拉考尔, S.　Kracauer, S.　21-22, 163

克劳斯哈尔, W.　Krauschaar, W.　146n1

苦难　suffering　11-12, 73-74, 108, 117, 124, 175

库克, D.　Cook, D.　189

夸张(夸大)　exaggeration　16, 31

拉美特利, J.　La Mettrie, J.　67

拉扎斯菲尔德, P.　Lazersfeld, P.　4, 34

莱布尼茨, G.　Leibniz, G.　64

莱尔, G.　Ryle, G.　4

赖特, C.　Righter, C.　171

劳动　labour　3, 7, 14, 17, 27, 30, 34, 137, 140-141, 170；的分工　division of　141, 164-165, 170

勒朋尼斯, W.　Lepenies, W.　75n6

里斯曼, D.　Riesman, D.　121, 176

理论　theory　140-142；也可参见实践　*see also* praxis

理性　reason　16-17, 23, 32, 53, 67, 71-72, 116, 124, 126, 140, 169, 189, 192；也可参见启蒙、同一性(思维)、非同一性思维　*see also* enlightenement, identity (thinking), nonidentity thinking

历史　history　27, 45-46, 51, 116, 179-194；中的连续性　continuity in　29, 45, 184, 187；与辩证法　and dialectics　182-184；中的非连续性　discontinuity in　45, 181-185, 194n8；自然的　natural　6, 27-30, 45-46, 68, 84, 179, 182,

188-190，195n17；中的必然性　necessity in　29；与进步
and progress　9，24-25，36n5，45，116，169，179-180，185-
188，192，194；总体　totality　179-180，190-194；普遍的
universal　169，179-186；与世界精神　and world spirit　25，
190-191，193；也可参见衰落主义　see also declinism

历史哲学　philosophy of history　179-194

利维斯，F. R.　Leavis, F.R.　176

利文斯通，R.　Livingstone, R.　112n3

卢卡奇，G.　Lukács, G.　22，32，75n6，163，189

卢森堡，R.　Luxemberg, R.　115

伦理　ethics　109-110，128；同情的　of compassion　102，107-
108；理想　ideals　108-109；意图（信念）的　of intention
（conviction）　105-107；责任（实体）的　of responsibility
（substantive）　106-107；德性　virtue　100，107；也可参见亲
密、道德哲学　see also intimacy, moral philosophy

罗尔莫泽，G.　Rohrmoser, G.　189

罗森，M.　Rosen, M.　62n25，195n20

逻辑　logic　47- 61，88；一般的　general　48；先验的
transcendental　47-49（也可参见康德　see also Kant）；辩证的，
参见辩证法、黑格尔　dialectical see dialectics, Hegel

逻辑实证主义　logical positivism　64

洛克菲勒基金会　Rockefeller Foundation　4

《洛杉矶时报》　Los Angeles Times　8，45，171-172

洛文塔尔，L.　Löwenthal, L.　176

马尔库塞，H.　Marcuse, H.　17

马克思，K.　Marx, K.　4-6，14，22，27-30，32，36n25，37n28，

63，65，72，103，116，133，136，168，170，179；也可参见资产阶级、阶级、阶级斗争、商品、交换关系、拜物教、生产力、劳动、自然史、无产阶级、生产关系、革命　see also bourgeoisie, class, class struggle, commodity, exchange relations, fetishism, forces of production, labour, natural history, proletariat, relations of production, revolution

马勒，G.　Mahler, G.　175

麦金太尔，A.　MacIntyre, A.　112n1

麦卡锡，M.　McCarthy, M.　176

麦克道威尔，J.　McDowell, J.　95n15

美　beauty　74，92，97n39，150-151

美学　aesthetics　44，147-159；辩证的　dialectical　152-153；与历史　and history　148；与判断　and judgement　148-151；元-美学　meta-aesthetics　147-148；主观（康德）　subjective（Kant）　44，148，149-153；客观（黑格尔）　objective（Hegel）　44，148，151-153；也可参见美、批判、判断、趣味　see also beauty, critique, judgement, taste

蒙克，C.　Menke, C.　113n18

弥尔顿，J.　Milton, J.　154

民意　public opinion　15

民主　democracy　8，44，138-139，183；也可参见成熟　see also maturity

命名　naming　67-68；也可参见本雅明　see also Benjamin

模仿　mimesis　43，62n19，67，70，74，78-79，91-94

摩尔，A.　Moore, A.　35

莫特曼，J.　Moltmann, J.　66

穆勒-杜姆，S.　Müller-Doohm, S.　8，129n24

纳粹主义 Nazism 8, 15, 31, 112n2, 133；也可参见反犹主义、奥斯维辛、法西斯主义、盖世太保、国家社会主义 *see also* anti-Semitism, Auschwitz, fascism, Gestapo, National Socialism

内在性 immanence 9, 42, 66, 72, 84；也可参见先验（超验）transcendence

尼采, F. Nietzsche, F. 22, 107, 176

牛津大学 Oxford University 4

诺斯底主义 gnosticism 72, 75n5

诺瓦利斯, F. Novalis, F. 154

女性主义 feminism 44, 127-128

帕蒂森, M. Paddison, M. 35

帕森斯, T. Parsons, T. 129n21

帕斯默, J. Passmore, J. 62n18

判断 judgement；审美 aesthetic 149-151；认知 cognitive 48-49, 83, 149-150；道德 moral 149-150；否定 negative 49；也可参见康德 *see also* Kant

培楚西雅尼, S. Petrucciani, S. 194n14

批判 critique 22, 25, 133, 139, 144, 185；与美学 and aesthetics 153-156；与艺术 and art 156-157；也可参见元批判 *see also* metacritique

皮平, R. Pippen, R. 94n1, 96n35

偏见 prejudice 8, 15, 145；也可参见反犹主义 *see also* anti-Semitism

贫困 impoverishment 7

普遍（的） universal 9-10, 13, 24, 54-56, 66；也可参见概念 *see also* concept

普林斯顿大学　Princeton University　4

普鲁斯特, M.　Proust, M.　68

启蒙　enlightenment　4-6, 30, 32, 41, 47, 50-52, 60, 62n19, 100, 116, 133, 162, 165, 168-169, 189

契马布埃　Cimabue　150

乔伊斯, J.　Joyce, J.　155, 176

亲和性　affinity　10, 23, 26, 28, 30, 77-78, 92-93

亲密　intimacy　46, 124-127; 也可参见爱　see also love

祛魅　disenchantment　45, 167-169; 也可参见韦伯　see also Weber

趣味　taste　149, 151

全球性主体　global subject　9, 193

群体心理学　group psychology　15; 也可参见弗洛伊德　see also Freud

人身保护权　habeas corpus　134

认识论　epistemology　42, 67, 77-94

日常语言哲学　ordinary language philosophy　64

萨特, J. P.　Sartre, J. P.　44, 156, 160n11; 也可参见存在主义　see also existentialism

塞拉斯, W. Sellars, W.　94n7, 94n8, 95n14

商品　commodity　170-171, 173; 也可参见商品化、交换关系、拜物教、(客观)精神　see also commodification, exchange relations, fetishism, spirit(objective)

商品化　commodification　14, 15, 24, 66; 也可参见商品、交换关系、拜物教、物化　see also commodity, exchange relations, fetishism, reification

舍弃　renunciation　30

社会　society　8, 13-17, 23, 27, 29-30, 32-33, 43, 46, 66, 68, 71, 102-103, 116-123, 166, 169, 171, 191-193；也可参见管理社会、资本主义、个体（个人）、总体、普遍（的）　*see also* administered world, capitalism, individual, totality, universal

社会化　socialization　14, 121, 191

社会科学　social science　8, 136；也可参见实证研究、科学　*see also* empirical research, science

社会学　sociology　116-118；也可参见实证研究、社会科学　*see also* empirical research, social science

社会研究所　Institute for Social Research　3-4, 33-34, 115-116, 134

社会哲学　social philosophy　115-128

社会主义　socialism　115-116, 133

申克, H.　Schenker, H.　167

神话　myth　4-5, 41, 47, 50-52, 60, 62n19, 169-170, 188-189

神学　theology　66, 68, 100

神正论　theodicy　65

生产关系　relations of production　29, 136-137；也可参见生产力　*see also* forces of production

生产力　forces of production　17, 136-137；也可参见生产关系　*see also* relations of production

生活　life　101-102, 144；好的　good　99, 112n3, 127；正确的　right　99, 101, 103-104, 110, 125；错误的　wrong　43, 101, 125, 126-127

《圣母像》　*Maestà*　150

诗 poetry 148, 150, 154; 也可参见艺术 *see also* art

施格莱尔, F. Schlegel, F. 150

施密特, A. Schmidt, A. 28-29

施耐德尔巴赫, H. Schnädelbach, H. 95n9

实践 praxis 139-142

实用主义 pragmatism 64, 74, 86, 140

实证研究 empirical research 4, 8, 34-35, 138; 也可参见科学、社会科学 *see also* science, social science

适应 adaptation 7, 45, 165, 172; 也可参见顺从 *see also* conformity

衰落主义 declinism 181, 185

顺从 conformity 7, 45, 136; 也可参见适应 *see also* adaptation

斯宾格勒, O. Spengler, O. 185

斯宾诺莎, B. Spinoza, B. 25, 166, 167; 也可参见规定的否定 *see also* determinate negation

斯密, A. Smith, A. 102

斯特拉文斯基, I. Stravinsky, I. 35, 147, 175

斯通, A. Stone, A. 36n10, 41-42, 113n23, 178n11, 195n17

死亡 death 66, 71-72

苏联 Soviet Union 115, 120, 133

塔索内, G. Tassone, G. 113n20, 114n31

泰勒, C. Taylor, C 94n7

泰勒, F. Taylor, F. 170

泰特巴姆, M. Tettlebaum, M. **44**, 75n1, 114n27

特殊(的) particular 9, 10, 24-26, 66, 193; 也可参见个体(人)、对象(客体)、独特性 *see also* individual, object, singularity

同情，参见伦理　compassion *see* ethics

同一性（思维）　identity（thinking）　9-10，23，47，54-55，68，85，123，169；也可参见非同一性思维　*see also* nonidentity thinking

统治（支配）　domination　4-5，9，16，28，30，45，50-51，54-55，65，68-69，103，116，118，120，184-185，189

涂尔干，E.　Durkheim, E.　167

团结　solidarity　14，46，108，118，136；也可参见集体行动　*see also* collective action

瓦格纳，R.　Wagner, R.　35，175

威尔逊，R.　Wilson, R.　44-45，160n2

威特金，R.　Witkin, R.　37n35，45，129n12

韦伯，M.　Weber, M.　12，34，45，113n16，163，167-169，178n10

韦伯恩，A.　Webern, A.　175

唯物主义　materialism　26-27，42，63，67，70，91，109，194n8

唯心主义　idealism　27，48，63-64，85-88，90-91，180

维尔默，A.　Wellmer, A.　33

维特根斯坦，L.　Wittgenstein, L.　81，93，95n10

伪个性　pseudo-individualization　122-123，173；也可参见（伪-）文化　*see also* culture（pseudo-）

魏格豪斯，R.　Wiggershaus, R.　18n2，194n10

文化　Culture　177n1

文化　culture　45，52-53，60，66，75，121-122，159，161-177；效应　effect　173，175；与历史　and history　162-163，167，171，173-175；客观　objective　163-164；与部分和整体　and part and whole　166-167；与主体　and the subject　163，165-

166；主观　subjective　163-164；也可参见艺术、商品、音乐、精神　*see also* art, commodity, music, spirit

文化工业　culture industry　5-7, 34, 43, 121-123, 152, 162, 166, 172-173, 176；大众文化　mass culture　34, 121, 165, 176；流行文化　popular culture　121, 176；伪文化　pseudo-culture　45, 165-167, 175；也可参见标准化、伪个性　*see also* standardization, pseudo-individualization

文化哲学　philosophy of culture　161-177

文学　literature　35, 147, 154；也可参见艺术　*see also* art

沃尔夫，C.　Wolff, C.　64

乌托邦　utopia　13, 29, 44, 68, 72, 124, 142, 158, 162, 177n1；也可参见救赎、和解　*see also* redemption, reconciliation

无产阶级　proletariat　6；29；32；115；136；140；也可参见资产阶级、阶级、阶级斗争　*see also* bourgeoisie, class, class struggle

物化　reification　8, 24, 32, 68, 185；也可参见商品化、商品、交换关系、拜物教　*see also* commodification, commodity, exchange relations, fetishism

物自体　things-in-themselves　22-23, 70, 87-88；也可参见康德　*see also* Kant

西美尔，G.　Simmel, G.　45, 163-165

希特勒，A.　Hitler, A.　109, 133

希望　hope　74, 116, 117, 125

席勒，F.　Schiller, F.　97n39

先验(超验)　transcendence　28, 42, 66-72, 73, 75, 90；也可参见内在性　*see also* immanence

现象学　phenomenology　21, 64, 78, 84, 175；也可参见海德格

尔、胡塞尔、萨特 *see also* Heidegger, Husserl, Sartre

消费 consumption 75, 121

消费主义 consumerism 115, 120

辛德米特, P. Hindemith, P. 175

新政 Neal Deal 115, 176

星丛 constellation 12-13, 22, 41, 57-60

形而上学 metaphysics 42, 63-75, 80; 一般 *generalis* 64; 特殊 *specialis* 64

形而上学经验 metaphysical experience 12, 42, 67-74

休闲 leisure 34, 121

勋伯格, A. Schönberg, A. 35, 147-148, 155, 162, 175-176

压抑 repression 15, 30, 52, 71, 110

亚里士多德 Aristotle 48-49, 64, 77, 89-90, 97n41, 100, 113n18

伊壁鸠鲁 Epicurus 67

伊格尔顿, T. Eagleton, T. 35

伊文, S. Ewen, S. 34

艺术 art 44-45, 74, 92-93, 122, 124, 148, 160n2, 176, 183; 与自主性 and autonomy 124, 150-151, 157, 176; 与历史 and history 148, 183; 与政治介入 and political engagement 44-45, 154, 156-159; 与意识形态 and ideology 45, 157-159; 与哲学 and philosophy 13, 44, 153-156, 159; 与社会 and society 148, 157; 与主体和对象（客体） and subject and object 152-153, 155-156; 与真理 and truth 74, 154, 158; 也可参见美、文学、音乐、绘画 *see also* beauty, literature, music, painting

异化　alienation　14, 43, 118, 125, 135-136, 170, 175

易卜生, H.　Ibsen, H.　105-106

意识形态　ideology　65, 101, 157-159, 189-190; 个人(资产阶级个人主义)的　of individual (bourgeois individualism)　14, 122

意向性　intentionality　42, 81

因果律(因果性)　causality　23-24, 49, 89, 143; 也可参见决定论 see also determinism

音乐　music　35, 147, 148, 172-176; 效果　effect　175; 与历史 and history　174; 主题　*motif*　174; 流行　popular　45, 172-173; 纯　pure　175; 严肃　serious　45, 174-176; 奏鸣 sonata　174; 交响　symphony　174; 也可参见艺术、文化、爵士乐　see also art, culture, jazz

英伽登, R.　Ingarden, R.　96n31

尤利西斯　Ulysses　170

娱乐　entertainment　121-123

语言　language　13, 68, 70, 78-83, 92

语言哲学　philosophy of language　86

元批判　metacritique　78, 79, 84, 95n10, 112n15

约翰逊, P.　Johnson, P.　18n16, 43-44

灾难　catastrophe　9, 25, 33, 45-46, 100, 156, 190, 193

责任　responsibility　112n2, 114n28, 139-140; 也可参见道德哲学 see also moral philosophy

泽尔, M.　Seel, M.　96n36

占星术，参见占星学　horoscope *see* astrology

占星学　astrology　8，45，162，171

真理　truth　12-13，15，45，63，69，86，154，158，167

整合　integration　14，118，190-192

政治哲学　political philosophy　131-145

直接性（直观性、非中介性）　immediacy　26，56，69，79；也可参见中介　*see also* mediation

中介　mediation　26，56，69，117，166；也可参见直接性（直观性、非中介性）　*see also* immediacy

种族灭绝　genocide　14，100，145，187；也可参见奥斯维辛、大屠杀　*see also* Auschwitz, Holocaust

主体　subject　5，12，22-23，42，79-80，82-83，92-93，151-153，155，162-163，165-166，168，188；也可参见个体（个人）　*see also* individual

资本主义　capitalism　6-8，12，17，29，32，69，103，118-121，133，189，191；晚期　late　100，106，136，161；自由　liberal　6，29，31，119；垄断　monopoly　8，29，119-120，136-137，141，161，166；国家　state 7-8，119-120；也可参见商品化、商品、交换关系、拜物教、（第二）自然　*see also* commodification, commodity, exchange principle, fetishism, nature（second）

资产阶级　bourgeoisie　6，124-125，136-137；也可参见阶级、阶级斗争、无产阶级　*see also* class, class struggle, proletariat

自发性　spontaneity　141，143

自恋　narcissism　6，15，31

自然（本能） nature 4-5, 9, 27, 29-30, 41-42, 50-53, 60, 65, 74, 77, 84, 93, 102-103, 116, 164, 169, 184, 188-190, 195n17；外在 external 9, 51, 102-103；内在 internal 9, 51, 103；第二 second 17, 102-103, 189-190；也可参见本能、自然史 see also instinct, natural history

自然史 natural history 6, 27-30, 45-46, 68, 84, 179, 182, 188-190, 195n17；也可参见历史、自然 see also history, nature

自然主义 naturalism 65

自我 ego 14, 16, 30-31, 36n18, 71, 121；也可参见弗洛伊德、本我、精神分析 see also Freud, id, psychoanalysis

自我保存 self-preservation 5, 16-17, 28-30, 51, 55, 69, 71, 118, 140-141, 144, 189；也可参见本能、自然 see also instinct, nature

自我反思 self-reflection 139, 145

自我决断 self-determination 102, 110；也可参见自主性、自由 see also autonomy, freedom

自由 freedom 11-13, 23-24, 29, 44, 102-103, 112n7, 116, 119-120, 131-134, 138, 140, 142, 157, 166, 181；消极 negative 110, 114n27, 114n28, 142-144, 181；也可参见自主性、道德哲学、自我决断 see also autonomy, moral philosophy, self-determination

自主性 autonomy 14-16, 29, 102-103, 109, 114n28, 126；艺术的（参见艺术） of art(see art)；也可参见自由、自我决断 see also freedom, self-determination

宗教 religion 75

综艺节目 variety theatre 162

总体 totality 66, 179-180, 190-194; 也可参见历史、社会 *see also* history, society

祖德瓦尔特, L. Zuidervaart, L. 28, 147, 157

罪恶 evil 42, 65, 71-72, 100-101

图书在版编目(CIP)数据

阿多诺:关键概念/(加)黛博拉·库克
(Deborah Cook)编;唐文娟译.—重庆:
重庆大学出版社,2017.3(2020.5重印)
(思想家和思想导读丛书)
书名原文:Theodor Adorno:Key Concepts
ISBN 978-7-5689-0469-8

Ⅰ.①阿… Ⅱ.①黛… ②唐… Ⅲ.①阿多诺
(Adorno,Theodor Wiesengrund 1903—1969)—哲学思想—思想评论
Ⅳ.①B516.59

中国版本图书馆 CIP 数据核字(2017)第 057759 号

阿多诺:关键概念
ADUONUO GUANJIAN GAINIAN

[加]黛博拉·库克(Deborah Cook) 编
唐文娟 译
策划编辑:邹 荣 任绪军 雷少波
责任编辑:任绪军 版式设计:邹 荣
责任校对:邹小梅 责任印制:张 策
*
重庆大学出版社出版发行
出版人:饶帮华
社址:重庆市沙坪坝区大学城西路 21 号
邮编:401331
电话:(023) 88617190 88617185(中小学)
传真:(023) 88617186 88617166
网址:http://www.cqup.com.cn
邮箱:fxk@ cqup.com.cn(营销中心)
全国新华书店经销
重庆市正前方彩色印刷有限公司印刷
*
开本:890mm×1168mm 1/32 印张:8.875 字数:218 千 插页:32 开 2 页
2017 年 4 月第 1 版 2020 年 5 月第 2 次印刷
ISBN 978-7-5689-0469-8 定价:48.00 元

Theodor Adorno: *Key Concepts*, by Deborah Cook, ISBN: 978-1-84465-120-7

First published 2008 by Acumen

Reprinted 2009

Chongqing University Press is authorized to publish and distribute exclusively the Chinese (Simplified Characters) language edition. This edition is authorized for sale throughout Mainland of China. No part of the publication may be reproduced or distributed by any means, or stored in a database or retrieval system, without the prior written permission of the publisher.

本书中文简体翻译版授权由重庆大学出版社独家出版并仅限在中国大陆地区销售。未经出版者书面许可,不得以任何方式复制或发行本书的任何部分。

版贸核渝字(2014)第 254 号

gu⅄de

思想家和思想导读丛书

★表示已出版

思想家导读

导读齐泽克★　　　　　　导读德里达★
导读德勒兹★　　　　　　导读弗洛伊德(原书第2版)★
导读尼采★　　　　　　　导读海德格尔(原书第2版)
导读阿尔都塞★　　　　　导读鲍德里亚(原书第2版)★
导读利奥塔★　　　　　　导读阿多诺★
导读拉康★　　　　　　　导读福柯★
导读波伏瓦★　　　　　　导读萨义德(原书第2版)
导读布朗肖★　　　　　　导读阿伦特
导读葛兰西★　　　　　　导读巴特勒
导读列维纳斯★　　　　　导读巴赫金
导读德曼★　　　　　　　导读维利里奥
导读萨特★　　　　　　　导读利科
导读巴特★

思想家著作导读

导读尼采《悲剧的诞生》★　　导读德勒兹《差异与重复》
导读巴迪欧《存在与事件》　　(亨利·萨默斯-霍尔 著)
导读德里达《书写与差异》　　导读德勒兹与加塔利《什么是哲学?》
导读德里达《声音与现象》　　导读福柯《性史(第一卷):认知意志》★
导读德里达《论文字学》　　　导读福柯《规训与惩罚》
导读德勒兹与加塔利《千高原》★　导读萨特《存在与虚无》
导读德勒兹《差异与重复》　　导读维特根斯坦《逻辑哲学论》
(乔·休斯 著)　　　　　　导读维特根斯坦《哲学研究》

思想家关键词

福柯思想辞典★　　　　　　朗西埃:关键概念
拉康派精神分析介绍性辞典　　布迪厄:关键概念(原书第2版)
巴迪欧:关键概念★　　　　　福柯:关键概念
德勒兹:关键概念(原书第2版)　阿伦特:关键概念★
阿多诺:关键概念★　　　　　德里达:关键概念
哈贝马斯:关键概念★　　　　维特根斯坦:关键概念